Good Charts

The HBR Guide to Making Smarter, More Persuasive Data Visualizations

好图表，坏图表

可视化语言打造看得见的说服力

〔美〕斯科特·贝里纳托（Scott Berinato） 著

黄涛 译

机械工业出版社
CHINA MACHINE PRESS

图书在版编目（CIP）数据

好图表，坏图表：可视化语言打造看得见的说服力 /（美）斯科特·贝里纳托（Scott Berinato）著；黄涛译 . -- 北京：机械工业出版社，2021.8
（2023.9 重印）
书名原文：Good Charts: The HBR Guide to Making Smarter, More Persuasive Data Visualizations
ISBN 978-7-111-68739-9

I. ①好… II. ①斯… ②黄… III. ①商业管理 - 图表 IV. ①F712

中国版本图书馆 CIP 数据核字（2021）第 181448 号

北京市版权局著作权合同登记　图字：01-2021-1766 号。

好图表，坏图表：可视化语言打造看得见的说服力

出版发行：机械工业出版社（北京市西城区百万庄大街 22 号　邮政编码：100037）			
责任编辑：邹慧颖		责任校对：马荣敏	
印　　刷：固安县铭成印刷有限公司		版　次：2023 年 9 月第 1 版第 2 次印刷	
开　　本：240mm×186mm　1/16		印　张：16.25	
书　　号：ISBN 978-7-111-68739-9		定　价：89.00 元	

客服电话：(010) 88361066　68326294

引言
一门新的语言，一项必备的技能

"事物本无好坏之分，皆是人的想法使然。"

——莎士比亚

在一个以数据为主导的世界里，在一个以思想为硬通货的知识经济时代，可视化已经成为所有人的共同语言。图表、图形、映射图、示意图[⊖]，甚至 GIF 动画和表情符号，都超越了文本、语言和文化，帮助人们互相理解，建立联结。这种视觉语言随时随处可见。

汽车导航帮助人们在通勤路上避开深红色的拥堵路段，找到绿色的畅通路线；天气应用程序（App）用图标和滚动趋势线使预报内容一目了然；健康管理 App 用简明的图表显示用户每天的行进步数、睡眠模式、饮食习惯等；公用事业公司的账单也使用图表，方便消费者比较自家和邻居的能源消耗水平；报纸、杂志和网站纷纷用可视化图表吸引消费者，或者用图表把复杂的故事讲清楚。社交网络上充满了形色各异的可视化图表，或实用，或见解深刻，或仅仅是看起来简单有趣，它们争相成为被转发的热点。体育直播干脆将可视化数据直接叠加在运动员的现场动作画面上——在画面上叠加首攻线，用复杂的序列示意图和喷雾图显示球的轨迹，揭示投球和击球的趋势……

你可能无法注意到数据可视化渗透日常生活的所有形式，但你已经开始对它产生期待了。即使你自认为还没有掌握这门"语言"，你每天也免不了要"听到"并"听懂"这门语言。

是时候学习使用这门语言了。如同技术采用（technology adoption）的消费化[⊖]和社交媒体的广泛使用改变了商业环境一样，数据可视化图表在生活中的普及使我们对好图表的需求渗透于各种场景中：部门会议、销售演示、客户调查报告、绩效考核、企业家推介，甚至董事会会议。¹越来越多的高管在读到一幅"Excel 自动生成＋复制粘贴"的折线图时，会疑惑为什么这幅图不像健康管理 App 里的图表那么简单漂亮。当一位管理者需要花很多时间才能理解公司仪表盘里的饼图、圆环图以及众多趋势线时，他会想，为什么它们看起来不像天气 App 那样好看又易于理解？

⊖ 原文四个词依次是 charts，graphs，maps，diagrams。其中 charts 强调以数据信息为基础实现的可视化表达，如柱状图、饼图、趋势图等，此处译作图表；graphs 强调用图形展示不同数据集间的数学关系，这里译作图形；maps 强调与实物一一对应的图示，即映射的概念，此处译作映射图，地图即映射图的最常见实例；diagrams 强调位置关系，多指对结构、流程和逻辑进行说明的图示，此处译作示意图。——译者注

⊖ 消费化是指将最终消费者作为产品和服务设计的定位依据。"技术采用的消费化"指技术的采用和演进的决定权经历了由产业中的大企业向最终消费者转移的过程。——译者注

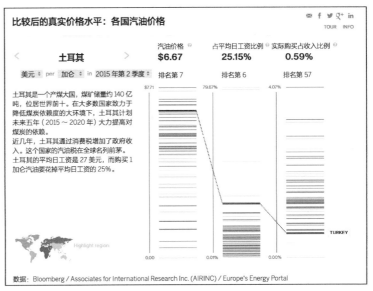

数据可视化无处不在，从体育直播到新闻，再到健康管理 App。

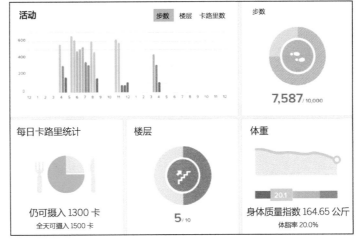

商界新型通用语

掌握这门新语言要求我们拥抱新的思维方式——视觉思维。视觉思维的迅速发展得益于可视化在商业环境中的大量应用，制作好图表已经不再是特殊或可有可无的技能了，而是必备的。如果你制作图表时一直依靠 Excel 或谷歌表格的图表自动生成功能，那么一定有些同事已经做得更好，并因此受到了关注。如今，没有一家公司会雇用一位不会创建电子表格的管理者，而未来将没有一家公司会雇用一个不具备可视化思维、不会做图表的员工。

数据可视化已经成为企业竞争力不可或缺的一部分。未来，那些在储备具有可视化思维的管理人才方面准备不足的企业将必然落后于准备充分的企业。文森特·莱布内特尔（Vincent Lebunetel）是中航嘉信（Carlson Wagonlit Travel）的创新部副总裁，该公司在招聘和培训信息设计师方面设有专项资金。他说，无法创建清晰的可视化图表的管理者和领导者对企业的价值就低多了："如果你无法将要传达的信息处理得简单易懂，那么你对自己要表达的观点的理解恐怕也不够充分。而可视化可能是帮助人们有效掌握信息的最好方法。"

埃森哲（Accenture）技术实验室的一个团队将某 NBA 球队的投篮模式做成了可视化图表。图表得到了广泛传播，因此球队顾问开始向该团队成员请教如何做出类似的图表来打动客户。[2] 埃森哲遂为他们开设了一系列在线和面授的"视觉素养课程"。这些课程的内部反响很大，以至于公司决定将这门课开发为一项客户服务，同时为球队顾问开放了一条可视化方面的职业通道。

一位 NBA 球队经理直言："在我们这一行，每个人都知道要把数据通过可视化呈现，但效果往往很差。我们也对数据可视化进行了投资。如果在其他人还不得其法的时候，我们能够把这个工具用'对'了，那将是令人兴奋的事情。"

那么什么是"对"，什么是"错"呢？

什么是好图表

可视化兴起后，许多人提出了制作可视化图表的"正确"方法，或者对"错误"可视化进行了苛刻的评价。但大多数建立图表制作规则的尝试所缺少的是全面系统的视角，而后者应包括可视化思维的定义、可视化图表的框架，以及构建图表的一般步骤。

要熟练地使用这门新的语言，利用这个工具实现职业成长，进而为组织带来竞争优势，你首先需要学会识别好图表。

下面这个全球销售收入图怎么样？它是一个好图表吗？

全球销售收入

（百万美元）

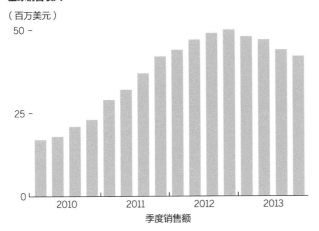

季度销售额

资料来源：COMPANY RESEARCH

完成一个可视化图表后，你需要知道一些问题的答案。它是一个好图表吗？它有效果吗？你帮助人们理解或学到了东西吗？你把自己的观点讲清楚了吗？甚至只是"给老板留下了深刻的印象"吗？

那么，这个图表好不好呢？

它看起来当然很"漂亮"：它标注清楚，避免了冗余的装饰性元素，配色选择明智。它讲述了一个清晰、简单的故事：经过一年多的健康增长，销售收入达到顶峰，然后开始收缩。即便将这幅图与爱德华·塔夫特（Edward Tufte）、史蒂芬·费优

（Stephen Few）和黄慧敏（Dona Wong）等数据可视化专家提出的规则和原则逐条对照，想必也能符合其中大部分。[3]

但这是否意味着它就是好图表呢？

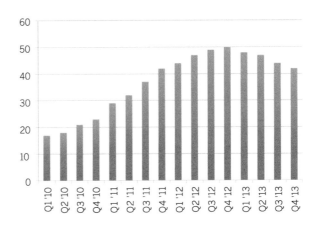

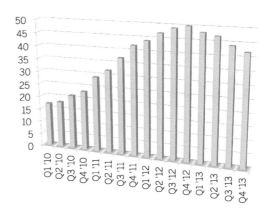

像 Excel 这样的工具几乎可以即时将数据变成图表，但这是否意味着它们是好图表呢？

这个图表可能比你在 Excel 文件或谷歌表格中快速生成的要好。而"快速生成"又恰好是大多数管理者的做法，毕竟他们只需单击鼠标就可以把一行数据变成图表。而如果图表面向的是 CEO 或股东们，你可能会动用 Excel 的一些其他功能预设选项，让图表看起来更漂亮、更活泼一些。很多人喜欢三维立体化效果，因为它很吸引眼球。

这些功能选项就跟数据摆在一起，使用起来又非常容易。但是，当数据可视化变得越来越重要，而我们又不断遇到设计更精致、观点更深刻、更有说服力也更具启发性的图表和图形时，我们已经认识到，用软件自动生成的图表是不够好的，即便我们无法明确说出它们不好在哪儿。大多数管理者使用 Excel，就是不假思考地将单元格数据自动生成图表。这个效果的确比直接读表格要好，但并不足以作为标准做法。

相比上页右侧的两幅图表，上页左侧的图表更好。但是问题仍然存在：上一页的图表是好图表吗？

答案是：不知道。因为如果没有情境，就没有人说得出它是不是好图表——包括你、我、专业的设计师或数据科学家，甚至连塔夫特、史蒂芬·费优或者黄慧敏也不能。在没有情境信息可

循的情况下，图表谈不上好坏，我们只能说它做得好看或不好看。要判断一幅图表的价值，你需要知道的不仅限于（且远远不止于）它是否使用了正确的图表类型，是否选择了好的配色或正确标记了数轴。这些元素对好图表有帮助，但在没有情境可循的情况下，它们只是技术考量。相对而言，明确以下这些问题要重要得多：图表面向的对象是谁？他们想要什么？他们需要什么？我想传达的观点是什么？我能展示什么？我应该展示什么？在回答完这一切之后，我要以什么方式进行展示？

如果你是向董事会做展示，那么本节的第一幅图可能谈不上是一个好图表。因为董事们非常了解每季度的销售收入，他们会屏蔽你的展示内容，低头看手机，甚至会因为你浪费了他们宝贵的时间而感到厌烦。或许他们正在寻找新的投资市场来扭转销售收入的下降趋势，如果是这样，那么，分析销售收入的全球区域分布变化的图表可能就算是一个好图表了。

同一数据集，完全不同的图表。

如果老板说："我们找时间单独聊一聊销售收入的趋势吧。"这说明这个图表本身并不坏，但可能用力过猛了。要跟老板单独聊收入趋势的话，用来优化图表的时间可能更应该花在对销售数据进行白板演绎上；白板演绎具有即时交互的优势，便于随时做各类标记，更有利于从数据中挖掘出更多的信息。

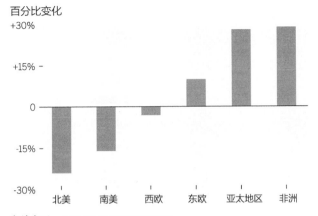

区域销售额趋势，2010年第1季度～2013年第4季度

百分比变化

资料来源：COMPANY RESEARCH

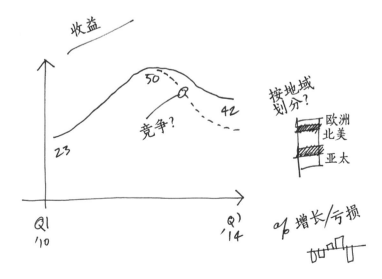

但如果是在执行委员会未来工作战略讨论会的特定场合下，这可能就不是一个好图表了。要讨论未来，一幅只包含过去信息的图表怎么够用？这种情境下，好的图表应该像下面的收入预测图那样，提供对未来多种可能的设想。

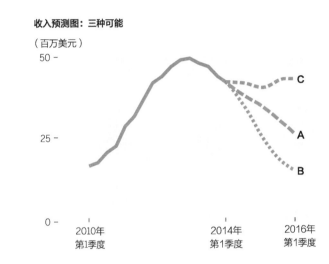

收入预测图：三种可能

（百万美元）

但是，如果你要见的是一位新入职的经理，且他需要对公司基本情况进行了解，那么第VII页的左图就是一个好图表。

超越规则和老生常谈

这个简单的例子应该可以将你从这样一个观念中解放出来：图表的价值主要取决于制作水平（并非如此），而质量以遵循图表制作规则的程度来衡量（亦非如此）。这就像阅读了斯特伦克（William Strunk Jr.）和怀特（E. B. White）的《英语写作手册：风格的要素》（*The Elements of Style*）无法保证你写出好的文章，学习了可视化这门语言的"语法"也无法确保你做出好的图表。

约瑟夫·M. 威廉姆斯（Joseph M. Williams）在他的杰作《风格：写作的清晰与优雅》（*Style: Toward Clarity and Grace*）一书中解释了语法书的不足。

告诉我要"讲清楚"就像告诉我要"从正面击球"一样。我知道这么做是对的，但不知道如何做到。想把"如何讲清楚"给解释明白，陈词滥调是不够的。

我希望你能理解：为什么有些文章读起来很清晰，有些文章却不那么清晰；为什么两位读者对其清晰与否可能意见不一；为什么被动语态可能比主动语态好；为什么很多关于写作风格的老生常谈不是不够全面就是完全错误。更重要的是，我想要的不是只包含零星轶事的经验碎片，而是比"用简短句"[4]这类所谓规则更为有用的条理分明的规则体系。

威廉姆斯关于写作的评论对于数据可视化同样适用。你要超越规则，真正理解数据可视化过程中究竟发生了什么。为什么有些图表让你喜欢，而有些你却喜欢不起来？为什么有些看起来清晰，有些看起来很混乱？

比如，你如何知道在什么情况下使用地图而不用折线图？一本图表制作指南类的书中明确指出："除非与地理位置有关，否则不宜使用地图。"[5]这就好比在告诉你"要从正面击球"一样。你如何知道数据是否与地理位置有关呢？"有关"又怎么理解？前面在董事会上展示各区域销售额百分比变化的案例中，地理位置可以说是与图表相关性最大的影响因素，那么是否应该改用地图进行展示？

用地图能否比用普通图表更好说明区域收入的问题？它能否帮助你说服董事会，让他们相信区域收入很重要？这是你想要做的事情吗？是否值得花费额外的精力用地图来绘制这些数据？

这些问题探讨的是演示的情境，而所谓的图表制作规则无法回答这些问题。我并不认为规则对于制作好的可视化图表来说没有必要或毫无用处。它们必要且有用。但要得到好的数据可视化结果，对于规则的解释应该是开放的，要注意到它的武断性和适得其反的可能性。规则是用来响应情境的，而不是用来设定情境的。

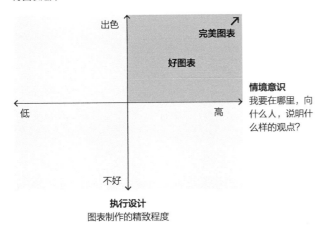

好图表矩阵

出色

　　　　↗
　　完美图表

好图表

情境意识
我要在哪里，向
什么人，说明什
么样的观点？

低　　　　高

不好

执行设计
图表制作的精致程度

不要担心图表的"对"或"错"，要关注它是不是"好"。诚如威廉姆斯所说，你需要一些原则来帮助自己理解为什么选择条形图或折线图，或为什么选择干脆不用图表。比起那些制作完美，却纳入了不恰当的数据、传达了错误的信息或毫无吸引力的图表，打破了一些图表制作规则却紧扣观点的可视化图表的价值要大得多，因而更好。图表与所表达的观点越紧密相关，在一定程度上，我们对图表的制作水平就越宽容。

你制作的图表应该落在上面这幅"好图表矩阵"的右上角区域。掌握可视化思维，制作好图表就是本书的主题。

可视化思维必不可少

三个相互关联的趋势正影响着对可视化思维的需求：第一个就是上面提到的可视化应用对象的大量增加。如今，复杂而高质量的数据可视化在各种产品和媒介中随处可见，将我们对在消费过程和商业互动中用到的图表的期望值也提高了。

第二个趋势是数据量和数据更新速度的变化。如此多的信息以如此快的速度向我们袭来，要求我们用一种新的传达方式对其进行抽象和简化，帮助我们应对挑战。

例如，在波音（Boeing）公司，工程师希望提高"鱼鹰"（Osprey）的运行效率——这款飞机能够像直升机一样垂直起降。每次起降，飞机的传感器会产生一万亿字节的数据进行分析。10次"鱼鹰"飞行产生的数据和国会图书馆（Library of Congress）[6]的全部印刷资料一样多。任何试图以原始格式厘清这些数据的想法都是荒谬的，但有人还是尝试了——一个五人团队工作了7个月，寻找提升"鱼鹰"运行效率的方法。他们失败了。

随后，波音公司改用可视化分析的方法，尝试从海量数据的噪声中筛选出真正的信号。不到两个星期，两位数据科学家便发现了提升效率的方法以及飞机维护中存在的问题。但这样依旧不足以明确"噪声中的信号",他们不得不把工作传递给专业的决策者。两位数据科学家把复杂的可视化图表转换为更简明的版本呈现给管理团队,后者批准了对"鱼鹰"维护代码的修改,"鱼鹰"的运行效率提高了。波音公司一位参与了该项目的技术研究员大卫·卡西克(David Kasik)说:"复杂数据里面包含的信息很难讲出来,我们最终必须提供一种形式,使我们能以对方能够理解的方式把故事讲出来。"这种形式就是数据可视化。

不仅限于如此专业的数据,即使如财务数据和市场分析数据之类普通的企业运营数据,如今也已经深奥和复杂到人们无法对其原始形式有效地加以理解和运用了。

第三个趋势是数据可视化的全民化。从历史上看,很多技术都经历过全民化的时刻——变得足够便宜,也足够容易,任何人都可以尝试。这种转变的例子很多:阿图斯公司(Aldus)的PageMaker(第一个文字处理器)和超文本标记语言(HTML),使每个普通人都拥有了发表作品的机会;丹·布里克林(Dan Bricklin)是第一个电子表格 VisiCalc 的联合创作者之一,他曾说,VisiCalc 的全民化"将有些人原本需要 20 个小时完成的工作在 15 分钟内完成,并让工作者变得更有创造力"。[7]

当技术的所有权从少数专家转移到大众手中时,大量的实践就会出现,实践成果有好也有坏。HTML 催生了花哨的地球村网站(GeoCities),但也成就了谷歌。

数据可视化也是一样——曾经被高级制图师、数据科学家、设计师、程序员以及学者等少数人掌握的一门小众学科,现在正经历着轰轰烈烈的全民试验阶段。有史以来第一次,那些用于可视化数据的工具变得既价格合理(有些是免费的),又易于使用(有些用鼠标拖放即可)。如今已经出现了许多网站,允许用户上传数据集,并在几秒钟内跳出符合定制要求的可视化图表。Tableau 目前是可视化编程的宠儿,其目标是成为数据可视化领域的文字处理器——你的"可视化语法"指南和图表设计指南。

与此同时,通过互联网,大量免费或低成本的数据成为助力可视化发展的"燃料储备"。对数据进行可视化的尝试几乎不需要任何成本,因此数百万人都在尝试。但是,同规则手册一样,"拖放"软件也无法确保人们做出好的图表来。学会可视化思维,将有助于管理者在职业成长期自然结束之前最大限度地利用好这些迅速发展的可视化工具。

掌握易学手艺的简单方法

最好的消息是,这不是一门很难学习的语言,即便它看起来有些唬人。掌握一套简单的制作流程就可以对数据可视化的质量和效果产生巨大的影响。你可能听过人们提到可视化的"艺术"，或者数据可视化的"科学"。本书给出了一个更好的术语"手艺"（craft），这个词同时表明了艺术性和科学性。想想看，一个制作柜子的工匠，他可能懂一些艺术也懂一些科学，但最终做出的是一件功能性的东西。

一个制作柜子的学徒要学习手艺，可能会从了解柜子开始——柜子的历史、人们如何使用柜子、制作柜子所需的材料和工具。然后他会系统地学习如何制作好的柜子，在这个过程中他可能会做出很多柜子。他还要安装柜子，并了解客户如何在不同类型的空间使用不同类型的柜子。最终，他的技能将足够深入，有能力加入一些具有艺术性和巧妙功能性设计的细节。

学习如何构建好的图表与学习如何打造好的柜子并无不同，本书将以同样的方式展开。第一部分：**了解**——提供了可视化的简史，并对图表制作背后的艺术积累和科学发展进行高度总结。这部分内容依赖于（有时也挑战了）专家和学者在视觉感知科学、设计思维以及其他领域的知识，阐明了什么是可视化以及当人们看到一幅图表时的反应。除了提供一套知识性的基础外，这个简短的部分应该可以缓解你对学习一门全新学科的恐惧。你不需要

成为专业的设计师或数据科学家就能在图表制作上达到一个新的高度。

有了基本知识的准备，就可以开始学习制作好图表了。第二部分：**创建**——是本书实践方面的核心。它为图表的改进提供了一个简单的框架。你将了解到哪些工具和技能可以帮助我们成功地实现四种基本可视化类型的创建。你还将学习如何就自己想展示的内容展开思考，然后草拟一个方案。这个过程所需的时间比你想象的要少。在短短一个小时内，你就可以极大地改进那些从Excel中自动生成的基础图表。你可能对此抱有疑问，因为你自认为天生不是学习可视化的料，这对你来说太难。但这可能不是真的，研究表明，尽管我们确信自己是视觉思考者（visual thinker）或语言思考者（verbal thinker），但两者的区别可能并不存在。[8]研究还表明，任何人都可以提高基本的视觉流利度（visual fluency），就像任何人都能做到在一门新的语言中学会足够的基本用语来与人交流，而无须彻底掌握这门语言。

第三部分：**优化**——介绍了为框架完善的图表加工上精美而巧妙的视觉效果的重要技巧，能使图表既令人印象深刻又有说服力。它没有简单罗列出一个设计图表的注意事项，而是将设计技巧与它们创造出来的感觉联系起来。你可以用什么技巧来让图表看起来干净，或者让它简明到读者可以快速理解？这部分

展示了如何使图表不仅能清晰地传达信息，还能改变人们的想法，促使人们采取行动。它还探讨了说服他人的边界问题，以及为什么某些技巧能够越过这个模糊的界限，变成对观众的欺骗和操纵。

第四部分：**演示与实践**——展示了通过控制图表的演示方式和"讲故事"的方式，让图表的效果得到更大发挥，超越眼睛所见而深入到人的思考中去。它还提供了一个框架，帮助你通过自己主导的"批评会话"发现自己和他人图表中的核心观点，以及发现自己想要使用的图表类型。它还为每天在网络上百家争鸣的大量图表提供了解决争议的依据——推特（Twitter）上的数据可视化爱好者乐于公开接受各种对自己可视化作品的评判。[9]

《好图表，坏图表》这本书构建了一套完整的论证，但根据读者的具体需求，四个部分也可以独立为读者提供相应的信息和灵感，而且每章末尾都有对该章关键概念的简洁重述。当你面临的挑战是一场即将到来的带图演讲时，请直接进入"演示与实践"部分。如果你希望与团队一起用可视化方法对某些数据进行更深入的思考，请使用"创建"部分。我希望这本书能成为你"韦编三绝"的对象。

最后有几点说明：首先，我会使用许多词来描述可视化交流，包括可视化、数据可视化、信息可视化、图表、图和信息图形。我知道有些人对这些词进行了具体的区分，但我不会这样做。在这本书中，这些词都是普适性的描述，说法的不同仅仅服务于文字的可读性和得体性。

其次，若以数据为主题的话，发现数据、收集数据、结构化数据、清洗数据、扰乱数据——这些内容本身就是一整本书。而本书聚焦于可视化的过程，从数据收集完成开始，且假设读者了解并习惯使用电子表格等数据操作工具。对于更复杂的数据分析和数据操纵，我建议与数据专家合作使用"配对分析法"（paired analysis），本书第 4 章详细讨论了这种方法。

最后，这本书中的大多数图表和情境故事都是基于现实情况和真实数据的。在某些情况下，出于对身份和保密性资料的保护，我对数据、图表标题、名称等做了更改。

好图表

在我们开始之前，从加泰罗林·乔巴努（Catalin Ciobanu）

○　指人们聚在一起展示各自作品，并互相听取评价及意见。——译者注

身上汲取些灵感吧。不久前，他还是一个物理学博士，刚刚进入商业领域的新人，受雇于中航嘉信担任经理。作为一名物理学家，乔巴努已经学会了可视化思维，因为分析海量数据集是对物理学家的工作要求。

"我在做科学分析的时候已经使用过许多可视化工具。"他说，"但当我进入商业领域后，我发现所有工作都是用 Excel 完成的。我觉得我用 Excel 传达深刻理解的程度非常受限！"

乔巴努当时正在为即将在巴黎举行的活动做准备，中航嘉信统计了商务出行与旅行压力的相关数据，将由他在活动中向客户进行展示。他知道，客户对旅行支出和商务旅行压力的总体数据了如指掌。但乔巴努希望他们能看到更多。"我想传达的信息在 Excel 表格里面无法呈现。"他说，"我想传达的是这样的观点：旅行压力是个体感受，它是对人的探讨。"

在充分思考了他面对的挑战后，乔巴努制作了这幅散点图：

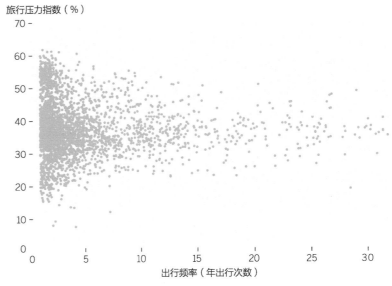

谁的旅行压力最大

旅行压力指数（%）

出行频率（年出行次数）

资料来源：CARLSON WAGONLIT TRAVEL (CWT) SOLUTIONS GROUP, TRAVEL STRESS INDEX RESEARCH (2013)

当他在演讲中呈现这幅图的时候，效果立竿见影且直达人心。这些散点为观众创造了个体化的视角，而这一点是百分比表或趋势线无法做到的。乔巴努通过绘制每个人的数据考虑到个体性，而不是将人分为几个类别，再用柱形描述该类别的总体出行频率。"这里的每一个点都代表一个人。"乔巴努说，"我们发现自己在谈论的是人，而不是数据块。"就连标题也用了"谁"这个词，强调了我们所面临的挑战中的人性因素。

在现场，客户从这个可视化图表中得出了新的见解。他们之前的假设是，压力随着出行频率的增加以较平缓的斜率增加，即正相关关系，曲线将向右上方倾斜：出行次数增加，压力就增加。而这幅图表显示，随着出行频率越来越高，压力可能增加，也可能减少，是呈正态分布的。而且出行次数少的人在旅行压力的感受上表现出巨大的差异。

客户们当时便急切地讨论了为什么会出现这种情况。也许有些人很少旅行，他们认为任何旅行都是一种享受，不会被飞机延误或狭窄的经济舱座位影响心情。一些旅行者在没有行政协助的情况下外出时可能不得不协调家庭和工作日程，这就造成了他们在路上仍要瞻前顾后的压力。（这两个假设都得到了进一步研究的证实。）客户仅就该图的形状便展开了如何对产品和服务进行调整的讨论。

"那场对话变得充满激情。"乔巴努回忆道，"对辞职率和雇用问题的讨论取得了显著的成果。"他的同事和老板也对此印象深刻，他凭借自己的可视化图表赢得了尊重。乔巴努说："一些高管之后来问我如何将他们数据集里面的信息展现出来，或者问我能否帮忙把他们的图表做得更好。这是我最有成就感的时刻之一。"

这就是一个好图表。

目录 CONTENTS

第 9 章

可视化批评

结　论

词汇表　

注释　

致谢

第一部分

了解

第 1 章

数据可视化简史

艺术和科学共同构建的

一门新语言

数据可视化已从一种简单的交流工具发展成为一门急速成长中的跨学科科学，本章内容将对这一过程进行扼要概述。

前身

最早的可视化图表可能是用树枝画在泥土上的——狩猎采集时期的一个人类为了向另一个说明哪里可以找到食物，画了一幅地图。如果说，数据是关于客观世界的信息，交流是将信息从一个人传递给另一个人的活动，而人们在交流中使用的五种感官里面，视觉占据了大脑活动的50%以上，那么可视化应该是一项生存能力。[1]它非但不是新潮流，反而是原始的。

在很长的一段时间里，可视化形式可能仅限于洞穴壁画；之后逐渐发展出地图、日历、树状图（例如族谱）、乐谱以及各种结构图。从某种意义上讲，算盘也起到了数据可视化的作用。这个且不论，我们再往后看：表格产生于17世纪末18世纪初，它创造了一种空间规律性，使得阅读大量数据变得轻松了许多。分类账簿也在这时产生了。之后的两个世纪都是表格的天下。

我们如今所说的数据可视化——图表和图形——可以追溯到18世纪后期的威廉·普莱费尔（William Playfair），他在1786年出版的《商业与政治图解集》（*The Commercial and Political Atlas*）一书中，大量使用了折线图和条形图（见图1），后来又使用了饼图。通常，我们将查尔斯·米纳德（Charles Minard）发布于1861年的那幅极负盛名的图表确定为图表设计的开端。该图表显示，拿破仑军队在那场注定失败的俄国战役中遭受的打击是毁灭性的（见图2）。同样受到赞誉的还有弗洛伦斯·南丁格尔（Florence Nightingale）的"鸡冠花图"（见图3），该图发表时间略早于米纳德的图，

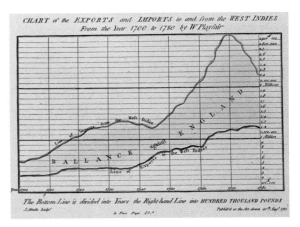

图1

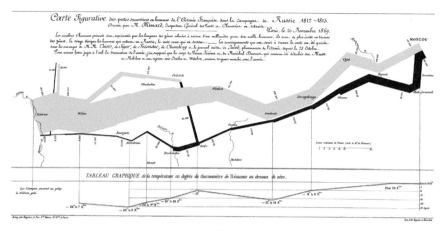

图 2

威廉·普莱费尔、弗洛伦斯·南丁格尔以及查尔斯·米纳德，是现代制图早期的三大先驱。

描述的是英国在克里米亚战争中的伤亡情况。南丁格尔的作品被认为改进了医院的卫生状况，因为它说明了疾病才是导致士兵死亡的首要原因。

布林顿、贝尔坦、图基和塔夫特

图表的流行与工业革命的兴起几乎同步，这并非巧合。可视化是对信息的抽象化，是化繁为简的方法，而工业化给人类生活带来的复杂性是前所未有的。铁路公司是制图先驱，它们创建了最早的组织架构图，并制作出了诸如"每英里计重吨数"（折线图），以及"铁路场站驳船运行

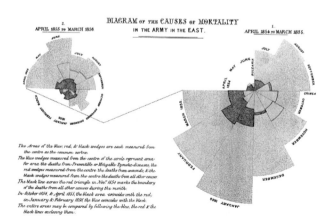

图 3

家庭收入分配情况——收入在 900～1000 美元的家庭
这幅图意在以更通俗易懂的形式展示数字的含义。读者根据图画的大
小，而非其所在扇形的角度（对收入分配）做出判断。

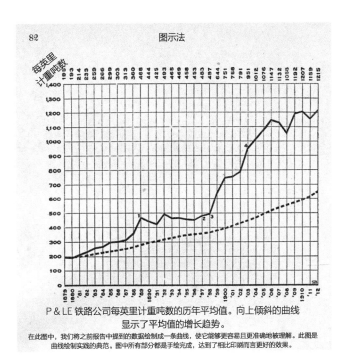

P＆LE 铁路公司每英里计重吨数的历年平均值。向上倾斜的曲线
显示了平均值的增长趋势。

在此图中，我们将之前报告中提到的数据绘制成一条曲线，使它能够更容易且更准确地被理解。此图是
曲线绘制实践的典范。图中所有部分都是手绘完成，达到了相比印刷而言更好的效果。

威拉德·C.布林顿
的《图表表示法》
一书为 20 世纪早期
的图表制作者们提
供了建议，并对一
些图表做出了评价。

情况"（双时间轴）等运营指标图表[⊖]，² 这些图表均由当时
各铁路公司最熟练的绘制员手绘完成。也正是这些图表，
为威拉德·C. 布林顿（Willard C.Brinton）1914 年出版的
《图表表示法》（*Graphic Methods for Presenting Facts*）提
供了最初的灵感——该书被公认为第一本数据可视化商业

书籍。

布林顿对各铁路公司（及许多其他行业）的图表进行了
分析，并提出了改进建议。他整理了数据演示的一些规则，
还以举例的方式总结了好的图表类型和不好的图表类型。
他书中有些内容既古板又有趣，例如，他详细地讲解了在

⊖　"每英里计重吨数"是铁路公司计算收入的指标。"铁路场站驳船运行情况"记录了每日货车车厢被送入场站和被拖船拖离场站的时间，意在找
　　到货车车厢在场站停留的时间规律。——译者注

品类众多的地图图钉中，哪一种最好，以及如何将钢琴的琴弦改造为插头（"在煤气炉上加热以降低弹簧韧度"）。

但布林顿的许多理念在当时的确是最前沿的。他展示了小多组图（small multiples）的使用（尽管他没有使用这个叫法），即最近流行的一种图表形式：用多个相同坐标轴的简单图代替多条线重叠于同一图中。他还展示了折线图和倾斜图的例子，很多人都认为这些图表形式是更近期的发明。他不喜欢蜘蛛图，认为它们应当被"丢进垃圾堆"；并且他早于当代大师们一个世纪，对饼图的可视化效果提出了质疑。

最后，布林顿设计了一套图表体系，创建出"给管理层看的曲线"，这些曲线能够"以恰当的图表形式充分反映（企业运营的）每一个细节"。

到20世纪中叶，美国政府已成为一个复杂的、依靠处理数量前所未有的数据来驱动的组织。幸运的是，联邦政府雇用了玛丽·埃莉诺·斯皮尔（Mary Eleanor Spear）。这位制图专家服务于数十家政府机构，同时任教于美利坚大学（American University）。她还在业余时间出版了两本书，为那些工作量大，却没时间就自己的工作结果进行说明的人提供了指导。其中《图表统计》（Charting Statistics）一书出版于1952年，总结了她在政府部门"从事多年数据分析及数据呈现工作中遇到的问题"，而1969年出版的《实用制图技巧》（Practical Charting Techniques）一书则是对前一本书的扩展和升级。同布林顿的书一样，斯皮尔的书中也都是常识性的建议，以及一些如今看来有些过时的自说自话（她巧妙地展示了如何在黑白图表中用各种交叉影线将不同变量区分开来）。但她的很多思考是超前于她所处的时代的——她在1952年就总结了在彩色电视上呈现图表的一些窍门和技巧。

雅克·贝尔坦（Jacques Bertin）是一名地图绘制员，他致力于将所有实用性的制图建议总结成一套基础性理论。因此，他于1967年写成了一部具有开创性的著作《图形符号学》（Sémiologie Graphique），提出了信息可视化理论。贝尔坦并没有聚焦于建议人们使用哪些类型的图表以及如何使用它们，而是描述了一套基础要素体系，为当代数据可视化的理论提供了框架和词汇。他概括并定义了数据可视化构建过程中的七个"视觉变量"：位置、大小、形状、颜色、亮度、方向、纹理。[3]

贝尔坦还提出了两个至今仍然影响深远的可视化原则。**第一条是表现力原则**：表达所有想表达的意思，勿多勿少，避免误导。数据可视化是一项编辑活动——这是一个相当普遍的共识，而作家、作曲家、导演、厨师等任何创造性的职业，都努力甚至竭力将作品精简到最精华。

第二条是**有效性原则**：用已知的最好的方式呈现数据，即选择能够最有效、最准确呈现数据含义的可视化形式。如果位置是展示数据的最好方法，就使用位置。如果颜色更有效，就用颜色。第二条原则显然更强调技巧，因为即使在今天，确定什么是"最好的"或"最适当的"，仍然不是一件简单的事。所谓最好的方法，往往受限于惯例、品味或易使用性。我们仍然在用科学方法研究这个问题，而这个过程注定是复杂的，因为在被数字交互和动画包围的世界里，某个纸面上的最好效果在转移到屏幕上以后，或者某个屏幕上的最好效果在转移到另一个屏幕上以后，可能就不再是最好的了。

约翰·图基（John Tukey）是一位统计学家和科学家，早在主机时代就做出了 3D 散点图，并于 20 世纪 70 年代成为贝尔坦的接班人。探索性（exploratory）可视化和验证性（confirmatory）可视化这两个概念的流行也要归功于图基——在本书后面的章节中，我会借用到这两个术语。

1986 年，乔克·麦金莱（Jock Mackinlay）在贝尔坦著作的基础上完成了他颇具影响力的博士论文。[4] 麦金莱专注于运用软件实现数据可视化的自动生成，这样人们可以花更多时间研究数据反映的信息，而把更少的时间用在图表创作上。他在贝尔坦理论的基础上添加了第八个基础要素变量：动画。在个人电脑时代之初从事计算机科学领域的工作，让麦金莱看到了动画在数据传达方面的强大应用。

如果说布林顿是现代数据可视化的第一位传教士，而斯皮尔和贝尔坦是早期的使徒，那么爱德华·塔夫特就是数据可视化的当代教皇。以章法分明的设计原则和极具说服力的话语，塔夫特通过 1983 年发表的《定量信息的视觉显示》（*The Visual Display of Quantitative Information*）及其后的多本著作，创造了一套经久不衰的信息设计理论。对有些人而言，《定量信息的视觉显示》一书堪比可视化领域的"福音书"，其中的一些"戒条"被高频引用，例如"数据呈现高于一切"以及"冗余元素可以让图表的无趣彻底升级为灾难，却永远无法拯救缺乏说服力的数据集"。尽管塔夫特的理论建立在坚实的科学精确性之上，但相对于贝尔坦偏科学性的探讨，他更强调对图表设计的探讨。在塔夫特的极简主义方法 [5] 的影响下，一代设计师和以数据为导向的记者成长起来了。

数据可视化开创的企业

"ZS 公司存在是因为我们用可视化图表解决了一个难题。"

安吉斯·索特纳斯（Andris Zoltners）提到的 ZS 咨询公司，是由他创立的一家全球性的销售咨询公司，现有员工超过 3500 人。而"可视化图表"指的是地图和一些简单的折线图。"难题"是指合理划分销售区域。

在今天看起来这是件小事，但在 20 世纪 70 年代末，它不是。"需要解决两个问题，"索特纳斯说，"将销售员派驻何地？把哪些客户、大客户和潜在客户分配给他负责？"企业须花费 3～6 个月的时间在纸质地图上手绘出销售区域图，而画出正确的图是极大的挑战。

索特纳斯用博士论文的一整个章节讨论了销售区域划分的问题。在那之后很长一段时间，他没有再深入下去，但他始终不曾停止思考这个问题。在麻省大学（University of Massachusetts）任教期间，他决定重新着手研究这个问题：这

次他选择同马萨诸塞州春田市的一家拥有 57 位销售员的企业合作，尝试解决他们的销售区域划分问题。

"我毫无章法地尝试着找出最优解，慢慢发现可以用数学方法来解决这个问题。"他说，"你可以通过创建搜索算法，将销售团队的任务安排得协调而平均。"问题解决了，是吗？事实上，并没有。"当我把计算结果展现给他们时，他们并不喜欢。我们确定了非常好的调整标准，为所有的销售人员安排了几乎完全相等的工作量。但当我把这些计算结果呈现给他们时，他们只看到了一个表格。每个销售员名字下面列出各自负责的县。"

"我们的方案没有被采纳。"

后来，索特纳斯去了西北大学（Northwestern University），在商学院营销系任教。在寻找竞争终身教职的研究项目的过程中，调整任务的问题又出现了。这一次，是礼来医药公司（Eli Lilly）想要解决这个问题。这是一个极大的挑战，因为这家医药公司拥有数以千计的销售员队伍，而这些销售人员需要拜访位于 4 万余个邮政编码区的数以十万计的医生。

当时是 20 世纪 80 年代早期，计算机已经开始普及。索特纳斯发现了一个商机。他和他的同事，以及一支研究生团队，建立了一个大型的（以当时的标准）包含美国各州、各县、各条公路地图的地理数据库。然后他们编辑了一套软件，可以用一只光笔在屏幕上勾勒出销售区域。"我们可以随时在地图上修改边界，用一只光笔即可。"他说。

除了这份地图，索特纳斯还做了一些图表。"我们的算法可以为任何规模的销售团队测算出销售额及利润率。点击'最优解'按钮，我们就可以得到一个非常简单的图表。x轴表示销售团队的规模，y轴表示销售额或利润率。我们会向他们说明他们当下的销售情况如何，以及用我们的算法进行调整后又将如何。那个时代并没有类似的工具。"

人们对数据可视化的反馈迅速而热忱。"有个人在我们的演示结束后走到我面前，郑重其事地对我说：'我一辈子都在等待着这样一个方案的出现。'"

"它是一个宝藏。它开创了我们的公司。"

之前需要企业花掉几个月时间才能完成的工作，如今几个星期即可完成。（索特纳斯的业务中，有一项即是为企业提供重排销售区域和销售任务的变革方案。）索特纳斯从未做过广告，但是据说他的电话铃声从未停止过。某公司高管打电话来说："我听说了你们的业务。我想要了解一下。"索特纳斯抱歉地说他们的时间已经预定满了。那位高管说："腾出时间见我吧，我星期天过来。"他来了，也下了订单。

还有一次，索特纳斯在周末从芝加哥飞往雪城做一个产品演示。他还记得自己当时小心翼翼地把第二代苹果电脑及显示器作为登机行李随身携带。当他到了雪城，一场暴风雪来袭。原本预计有几十位高管参加的产品演示，最终只有两人出席。回到芝加哥后，索特纳斯告诉创业伙伴们，这次出差将一无所获。

然而星期一，出席雪城产品演示的两位高管都打来了电话，且都准备下订单。从这些早期的项目开始，ZS已经为50多个国家的超过1万个销售团队提供了销售任务分配方案。

回忆公司以火箭速度成长的过程时，索特纳斯十分兴奋。"看，如今没有人能做成像我们一样的事情。"他说，"你根本无法相信，我们每一次演示地图和图表，对方就一定会下单。"

索特纳斯指出，当前使用的视觉资料并未改变当年他在春田市用来调整分配销售任务的算法，区别只是他在春田用的是填列着各县名和邮政编码的表格来呈现计算结果，是可视化对人们产生了原始信息无法产生的影响。"没有可视化，"他说，"我可能还要花很长时间去寻找最优方案，而不可能创立一家企业或得到任何订单，是可视化让我们获得了订单。可视化让买方在选择解决方案的过程中获得了控制权，让他们真正看清楚了解决方案本身。我们做到了从来没有人做到的事情：我们向他们展示了他们的选择到底'长'什么样子。"

早期研究

在塔夫特强调制作漂亮且有效的图表的最佳方法时，学者们在研究人们是如何解读图表的。1984 年，威廉·S. 克利夫兰（William S. Cleveland）和罗伯特·麦吉尔（Robert McGill）从测试人们对简单图表的解读能力入手，[6] 开始了对"图形感知"的研究。饼图似乎从诞生起就饱受诟病，但克利夫兰和麦吉尔最早证明，这是因为人们认为饼图中各切片的面积相较于其他比例形式更加难以进行比较和分析。他们开始了长达十数年的对于图表解读的研究，并将研究结果应用于迅速发展的视觉语法体系。[7] 他们感到对既有知识发起挑战是义不容辞的："如同其他科学领域一样，如果制图学（graphics）想要进步，"他们声称，"我们要做好以更好的新做法替代旧做法的准备。"摒弃旧的，开发新的。[8] 这项研究对当时发展迅速的计算机科学领域产生了深刻的影响；这个时期还诞生了两部奠基性文献——克利夫兰在 1985 年发表的《图形数据元素》（*The Elements of Graphing Data*）和利兰·威尔金森（Leland Wilkinson）在 1999 年发表的《图形的语法》（*The Grammar of Graphics*）。

数据可视化的发展出现了两个方向。计算机科学家们越来越多地聚焦于图表生成的自动化以及新的复杂数据可视化方法；科学可视化方法运用了 3D 模型等专业化程度很高的技术，至于图表做得漂亮与否并不重要。（从某种角度而言这是不可避免的，到目前为止，计算机处理图形的能力仍然有限。）与此同时，设计师和媒体记者们则专注于凭借吸引眼球的、夸张的视觉效果和信息图形抢占大众市场。

之后互联网出现了，打乱了一切。

变革

塔夫特在发表《定量信息的视觉显示》时，无法预料几乎与他的著作同时面世的计算机会因互联网的普及，最终颠覆他那套严谨而有效的数据可视化方法论。这个时代为人们提供了广泛的渠道，去获得数据可视化工具，实行大规模实验和进行无所不及的信息发布与分享。[9]

21 世纪初的信息可视化爆炸——好的和坏的——激发了某种变革。两种传统分别发展出了很多小的派别。塔夫特的追随者如今只是各派别中的一个，如同天主教徒置身于大量新教教派之中；这些新教教派以各自的方式实践，时不时还要将被他们看作陈词滥调的纸媒时代学术成果嘲笑一番。

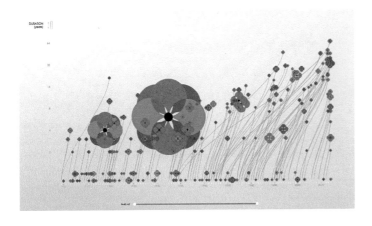

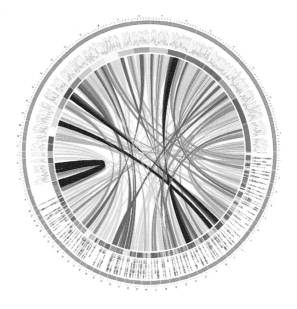

曾经只与少数专
业人士有关的数
据可视化，如今
属于包括设计
师、艺术家、媒
体工作者和科学
家在内的每一
个人。

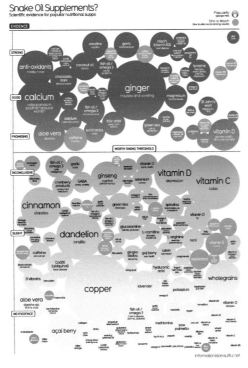

有些派别精通可视化的外观设计，对他们而言，视觉上的愉悦感和吸引力与精确性同样重要。[10] 还有一些派别将数据可视化视为一种艺术形式，运用美学手段激发情感反应，而不是对数字的理解。[11] 有些新生代的作家和媒体人为了吸引和留住读者，将可视化作为强化内容的手段。[12] 还有些人将它作为说服他人的工具，在这种情形下，对图表准确性等方面的要求或许会有悖于他们展示图表的目的。[13]

总而言之，再没有人说得清楚数据可视化到底是什么或者应该是什么，因为每个人都有自己的定义。

数据可视化的解读权从专家向大众转移的结果，就是20 世纪 80 ～ 90 年代的数据可视化科学研究成果影响力的削弱。克利夫兰和麦吉尔的研究十分完备，但他们的工作大多聚焦于人们对静态数据的解读，研究对象大多是黑白图表，且仅限于简单的任务，如比较数值大小等。在当下这个全彩色、数字化、交互型的世界中，我们需要新的研究。

另外，早期研究中有两个隐含假设：第一个假设是制作图表的人天然拥有读图人的全部注意力。这是不成立的。我们只需看看演讲现场有多少人盯着智能手机，就知道不够好的图表是没有人看的。早期的研究从一开始就没有研究过图表如何吸引观众关注的。引人注意需要一些额外的技巧，与"最有效地展示数据"所需的技巧不同，而且可能是冲突的。例如，复杂性和鲜明的颜色可以抓人眼球，但同时又会使得提取图表观点变得更加困难。

第二个假设是：最快最好地表明数据的含义永远是创建可视化图表的首要目标。事实并非如此。我们对饼图的判断或许不如对条形图的精确，但或许这样的准确程度已经够用了。如果存在一种所谓最有效的图表类型，那也不意味着其他的图表就是无效的。管理者知道他们必须做出取舍：或许为了找到"最好的"图表类型所付出的时间和努力并不值得；或许某位同事就是对饼图更有感觉。图表的使用情境很重要。

一门新兴的科学

下一个数据可视化历史上至关重要的时刻就是现在。这个颠覆性的全民信息化时代将数据可视化分解成了千差万别的概念，却缺乏能够取得共识的科学研究来将它们重新整合到一起。但有一群活跃的年轻学者已经聚集在这一领域开始了尝试。他们尊重 20 世纪 80 ～ 90 年代的研究成果，却不被这些成果局限，而试图将数据可视化理解为兼具生理属性和心理属性的事物。他们的研究借鉴了当代的视觉感知、神经科学、认知心理学甚至行为经济学等领域的重要研究成果。

这里介绍几个由这个新学派的研究取得的重要发现：

"垃圾元素"没那么糟糕。"垃圾元素"（chartjunk）是塔夫特用来定义装饰性元素或视觉操纵元素的术语，例如 3D 条形图、图标、图解，这些元素既不能丰富数据的意义，又无法帮助理解。"垃圾元素"长久以来被嗤之以鼻，但最新的研究表明，它使图表更易被记住。[14] 还有些研究对图表的美学性、说服力和易记程度对其有效性所起的作用进行了评估。这些研究的结论尚不明确，但绝不会与人们长久以来秉持的设计原则完全一致。部分研究甚至表明，在仅对少量数据进行分析的情况下，饼图的效果是不错的。[15]

图表的有效性不是唯一指标。当然，现实总是比简单的一句"不要使用饼图"或者"表现数据趋势用折线图最佳"复杂多了。性格类型、性别、演示设备，甚至是你读图时的情绪——所有因素都会影响对数据可视化图表的感知结果并使其有效性发生改变。[16] 在有些情况下，甚至可能应该放弃使用可视化图表。[17] 研究表明，在人们对某个问题感到不确定或缺乏强烈意见时，图表有助于他们看到并纠正对事实性信息的理解偏差。但在我们对某个问题已经充分理解，或强烈反对演示所持的观点时，视觉资料就无法说服我们了。如果图表表达的观点与我们所坚信的观点相左，它就会威胁到我们对自身的认同感；这种情况下，罗列越来越多的视觉资料来证明一个观点会适得其反。（进一步的研究表明，在这种情况下，更有说服力的做法是首先肯定对方，提醒对方我们都是可靠且深思熟虑的人。[18]）此处可以得到一个结论：如果你想找到一个能够告诉你何时使用何种图表的要诀，那这样的要诀是不存在的，并且在可预见的未来也不会出现。

可视化素养是可以被测量的。有些学者正在尝试为视觉素养水平划分出标准化的等级。早期的研究结果表明，被测试的大多数人在这方面的水平低于可以被视为"有数据可视化素养"的水平，但经过一定的训练后，他们可以熟练甚至流畅地使用各种图表。[19] 同时这项研究显示，我们并没有给予自己的图表判断能力以足够的信任：即便正确地读出了图表的观点，我们仍希望就其正确与否得到确认。

我们的视觉系统相当擅长数学。在某些情况下，我们可以同时处理多条线索：在一个使用了多个视觉变量（如颜色和大小）的图表中，我们识别数据均值和感知数据变化的准确程度往往要高于直接识读数字。这就是说，相较于统计学，有时候图像化才是更直观、更合乎人类认知习惯的理解数值的方式。[20]

通过视觉感知数值，即用眼睛来计算的理念，得到了不列颠哥伦比亚大学（University of British Columbia）罗纳德·伦辛克（Ronald Rensink）的突破性研究成果的支撑。伦辛克的研究显示，我们感知图表变化的能力似乎遵循了感官知觉的基本原则——"韦伯定律"（Weber's Law）。

韦伯定律指出："感觉的差别阈限随原来刺激量的变化而变化。"[21] 想象一个完全黑暗的房间，点燃一根火柴就会让房间的亮度发生很大的变化。但如果一个房间已经亮着三盏灯，再点燃一根火柴也不会让房间看起来更亮。房间原本亮着的灯越多，要获得可被感知的亮度提升，需要增加的灯就越多。

韦伯定律的关键在于起始状态与新状态之间的关系是可计量的和线性的。原有灯光量的两倍意味着，要制造出"可感知的变化"或最小可觉差（JND），增加的灯光量应是人感知到的增量的两倍。我们对灯光、颜色、气味、重量、声音甚至咸味变化的感知，都是遵循这个线性规律的。

伦辛克发现，我们对散点图中两个变量的线性相关系

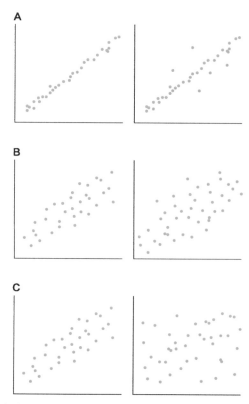

资料来源：LANE HARRISON

数变化的感知也遵循这一规律。[22] 例如，在上页编号为 A 的散点图组中，线性相关系数接近 1，当有几个散点位置发生移动，你就会察觉到较大的改变。

但若是图组 B，线性相关系数约为 0.5，即便移动了与图组 A 中相同数量的散点，你也不会察觉到较大的改变。韦伯定律告诉我们，要想对方察觉到改变，我们需要呈现给对方多大程度的改动：两倍，如图组 C 所示。

伦辛克的突破性成果被莱恩·哈里森（Lane Harrison）和塔夫茨大学（Tufts University）的一个小组复制和应用到了反映其他类型相关（和负相关）关系图表的研究中。被考察的相关关系显著符合韦伯定律的假设，原因有二。首先，如果韦伯定律适用于高阶思维（high-order thinking）的情境，而不仅限于诸如灯光变化的基本物理刺激，那么或许我们根本就不是在"读"数据，而是在"解码"数据——如哈里森所言，将数据解构为形状、角度和位置等更基础的信息，再通过视觉上的"计算"找出相关关系。

另外，在学者们测试过的所有图表类型中，感知值和相关系数均呈线性关系，但不同类型图表的线性系数值却是不同的。如右侧的"对变化的感知"图所示，在相关系数为 0.3 和 0.8 的两个线性关系的比较中，散点图比折线图

更容易让人感知到差别。[23]

这就意味着我们可以就不同类型的图表呈现相关关系（负相关关系）的有效性进行量化和排名。哈里森做出来了，其他人紧随其后。他们的研究成果显示在下一页的"图表呈现相关关系的有效性排名"中。[24]

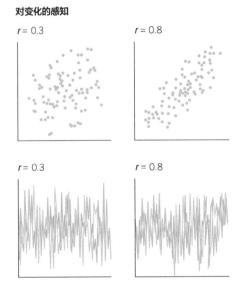

对变化的感知

r = 0.3　　r = 0.8

r = 0.3　　r = 0.8

资料来源：LANE HARRISON

伦辛克也利用了这个结论来测试各类型图表的有效性。他发现，相较于散点图，我们更容易从后文所示的分类散点图（strip plot）和色彩图中察觉到相关关系的改变。

在数据可视化领域，许多人笃信"空间至上"，即利用空间关系表征数据是最好的数据呈现方法。这些效果很好的图表类型仅使用了 x 轴上的空间编排，相较于传统的用 y 轴做空间设计的方式更显紧凑。与散点图相比，我们在这些图表中同样可以甚至更容易识别数据的相关关系。这些图表类型未得到充分利用，但颇具价值。或许，正如克利夫兰和麦吉尔所说，新的做法会被发掘，而旧的被抛弃。

学者们接下来想研究的是，其他的数据表现法，如离群值检测（outlier detection）和群集检测（cluster detection）等，是否也遵循着可预测的规律。如果是，哈里森预计他可以开发出一套智能数据可视化系统，科学地确定不同任务下最有效的图表类型。

随着图形语法的发展（同语言语法一样，它的发展将是持续的），数据可视化将继续作为一项同时融合了科学与设计的事物而存在：它将是艺术与科学、品位与证明的混合体。但即便图形语法已经得到了充分的开发，仅仅理解这套语法也无法保证做出好图表，正如了解介词和被动语态的使用规则并不意味着能写出好的文学作品一样。我们的任务没有变：

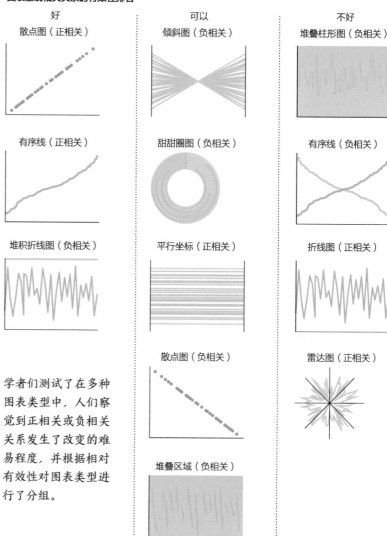

图表呈现相关关系的有效性排名

好	可以	不好
散点图（正相关）	倾斜图（负相关）	堆叠柱形图（负相关）
有序线（正相关）	甜甜圈图（负相关）	有序线（负相关）
堆积折线图（负相关）	平行坐标（正相关）	折线图（正相关）
散点图（负相关）		雷达图（正相关）
堆叠区域（负相关）		

学者们测试了在多种图表类型中，人们察觉到正相关或负相关关系发生了改变的难易程度，并根据相对有效性对图表类型进行了分组。

资料来源：LANE HARRISON，MATTHEW KAY，JEFFREY HEER

分类散点图

r = 1

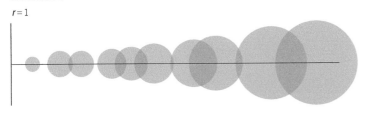

r = 0

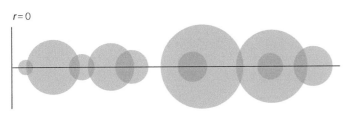

色彩图

r = 1

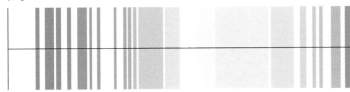

r = 0

资料来源：RONALD RENSINK

学会用可视化思维进行思考，了解情境，设计出能够传递观点，而不仅仅是数据的图表。

学习做好图表的最好办法，就是从了解人们如何理解图表开始，而这又要从了解视觉感知的基本原理开始。

扼要重述 数据可视化简史

视觉传达是原始的，但本书讨论的数据可视化诞生于两百年前。了解数据可视化的历史是学习这项技能的基础，它能够让我们避免对数据可视化实践的误解。最重要的是，它让我们不必把数据可视化看作一门完备的、遵循着一套既定规则的科学。事实上，数据可视化是一门依赖于艺术和科学的手艺，在这个领域中试验和创新应受到嘉许，而非责难。

数据可视化大事记：

18 世纪后期

威廉·普莱费尔做出了包括折线图、条形图、饼图和时间线在内的多种图表，这些图表被认为是现代图表制作的开端。

1858 年

弗洛伦斯·南丁格尔做出的"鸡冠花图"表明了疾病给英国军队造成的致命影响。

1861 年

查尔斯·米纳德发布了一个图表，展示了进军俄国使拿破仑军队遭受的损失。

1914 年

威拉德·C.布林顿发表了《图表表示法》——第一本数据可视化商业书籍。

1952 年

玛丽·埃莉诺·斯皮尔发表了《图表统计》，它是基于斯皮尔在美国政府多部门工作的数十年图表制作经验的最佳实践总结。

1967 年

雅克·贝尔坦发表了《图形符号学》，这是一本可视化理论研究的奠基之作，至今仍然具有深远的影响力。贝尔坦描述了七个"视觉变量"：位置、大小、形状、颜色、亮度、方向、纹理。他还提出了两个核心原则：表现力原则（呈现需要被呈现的信息，勿多勿少）和有效性原则（用可获得的最有效的方式将信息进行可视化）。

20 世纪 70 年代

约翰·图基率先尝试了在计算机上应用可视化，并使得探索性可视化和验证性可视化两个概念流行起来。

1983 年

爱德华·塔夫特发表了《定量信息的视觉显示》，将统计数据的严谨性与设计的简洁性原则相结合，启迪了两代信息设计师和数据记者。

1984 年

威廉·S.克利夫兰和罗伯特·麦吉尔发表了对"图形感知"能力进行量化研究的首篇论文，开启了长达 20 年的对"如何使可视化更加有效"的探索。

1986 年

乔克·麦金莱发表了极具影响力的博士论文，将雅克·贝尔坦的理论带进了数字时代。

20 世纪 90 年代到 21 世纪初

由计算机驱动的科学可视化流派和由设计驱动的媒体可视化流派各自发展出不同的数据可视化方法。

21 世纪 10 年代

社交网络、平价易用的可视化软件和大量的数据样本使得数据可视化得到了普及，产生了大量的实践案例。可视化成了网络现象，而不再是少数专家的专利。

2010 年

罗纳德·伦辛克发表了自己的研究成果，表明我们对散点图中相关关系变化的感知遵循韦伯定律，并首次提出可能存在一种计算图表类型有效性的方法。

2014 年

莱恩·哈里森复制了伦辛克的实验，并将其应用于对其他图表类型的研究。他对不同图表类型呈现相关关系的有效性进行了排名。哈里森的研究标志着对于图表感知的科学研究进入了新的时代。该主题的研究借鉴了许多其他领域的研究成果，包括心理学、神经科学和经济学。

今天

跨学科多领域的各种实验仍在继续。可视化工具不断改进，使得更好的图表能够被更快地做出来，并实现交互性和视觉资料的动态更新。

第 2 章

当我们看到一个图表时

一些简单的视觉感知理论

我之前将学习数据可视化的过程比作学习写作、学习语言的过程。但或许音乐才是最好的类比。每个人都听音乐，即便不懂乐理知识，对音乐也有自己的理解。喜欢的音乐可以触发我们的某种感受——有的音乐很有"质感"，有的听起来"很忧郁"，而我们并不知道自己讨论的实际上是切分音和小调。

同样，即便没有视觉感知理论的专业学位，人们看到一个图表，也可以对它的好坏做出判断。我们看到喜欢的图表也会产生特别感受——你会用"清晰"或"充分"等词汇描述它，但你并不清楚自己讨论的其实是图表的元素编排和知觉显著性。

如果要作曲，乐理知识就成为必要了。同样，要学习制作好的图表，那么对视觉规律稍作研究是有所助益的。不同于乐理，信息可视化是一套持续变化的新理论，它广泛借鉴了包括感知科学、神经科学和心理学在内的许多学科的研究成果，[1] 但是做好图表并不需要这些专业学位，我们只要掌握以下五个广泛适用的理念，便可以了解人们读图时的情况。

关于阅读顺序，作者和读者之间存在一个不言自明的共识。但对于可视化图表而言，这样的共识是不存在的。

五个理念

1. 我们读图的顺序是随机的。 在文字的读者和作者间有着默认的约定，作者将文字"按顺序"连成句子，句子连成段落，段落连成故事。比如在西方，阅读顺序就是自左向右、自上而下。

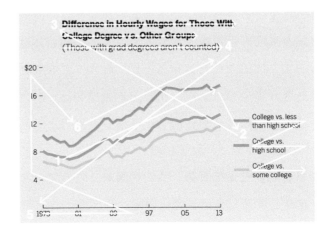

不同文化中的文字阅读顺序不尽相同。[2]但在所有文化背景下，阅读都是逐字逐句且节奏稳定的。

但是在可视化图表中，制图人和读图人之间不存在类似的共识。一个人在读图时可能会先看中间的部分，再看图表顶端的标题；也可能跳着随机看；或者一个数轴看了一半，又转向其他内容——甚至可能完全忽略掉图表中的某部分内容。

至于读图的节奏，也是因人而异的。读一本书如同跑一场马拉松，稳步在一条线性轨迹上前进。读图表更像是打曲棍球，在一个激烈动作非常集中的区域里面快速穿梭。我们的眼睛会跟着吸引它的元素走，不存在所谓的常规方式。

读图的顺序因图表类型和读图人的习惯而异。有研究显示，对图表主题有所了解的专业人士或对某类图表有过使用经验的人，读图方式与其他人不同（而且读图效果更好）。[3]以上这些都说明，制作一次良好的视觉传达——达到清晰、重点突出和简洁的标准——在某些方面与完成其他形式的传达截然不同，而且更困难。

2.显眼的元素最先被看到。我们的眼睛会直奔变化和区别——波峰、波谷、交点、突出色彩、离群值。许多成功的图表——那些被人喜欢，转发和谈论的图表，都利用到了这一点，将最突出的重点无比清晰地呈现出来，以至于读者毫不费力便读懂了。例如这幅图：

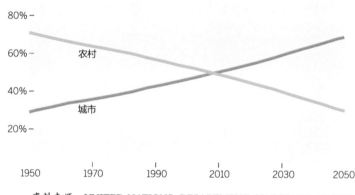

居住地选择

世界人口在城市和农村的分布比例

资料来源：UNITED NATIONS, DEPARTMENT OF ECONOMIC AND SOCIAL AFFAIRS, POPULATION DIVISION (2014)

在这幅图里，我们最先注意到的是两线交点，你甚至不会去读数轴。最可能的情况是，你先看到两条线的交点，检查一下标记，再扫一眼标题。依照这个顺序，你几乎立刻就理解了这幅图想要表达的意思：人口在向城市聚集。

但不是所有的图表都如此简单，也不应该如此简单。看看下图中你最先注意到的三个元素是什么？

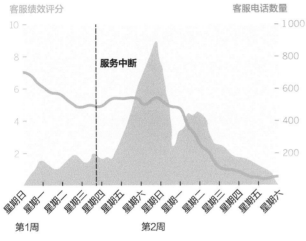

客服电话数量vs绩效

资料来源：COMPANY RESEARCH

大多数人会不由自主地先看到蓝色的线，陡峭的灰色波峰，以及那条"服务中断"的标注线。一位经理向上司展示了这幅图，如果她想讨论的是网站服务中断期、客服电话数量和客服绩效三者之间的关系，那么这幅图准确地将注意力吸引到了这三个点上。

但如果她担心客服评分下降是系统性问题，而非服务中断的结果呢？如果她想向上司表达，在客服电话数量回

到了服务中断前水平之后，客服评分仍然在持续下降呢？

仔细读图，我们是可以从图中发现这一趋势的，但这不是我们第一眼看到的信息，它不够突出，而我们的眼睛被其他元素吸引走了。那么这位经理如何让自己的观点成为图中最先被注意到的信息呢？

第一幅图纳入了客服电话数量的数据，让我们的眼睛直接被这位经理认为并不相关的信息吸引了。于是，她的新图表将这一数据删除了，去掉了一个分散注意力的信息。新添加的"服务恢复"的标注线提供了重要的背景信息，

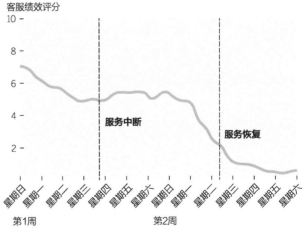

呼叫中心绩效下滑

资料来源：COMPANY RESEARCH

强调即便在恢复服务之后绩效的下行趋势仍然在继续。我们之前可能没注意到，但现在很容易发现：下行趋势在服务中断之前已经开始了。

给图表定下基调的是新的标题"呼叫中心绩效下滑"。尽管位置靠前，标题却常常不是读者最先注意到的元素，它们更大的作用是帮助我们找到图表观点的线索。这里"下滑"一词明确了图表的观点和目的。

如果这位经理呈给上司的是第一幅图，她势必要努力将上司的注意力从图中突出却不相关的信息（客户服务电话数量的波峰）上拉回来，转向关注趋势问题。但用第二幅图，她可以从一开始就进入一场完全聚焦于绩效的讨论。

3. 我们的视觉一次只能处理少量信息。一幅可视化图表纳入的数据量越大，图表的含义越单一。例如，如果上司只想简单了解呼叫中心员工绩效的前后对比，这位经理可以做一幅倾斜图。"团队绩效"一图中纳入了 1 月到 6 月几十位员工的绩效评分数据，但上司无法区分这几十条相互交错的数据点[○]曲线，因此想就这幅图对个体员工绩效进行讨论是不可能的。上司只能看到一个交点密集的带状区

域，显示了绩效评分的总体上升趋势。

如果要向上司展示团队绩效的整体情况，这幅图是相当有效的。但上司需要对个体员工的绩效做出判断，那么她应该在图中纳入多少个数据点呢？

个体的数据点在图表中极易被整体趋势覆盖掉，覆盖程度因图表类型和图表任务而异。例如，专家认为我们无法一口气识别 8 种以上颜色。[4] 基本上，当变量或元素超过 5 ～ 10 个时，个体数据的意义便降低了。

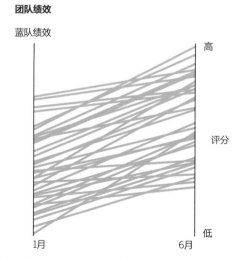

团队绩效

蓝队绩效

资料来源：COMPANY RESEARCH

○ 数据点（或观测值）：观察单位中单个成员的一个（或一组）测量值。这里是指具体每名员工的绩效评分。——译者注

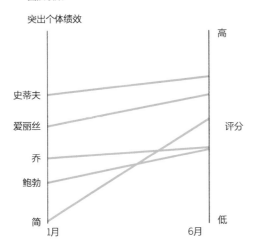

团队绩效

突出个体绩效

资料来源：COMPANY RESEARCH

根据修改后的图，上司可以对个体的工作绩效做出判断了。但如此构图仍然显示出在同一图表中展示多个个体数据点的局限性：要识别各条曲线所反映的绩效走势，仍然需要花些时间来把每条线择出来。如果这位经理需要描述几百位员工的个体绩效评分，那么挑战是巨大的。

相对于线图的斜率线或趋势线，条形图能更有效地让读图者聚焦于单个离散数据。但即便是条形图，在条形

数量足够多的情况下，逐个条形相依仍然会呈现出一个明显的形状。你在"电动车"这幅图中，首先注意到的是什么？是 20 个分组数值还是一个陡峭的坡度？

当然，我们也不是总能从复杂的图表中抽象出简单的含义。如图"纽约市最常见的 311⊖投诉统计"所示，有

电动车：最初3年

累计销售辆数（千）

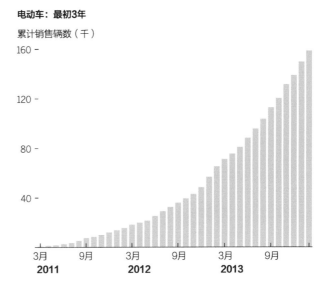

资料来源：ADAPTED FROM PLOT.LY PLOT BASED ON DATA COMPILED BY BRETT WILLIAMS AND CHARTED AT FIGSHARE.COM

⊖ 311 是美国多个城市的非紧急公共服务电话号码，可咨询城市信息、市政服务，也可投诉公共事务，报修公共设施。——译者注

些图表会用颜色、标注和其他多种方式将我们的注意力同时向多个方向吸引。这幅条形图将 21 个离散变量纳入紧凑排列的 24 小时中。而且，其中部分变量值如此之小，以至于在图中只呈现为几乎无法分辨的薄片：试试在图中找到"违章停车"投诉量在一天中的变化情况。同时，配色选择也缺乏规划——很多投诉类别的颜色十分相近。右侧冗长的变量图例使得左侧表示数值的 y 轴与图的主体部分不成一体。这幅图中什么最突出？我们

可以说，图中部的高峰清晰可辨，但如果这便是图的主题，那么分类统计和变量颜色的使用都是使图偏离主题的做法。

不良的复杂性既无益于阐明图表重点，也无助于呈现总体趋势。它会模糊、阻碍传达，并最终向读图者传递没有指向性且令人困惑的信息。

相反，良性的复杂性用以形容将数量超出人类合理处理能力的数据整理成几个突出要点的可视化处理。这里给出一个极端的案例：

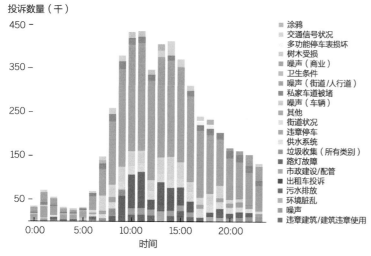

纽约市最常见的311投诉统计

投诉数量（千）

资料来源：PLO.LY

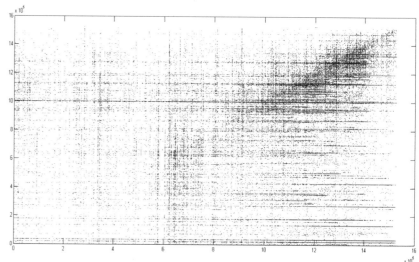

这是一幅包含 1000 万个数据点的散点图，这些点表示了某社交交易⊖（social trading）平台上股票交易人之间的社交联系。除了图中数据量巨大之外，有以下几点引人关注：密集的黑点，密集程度在右上方方向上增强，一些非常明显的条纹线（尤其在图右部分）。[5] 除了这些便没有其他可讨论的了。

如一位研究者所说，我们可以"模糊"地处理这一类可视化图表，同时对其代表的数据值进行合理的估计。[6] 一个成功的深度复杂图表，很像交响乐，通过对数据复杂而精妙的编排，达到整体合一的效果。

4. 我们主动寻找含义，建立联系。眼睛一旦找到图表中显眼的元素，大脑就会立刻开始并不断地寻找含义。当你看到左边复杂的散点图时，你可能会想，为什么右上角部分那么黑？有时候，我们甚至会把寻求含义的意图用语言表达出来，例如"呃"，或者："那是什么意思？"

在我们问出这些问题的时候，大脑已经开始为这个图表"编故事"了。以客服电话图的原始图为例，读者很快会将最先注意到的三个点连成一个简单的描述：服务中断

⊖　社交交易是指投资者观察其他人（如专业交易员）的交易行为，并采取复制交易或镜像交易来追随他们的一种投资策略。——译者注

导致客服电话数量激增，并导致了之后的绩效下滑。在团队绩效倾斜图中，我们很快会从斜率角度和直线的密集程度解读出这样的结论：绩效总体在提升，但大多数人的起始绩效水平较低。

以此方式寻找图表含义有着显而易见的好处。其一，我们处理视觉信息的效率相较于文字信息高了几千倍。有时我们的解读甚至是带有"前意识"的——在自己察觉之前已经完成了——因此我们可以更轻松却更清楚地掌握视觉信息。举个例子，假如你所在的写字楼着火了，浓烟涌入房间，你跑到门口，看到了紧急出口标语。在你隔壁的房间，有人冲到门口看到的是一幅消防疏散图。你认为谁会先抵达最近的紧急出口？

具备快速理解信息的能力在火灾中是幸运的，但这个能力也可能引导我们对数据可视化图表构建出错误的描述。如果那位客

出房间右转，前进 10 米到达走廊尽头，可以看到一个大会议室。左转步行 12 米直到走廊尽头，在您的左侧电梯附近有个火警报警器，您的右侧走廊尽头是楼梯间。不要乘电梯，向右转前进 12 米到走廊尽头，再左转进入楼梯间。向下走两段楼梯，从楼梯底部那扇门离开大楼。

防火疏散图

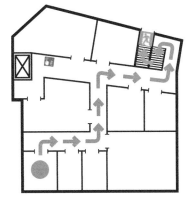

服经理在上司要求了解服务中断的后果时，呈给上司的是下方这幅图，将员工客服绩效和收益进行了对比，效果将如何？

我们无法控制自己不就所看到的内容进行联系和想象。图表中任何突出的信息都会成为我们脑中迅速形成的图表描述的一部分，因此"把什么放进图表里"，或者说图表传达制作者意图的能力，是图表成功与否的决定性因素。这位经理的上司，在寻找图表含义的过程中，可以从图中合理地得到"即便存在服务中断，收益仍然稳定"的结论。

这样的描述让他相信，客户服务部门修整提案可以暂缓执行了——毕竟，收益并未受损。

但这位经理在下图中，又展示了上一次服务中断后更长时间的数据统计图。

在这个版本中，上司看到了一个不同的故事：收益下降了，时间是在服务中断 9 ～ 10 天后。

当然，相关性不能等同于因果关系。是服务中断和客服评分下滑最终影响了收益，还是图表之外的其他因素导致了收益的下降？这位经理和她的上司都不知道答案，但

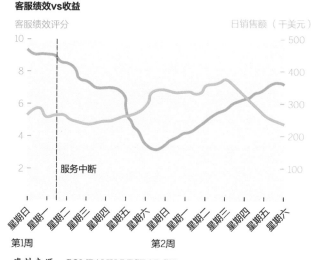

她知道上司一定会从图表中寻找数据含义并进行联想，因此她制作了一幅更便于与上司展开讨论的图。好的视觉传达不只能够提供更好的答案，还应该促成更有效的沟通。此例中的两位管理者可以先观察几天，看看收益是否会开始下降。

从获得的信息中找到含义的需要非常强烈且来自潜意识。在"最佳绩效员工"图中，加粗的橙色标题是读者最先注意到的线索，它让我们立即注意到橙色的散点和橙色的数轴标签。这是不是意味着橙色团队成员的业绩更为优秀？橙色肯定代表着某种含义。

最佳绩效员工

评分

接听电话数量

— A组

— B组

资料来源：COMPANY RESEARCH

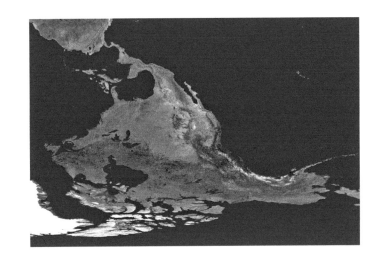

我们如此努力地寻找信息的含义，但还不止于此。研究表明，我们的视觉系统会下意识地为各橙色元素间制造联系，同时为了更加聚焦于主色信息而有意忽略其他颜色的元素和信息。[7]我们无意间提高了橙色元素信息的优先级。这不是好事，因为在这幅图里通过颜色建立的联系是毫无意义的——这是一个失败的设计。事实上，蓝色团队的绩效更好。

5. 我们会借助惯例和象征意义来理解图表。决定我们如何解读图表的不只是与生俱来的视觉感知能力，还有后天习得的感知习惯。上面这张北美地图是错的吗？

不是。但我们认为它"颠倒了"，因为我们学过"北在上"。但实际上对于一个宇宙中的行星来说没有上下而言。

相似地，下面那幅"客服评分"图绘制得很准确，但大多数人仍会觉得它是"错的"。一看到坐标轴，我们就会下意识地做起头脑体操，花大量精力试图将坐标轴调整成我们习惯看到的模样。你可能已经将头歪向右边试图将时间轴作为横轴，却发现即便如此，时间轴还是自右向左延展的。我们的大脑告诉我们，要将时间轴转换到它"应该"在的位置，因为时间不该"往上走"。

事实上，图中的时间轴可以向任何方向延伸，这并不影响其准确性。但我们曾经学习过的都是：三维空间中，

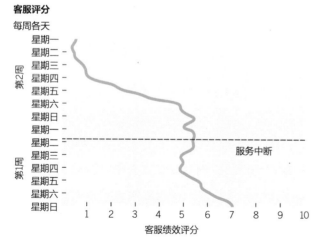

客服评分

资料来源：COMPANY RESEARCH

时间轴在纸面或屏幕上自左向右延伸开来，表示从过去到未来。用 y 轴做时间轴还造成了另一个感知问题：它生成了一条随着绩效增长而下降的曲线，绩效的峰值发生在曲线的最低点。因此，它再次违背了我们的经验性预期："高"绩效不应该处在空间中的"低处"。

惯例是一种预期，我们的大脑把经验和预期作为认知的捷径，让我们不必每看一幅图表，就将全部元素都当作新信息来处理。事实上，正如神经精神病学家乔恩·利夫（Jon Lieff）指出的："分析视觉信号的首要任务就是了解预期……人脑和预期的作用要远远大于数据本身。"[8]

我们的大脑会基于过往解读信息的经验，将各种象征意义和惯例都储存起来：向上是好的，向下是不好的；北在上，南在下。研究者发现，我们甚至会把这些象征意义与价值判断联系起来。[9]例如，因为南"在下"，我们认为向南前进比向北前进更容易，因为向北前进需要"往上"走。

还有其他的例子：红色表示否定，绿色表示肯定；但有时红色也表示"热烈的"或"积极的"（也可以理解为肯定的），而蓝色表示"冰冷的"或"不活跃的"；层级的排列是自上而下的；深色比浅色表示的数值更高或者分布更密集。

每当类似的认知习惯被忽略，那么由此产生的困惑、

不确定以及挫败感将会降低图表的有效性。有些直观推断是如此的强大和明显，以至于违背这些习惯的案例十分罕见。没有一张地图是倒着画的。沙漠的温度不应该用深蓝色表示。很难想象一位 CEO 指着自己的身后却对她的员工说："我们将带领这家公司走向未来！"

或者思考一下下面这幅"差旅费用"图。通常来讲，只有在数值之间存在联系的情况下，我们才会把点用线连起来。但这幅图里，每一个数值都是独立的常数。销售部差旅费用的数值是不变的，而管理层差旅费用和销售部差旅费用之间也不存在内在联系。各点之间不应像图中那样以折线相连。每一个数值应单独绘制，做成类似条形图的样子。

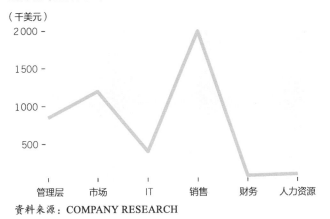

差旅费用（按部门划分）

（千美元）

资料来源：COMPANY RESEARCH

见"前所未见"

"我从未把自己看作一个数据专家。比我更擅长数据分析的人有很多。我处于数据和艺术世界的中间地带。"

与许多其他人一样，纳尔逊·戴维斯（Nelson Davis）成为一名数据可视化咨询顾问的路不是一帆风顺的。

在奥格尔索普一所小型文理学院完成本科学习后，戴维斯去了佐治亚理工学院（Georgia Institute of Technology）学习土木工程，接着又攻读了硕士学位——六年拿了三个学位。他说："我在国外工作了一段时间，在萧条期回到美国，找不到工作。"

他接受了一份在医院做数据分析实习生的工作，据他说，这是他第一次真正地接触数据。"在那里，我发现自己可以花一整天时间泡在各种电子表格里。"之后他找到了一份土木工程的工作。"我发现自己讨厌这份工作。因此在拿到一份运输数据分析员的工作邀请后，我马上接受了，我意识到我又可以每天跟电子表格在一起了。"

为了给新上司留下印象，戴维斯将由他负责处理的地理数据做成了地图。上司给他的反馈是肯定的："我的一位上司说，'很好，但是你能否做一个即时数据的智能仪表盘（live data dashboard）？'我说，'当然'。然后我就去谷歌查了一下，智能仪表盘和即时数据分别是指什么。"

如今他的工作就是数据可视化。"四年前，我只是普通的运输工程师，"他说，"但我转入了数据可视化领域。现在我觉得自己身处前沿，从职业发展的角度来看，是可视化让我脱颖而出。"

戴维斯仍然记得喜欢上数据可视化之初，他的作品带给周围同事的巨大影响。美国佐治亚州交通部管理着高速公路上各类设备里的所有数据——摄像头、感应器、信号灯——这些设备协同作用管理着整个交通系统。但从没有人想过为系统中的 2600 个设备整理出一份完整的清单。而戴维斯将这些设备悉数找到并按位置和类型绘制了它们的地图。他的地图有一定的交互性，在光标划过的时候设备会被放大，该设备的具体信息会弹出来。这只是一个简单的数据可视化效果，但因为需要搜集大量数据，从没有人曾想过或尝试过把它做出来。戴维斯花了五六个星期才将这些设备的清单建好。有时最强大的可视化效果不是那些最花哨或最复杂精巧的，而仅仅是不曾有人做过的。

"对我而言，完成这项工作的感受就如同哥伦布发现新大陆一样。"戴维斯说，"我记得我在想：'我创造了一个不曾有人见过的东西。'我们也许知道这些设备的分布大概是怎样的，但从来没有人真正看到过它的全貌。"他的团队成员都对此印象深刻且激动不已。"大家马上参与进来，开始思考如何使用这个地图。"

从那之后，戴维斯经历了许多类似的时刻。他说："你得拉住客户，他们才不至于激动得跳起来。图表即刻激发了他们的认同感和参与的愿望，每个人都感受得到。"

戴维斯表示，在进行任何可视化工作时，都要从读图者的角度出发，理解他们所想所需。他回忆道，那张交通图是受到了谈话内容的启发。谈话表明，这样一幅可视化图表对于组织工作将是十分有价值的。

戴维斯在制图过程中会手绘大量草稿，与很多人交谈，并把草稿拿给很多人看——我们将在第 4 章详细探究这些方法。而且，他更喜欢问客户"为什么"而不是"要什么"："有时老板会对下属说，'我想要一个这样的图表'，然后下属就回去做了一个图表拿给老板，然后老板会说，'这个图表并没有展示出我想要了解的信息'。下属就会想，我是按照你的要求做的表啊。但我打赌他一定没有问过老板：'你为什么要这个图表？'"

戴维斯是一位业余摄影师，因此他制作的图表非常有创意。他说："在一次演示上，我拿出了那幅著名的第二次世界大战欧洲胜利日纽约街头'水手亲吻护士'的摄影作品。我开始描述这张照片：一个男人亲吻一个女人，黑白照片，背景是纽约，老照片——这些都是数据；然后我开始讲故事：这是胜利的场景，是喜悦，是纷争庞大的第二次世界大战的结束——这部分就是艺术。是故事让人们对画面产生了一些感觉。"

"我觉得这可能是我的图表与众不同的原因之一。有些人擅长处理数据，有些人擅长设计，但既能分析数据，又懂艺术设计的人是很少的。我觉得我自己处于这两类人的交集上。"

"但我喜欢自己的位置，我喜欢把两者结合起来。"

惯例带来的真正挑战往往来自对预期更为微小的违背。下面是我对一幅遇到的图的再创作：[10]

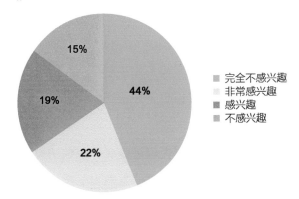

你对这个产品感兴趣吗？

44%
15%
19%
22%

■ 完全不感兴趣
□ 非常感兴趣
■ 感兴趣
■ 不感兴趣

资料来源：COMPANY RESEARCH

图中的不妥之处比乍看起来要多。未及仔细思考，我们就会在脑中调用三个惯例来解读图的含义：

- 相似颜色表示相似选项——两个蓝色的选项相似。

- 色彩饱和度暗示数值的高低——浅色组比深色组人数少。

- 分类的排列遵照从一极到另一极的顺序——我们可以按照从最感兴趣到最不感兴趣的顺序来读图。

先于理解，我们对此图含义的认识便已形成了：以感兴趣和不感兴趣为依据，将人群分为两类，蓝色群体比橘色群体人数更多。但仔细查看后，我们发现预判与实际相去甚远。

相似颜色表示相似选项。你可能会以为两组蓝色是一类，而两组橘色是一类。但实际上蓝色两组代表的是完全相反的两个观点（完全不感兴趣，非常感兴趣），橘色代表中间人群的观点（感兴趣，不感兴趣）。我们预期的是"完全不感兴趣"和"不感兴趣"会以同色系表示，因为它们代表的是消极观点；而"感兴趣"和"非常感兴趣"代表着积极观点。

色彩饱和度暗示数值的高低。我们的预期是浅色区数值比深色区数值低，但此图中浅蓝色（22%）代表的数值比深橘色（19%）更高。按照人数比例从高到低排列，各组使用的颜色分别是：深蓝、浅蓝、深橘色、浅橘色。而且，以颜色分组也无甚意义：持积极观点的两组由淡蓝和深橘色表示，而持消极观点的由深蓝和浅橘色表示。总之，在这幅图中颜色没有起到任何区分和指示的作用。

分类的排列遵照从一极到另一极的顺序。我们的大脑希望信息能按照一定顺序（升序或降序）进行排列。但此图中各组的图例是无序排列的，从"完全不感兴趣"开始，直接跳到了"非常感兴趣"。如果我们将"非常感兴趣"作为第1组，"完全不感兴趣"作为第4组，则此图的图例顺序是4、1、2、3。

这幅第一眼看上去简洁且结构良好的饼图，一再打乱读图者的预期，我们不得不按照理解习惯调整图，费力思考。我们无法利用思维捷径更快找到图的含义，反而必须对图进行解构分析。

为了说明扰乱读者预期对读者理解图表能力的影响之大，请再花几秒钟表看一看刚才的饼图，看看你是否能回答以下两个问题：

- 持积极观点的和消极观点的两个群体，哪个占多数？
- 哪个组人数最少？

你对这个产品感兴趣吗？

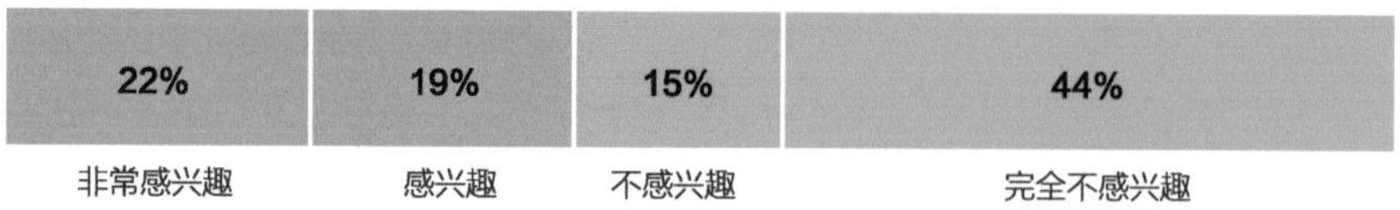

22%	19%	15%	44%
非常感兴趣	感兴趣	不感兴趣	完全不感兴趣

资料来源：COMPANY RESEARCH

再看看这个新版本，看看回答这些问题是否更容易了。

信任攸关

以上理论知识对业余人士来说已经足够了。了解人们看到图表时，看了什么，想了什么，就是决定图表展示什么以及如何展示的最好方法。

不合格的图表带来的代价可能比你想象的要高。对知觉流畅性的研究表明，我们对信息做出的定性判断是依赖其呈现水准的。[11]难以感知的部分不仅会让了解图表的真正含义变得很费力，而且会使人对信息本身产生负面评价。

必须强调：如果图表含义难以理解，人们批评的不会是图表，而会是信息本身。人们会认为信息本身不可信。

如果你不了解人们在观察信息过程中的这些基本信念；

如果你的图表重点不够突出；如果复杂的数据不能汇总成几个清晰的观点；如果可视化效果误导读者对图表形成了错误的描述；如果打破了惯例的可视化形式让读者产生了困惑，那么你就是承诺了音乐，却给出了噪声。

扼要重述 当我们看到一个图表

与文字信息不同，视觉传达的效果更多取决于我们的视觉系统如何对刺激产生反应，而非取决于约定俗成的阅读顺序。正如作曲家运用乐理知识创作的音乐能够带来可预测的观众反应；图表制作者也可以运用视觉感知理论，创作出更加有效的可视化图表。

以下五个高阶理念可以为我们制作图表提供充分指导：

1. 我们读图的顺序是随机的。

人们阅读可视化图表不会像读文本那样以可预测的线性顺序进行。相反，我们第一步直接看"图"，第二步会浏览整个图表，为第一步捕捉到的要点寻找背景信息。

这意味着：

写字有顺序（在西方是从左到右，从上到下），但"编写"图表是空间性的，而图表中"图"以外的元素都应该为理解图表含义提供线索。

2. 显眼的元素最先被看到。

我们的眼睛会直奔变化和区别，如独特的颜色、陡峭的曲线、散点密集区域或离群值。

这意味着：

所有显眼的元素都应该与图表观点一致或起到支撑作用，否则就会分散读者的注意力，将关注点从图表主旨上引开。

3. 我们的视觉一次只能处理少量信息。

一幅图表纳入的数据越多，图表含义越单一。如果图表中纳入几十、几百或几千个数据点，那它展示的是一片森林，而非一棵一棵的树木。

这意味着：

如果需要聚焦于个别数据点，我们应该尽量减少图中数据点的数量，避免单个数据点被淹没在整体趋势中。

4. 我们会主动寻求含义并建立联系。

我们的大脑会不断尝试为图表赋予含义，并在各元素间建立因果联系，即便某些联系可能未必存在。

这意味着：

图表中的元素若"看似有关"，那么必得真正有关，否则会导致读者对它们的关系产生错误的理解。

5. 我们会借助惯例和象征意义来理解图表。

我们把经验和常识作为理解信息的捷径，为图表中的视觉信号赋予含义。例如，绿色是好的，红色是坏的；北在上，南在下；时间的流动自左向右。

这意味着：

大多数情况下，制作视觉资料时应该拥抱而不是对抗那些根深蒂固的惯例和象征意义。无视它们会造成读者的困惑、不确定感和挫败感，从而削弱甚至消除图表的有效性。

第二部分

创建

第 3 章

两个问题和四种类型

图表制作的简单分类法

如果一个朋友突然对你说："收拾行李，我们去旅行。"你接下来会做什么？不知道。但你一定不会说"好吧，太好了"，然后拿出行李箱开始装衣服。你怎么会那么做呢？你还有那么多问题要问：我们要去哪里？去多久？我们怎么去？我们为什么要去旅行？到了那儿我们住哪儿？在朋友回答这些问题之前，你根本无从知道需要哪些东西，如何打包。

对于信息可视化而言，也有类似的一时冲动——不假思索地选择图表类型，再一键完成图表创建。我们要抑制这种冲动，先将一些问题考虑清楚再动手，因为这些问题能够让后面的"打包"过程变得更容易。

两个问题

思考可视化任务的性质和目的，回答清楚以下两个问题，是建立视觉思维的好方法：

1. 这个信息是概念型的还是数据型的？
2. 我是要描述观点还是要寻找观点？

如果你大体知道这两个问题的答案，便可以着手规划所需的资源和工具，并确定这个任务的可视化类型了。

第一个问题相对简单，且答案通常显而易见。可视化的对象，要么是概念或定性信息，要么是数据信息。但请注意，这个问题是指信息本身，而非呈现信息的形式。

概念型还是数据型？

	概念型	数据型
聚焦	观点	统计数据
目的	简化、阐明 "这就是我们组织的结构。"	告知、启发 "这是我们过去两年的销售收入。"

概念型图表

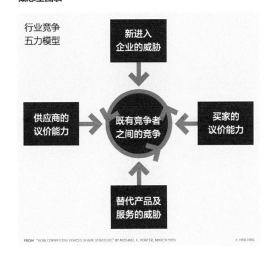

加特纳的"技术成熟度曲线"

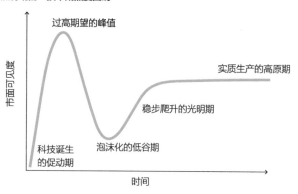

过高期望的峰值

实质生产的高原期

市
面
可
见
度

稳步爬升的光明期

科技诞生
的促动期

泡沫化的低谷期

时间

数据型图表

有的数据型图表形式看起来像概念型图表，反之亦然。上方的地图里并没出现统计数据，但所显示的品牌反映了价值量化排名的结果。相反，"技术成熟度曲线"图表使用了多用于数据型可视化的折线图，但实际上此图中并未出现数据值，只是对概念的介绍。

如果第一个问题确定的是你有什么，第二个问题探讨的就是你要做什么。回答第二个问题比较复杂，因为它不是一个二元命题。可视化的目的可以大致分为三类——陈述性、证实性和探索性，其中后两类是相关的。

陈述性图表还是探索性图表?

	陈述性图表	探索性图表
聚焦	记录,设计	原型设计,多次迭代,交互功能,自动化
目的	确认:"这是我们过去五年的收入情况。"	证实:"让我们看看在产品营销上的投资对利润的上升是否有贡献。" 发现:"如果我们将客户的购买量按照性别、地域以及购买行为发生时间进行分组统计,会有怎样的发现?"

管理者最常用的是陈述性可视化图表,它适于在正式场合向观众发表声明。这些成品图表设计良好,但未必完美。陈述性的图表应该起到促进演讲者和观众就图表观点展开交流的作用——好的图表能够引发讨论。如果你收集了包含大量销售数据的电子表格,并打算在一场演讲中用这些数据就季度销售额或区域销售额进行说明,那么你的目的就是陈述性的。

那么如果你的老板问"为什么近期销售团队的绩效下滑了",你认为是季节性周期造成的,但又无法确定,那么你的目的就是证实性的。你会更深入地挖掘数据集,创建可视化图表从而验证假设是否成立。这样的图表设计无须太正式,足以看懂即可,不一定要具备展示性——观众是你自己或你们的小团队,而非他人。如果你的假设得到了

证实,很可能你要再创建一个陈述性图表呈现给老板,告诉他:"这就是销售团队面临的问题。"如果事实证明季节性周期不是罪魁祸首,你可能要提出另一个假设,并再重复一次证实性工作。

或者你完全不知道自己在寻找什么,而只是想对数据进行挖掘,看看是否能发现一些模式、趋势和异常。例如,考察销售人员负责区域的大小和销售业绩的关系,会有哪些发现?对比南北半球的季节性趋势,又能发现什么?天气对销售业绩有什么影响?这些是探索性任务——外观设计略粗糙,但通常需要多次迭代,有时甚至需要具有交互性。

对管理者而言,探索性工作不会像陈述性和证实性工作那样多,但他们应该多加尝试。探索性工作就像一场数据头脑风暴,可以带来更深入的见解。一些重大的战略问题——收入为何下降?我们可以在哪些环节提效?客户与我们的互动模式如何?——都可以从探索性可视化中有所收获。

我们还可以换个方式描述可视化的目的:"我是要给出答案,检验答案,还是寻找答案?"或者:"我是要展示观点,证明观点,还是寻找观点?"

从陈述性可视化到证实性可视化，再到探索性可视化，你所知道的东西的确定性逐步降低，而信息的复杂性则逐步增加。另外，目的是陈述时，独立并快速工作的可能性更高；而任务的探索性越强，团队协作和依靠专家的可能性越高，需要投入的时间也会越多。

四种类型

将性质和目的这两个问题的答案整合在一个经典的 2×2 矩阵中，就得到了四种可视化类型。

了解可视化任务落在哪个象限有助于我们对要使用的可视化形式、需要的时间以及需要的技能做出准确的判断。让我们从这个 2×2 矩阵的左上角开始，按逆时针方向进行说明。

观点说明类。也可以称之为"咨询顾问象限"，因为咨询顾问们对此类图表的迷恋常常造成流程图和周期图的过度使用，有时于表达无益，反而有害。（《哈佛商业评论》（*Harvard Business Review*）的一位编辑嘉丁娜·莫尔斯

四种类型

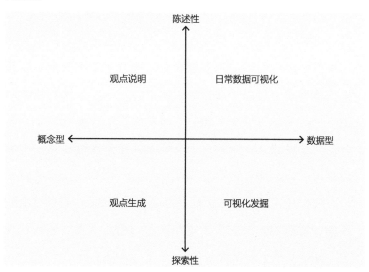

观点说明类：概念型、陈述性可视化图表

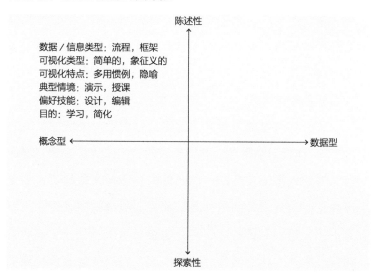

数据／信息类型：流程，框架
可视化类型：简单的，象征义的
可视化特点：多用惯例，隐喻
典型情境：演示，授课
偏好技能：设计，编辑
目的：学习，简化

（Gardiner Morse）为这类过于烦琐的图表创造了一个术语："废话圈"（crap circles）。[1]）概念型、陈述性图表利用人们对隐喻（树状图，桥形图）和简单惯例（圈子，层级）的理解，可以极大地简化复杂的概念。组织图、决策树和周期图都是观点说明类图表的经典示例。作为本章内容框架的2×2矩阵图也属于此类。

观点说明类图表的设计应清晰而简单，但大部分此类图表往往缺乏这样的特点。它们不受限于数轴也无须考虑如何将数据绘制精确，但对隐喻的依赖常常导致为了强化象征义而加入许多不必要的装饰。例如，你要介绍的概念是"漏斗式客户"，你可能会不假思索地在图表中放一个真正的漏斗图片，但这种平实的手法可能导致失败的图表设计。因为数据本身不具备观点说明的功能，图表说明观点的能力必须由我们赋予：关注图表的结构和观点的逻辑，关注图表是否足够清晰——这些之于图表的重要性，类似文本编辑之于稿件——将作者的创意以最清晰、最简明的形式表达出来。

比如，一家公司聘请了两位咨询顾问，帮助研发团队从其他行业中寻找灵感，两位顾问打算使用一种叫作金字塔搜索的方法。[2] 但是金字塔搜索是如何进行的呢？顾问们要先给研发部门的负责人讲清楚。于是，他们拿出了这样一幅图：

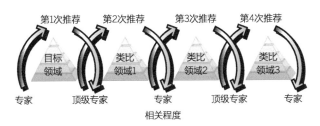

这个观点说明图表的问题在于设计过度：渐变色、带阴影的箭头以及分层的 3D 金字塔将我们的注意力从图表观点吸引到了图表的装饰元素——这种风格不可取。此外，他们并没有将隐喻描述清楚。他们要讲的是金字塔搜索，但图中最突出的却是相扣的环；金字塔只是图像，起不到什么作用。这种做法令人困惑。他们也没有利用高度差来表明相对地位，而是将专家和顶级专家置于同一水平线上（放在图的底部——金字塔的象征义又一次没体现出来）。

他们最好呈现这样的图：

攀登灵感金字塔

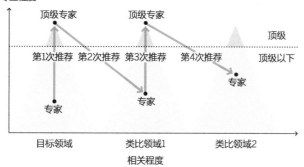

资料来源：MARION POETZ AND REINHARD PRÜGL-*JOURNAL OF PRODUCT INNOVATION MANAGEMENT*

上图中，金字塔的象征意义与视觉效果吻合。更重要的是，两个坐标轴的使用符合惯例，让读者能够立即理解——行业依相关度由近及远沿 x 轴排列，专业程度由低到高沿 y 轴排列。金字塔的形状起到了作用，表明了顶级专家与其他专家相比的稀缺程度。标题的用词也很有帮助——"攀登"和"金字塔"两个词都能帮助我们快速抓住图表的含义。并且，图也没有被装饰元素裹挟：金字塔既没有做成 3D 的，也没有使用砂岩色，更没有以沙

漠为背景。

观点生成类：概念型、探索性可视化图表

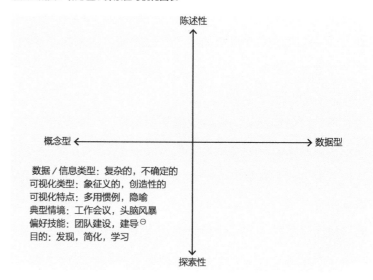

观点生成类。对许多人来说，这个类型是最难理解的。我们什么时候会需要对非数据型信息进行可视化来寻找观点？厘清复杂概念与探索性工作似乎是背道而驰的两个目标，因为在探索过程中，观点本身还不甚明确。这类图表的使用情境和演示媒介有别于其他三种可视化类型，管理者可能没有把它当成可视化，却经常用到它。它被画在白

⊖ 建导（facilitation）是指通过引导他人积极参与，形成活跃氛围，从而达到预期成果的过程。这种成果可能简单到学习一项新技能，也可能复杂到解决一个跨组织和部门的复杂问题。——译者注

板上，包生肉的油纸上，或者更多地，在餐巾纸的背面。

同观点说明类图表一样，观点生成类图表也依赖概念性的隐喻和惯例，但它发生的情境更加非正式，如非工作场合会议、战略会议和创新项目的前期会议等。此类任务多为解决非数据性的挑战：组织重构，新的业务流程，决策系统编排等。

对观点的探索可以由一个人独立完成，但合作好处更多。图表设计的过程对观点探索也会有帮助：收集尽可能多的不同观点和可视化方法，然后再决定采纳哪一个进行后期优化。乔恩·科尔科（Jon Kolko）是奥斯汀设计中心（Austin Center for Design）的创始人兼负责人，也是《精心设计：如何利用同理心创造人们喜欢的产品》（*Well-Designed: How to Use Empathy to Create Products People Love*）一书的作者，他的办公室里面挂满了画着概念型、探索性可视化图表的白板。"分析复杂问题时，这是个屡试不爽的方法。"他说，"这些手绘稿帮助我们走出模糊和泥泞，最终到

客户数量多
平均消费少

20 × $120 每位客户消费
= $2400

减少客户数量
提高平均消费！

6 × $500
= $3000

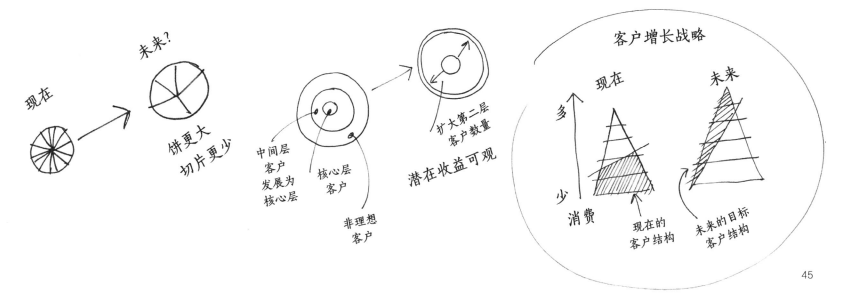

达了清晰的状态。"那些擅长领导团队、建导头脑风暴和捕捉创造性思维的管理者，会在观点生成类象限做得很好。

想象一个营销团队正在进行一个非工作场合会议。团队成员们要找到一个方法，向管理层提出和展示进军高端市场的战略提案。一个小时的白板会议产生了多个阐述过渡策略的观点和方法，并悉数得以保留。但最终，只有一种方法获得了整个团队的认同，他们认为这种方式最好地抓住了战略的关键：争取更少的客户，让他们花更多的钱。

上一页展示了这场观点生成会议结束时白板上的草图。当然，从观点探索过程中得到的可视化图表，往往会变成一个更正式且具备展示性的观点说明类图表。

可视化发掘。这是最复杂的可视化类型，因为事实上，它是两个类别的结合。回想我们之前根据图表目的将可视化任务分为三种可能的类型：陈述性的，证实性的，探索性的。但我没有将证实性可视化列入 2×2 矩阵之内，为的是保持基本框架的简单和清楚。现在，我们的焦点来到了这个象限，我将把证实性这个类型也加入讲解的过程，见右侧调整后的 2×2 矩阵。

请注意，证实性可视化仅适用于数据型图表。没有数

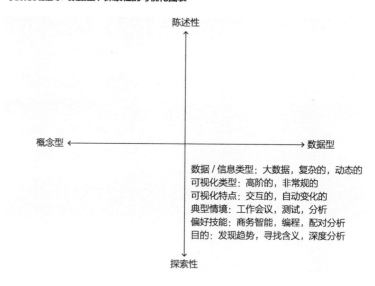

可视化发掘类：数据型、探索性的可视化图表

（陈述性 / 概念型 ← → 数据型 / 探索性）

数据/信息类型：大数据，复杂的，动态的
可视化类型：高阶的，非常规的
可视化特点：交互的，自动变化的
典型情境：工作会议，测试，分析
偏好技能：商务智能，编程，配对分析
目的：发现趋势，寻找含义，深度分析

据，一个假设无法被证实或证伪。此外，证实性和探索性的区分是以虚线显示的，因为这是一个软性的区分。证实就是有针对性的探索，而真正的探索更加开放。数据集越大，越复杂，你所知越少，任务的探索性程度就越高。如果将证实比作步行于一条新的路线，探索则无异于开辟一条全新路线。

可视化证实。这一类可视化任务，一定会回答以下两个问题中的其一：

1. 我认为正确的观点究竟是否正确？
2. 是否有其他方式来理解这个问题？

这类可视化任务的数据量往往不会特别大，形式以常规图表为主。当然，如果你想尝试新的可视化形式，也可以大胆用一些不常见的图表形式。

证实的使用情境大多是非正式场合，它是正式演示之前为找到合适的图表形式而做的准备工作。这就意味着你可以把花在图表外观设计上的时间省下来，花在图表的原型设计上。原型设计让你能够迭代数据，并快速进行可视化与再可视化。

假设某公司负责员工差旅服务的经理想研究公司购买的机票是否物有所值，她本着"舒适性会随着机票费用的增加而提高"的假设开始了可视化证实工作。她搜集了经济舱和商务舱数据，以票价与舒适度为坐标轴，迅速生成了一个散点图。她的预期是：两者间存在相关关系，散点呈现向右上方倾斜的趋势。

可视化证实和可视化探索

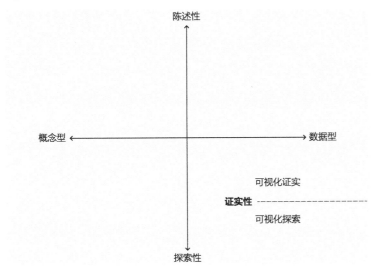

航班舒适度vs机票成本

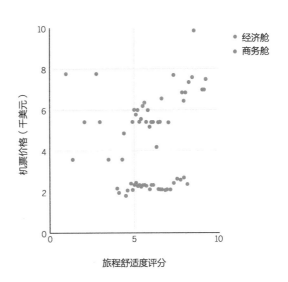

请注意，上图就是一个图表原型。这位管理者并未花多少时间打磨设计，调整数轴或标题。对这位管理者而言，验证假设是否正确比让图表看起来漂亮重要得多。她立即发现，票价和舒适度之间的相关性是相对较弱的。对商务舱旅客而言，舒适度有随票价上升的趋势，但并不明显。她很吃惊于假设的不成立：花高价买机票可能并不值得。于是，她开始思考，在做具体决策之前，还需要对哪些假设进行验证。

可视化探索。尽管新工具的出现让高管也能参与到可视化探索中来，但探索性、数据型的可视化往往仍是属于数据科学家和商业情报分析人员的领域。尝试这个类型的可视化会令人感到兴奋，因为它总能够带来无法以任何其他方式获得的洞见。

由于不知道要找的结论是什么，我们往往会将所有数据都放进图表中。在某些极端案例中，此类可视化任务可能会同时纳入多个数据集，甚至可能包含实时更新的动态数据。它甚至冒险超越数据本身。政治学家和统计分析师大卫·斯帕克斯（David Sparks），现为 NBA 波士顿凯尔特人队从事可视化探索工作，但他将自己的工作定义为"模型可视化"。斯帕克斯认为，数据可视化的对象是真实既有的统计数据；模型可视化则是利用历史统计数据创建模型后，带入新数据，从而预测在特定条件下可能发生什么。

探索有助于交互性——允许管理者即时调整参数，注入新数据或者随时对可视化图表做出调整。复杂数据有时也更宜使用特殊的或不常见的可视化类型，例如展示集群关系网的力导向网络图（force-directed network diagram），或者地形图。

在可视化探索中，功能才是决定采用图表与否的最重要因素：软件操作能力、编程能力、数据管理能力和运用商业智能的能力，都比提高图表展示性的能力更为关键。在这一象限中，管理者最有可能需要依赖专家的配合。我们将在第 4 章介绍一种与可视化专家合作的方法，称为配对分析法。

一家社交媒体公司的经理正在为自己的技术寻找新的市场。他想找到别人还不曾发现的市场机会。他联系了一位数据科学家，这位科学家给他讲了如何根据多个行业文字情报的相似性，使用语义分析来构建数千家企业之间联系的映射图。

这位经理非常喜欢这个想法，但他自己无法完成。于是他聘请了这位数据科学家，他们一起创建并调整数据集，最终得到了一个映射了数千家企业的草图。语义分析将相似的公司联系起来，相似性越大，联系就越强，两者在图中的位置也越近。

大卫·斯帕克斯

模拟多样化的未来

"我犹记得当年本科统计课上第一次学习回归统计时的情景。它于我就像是魔法。"

大卫·斯帕克斯在范德比尔特大学（Vanderbilt University）主修的是政治学，而非统计学。了解到回归模型可以对未来进行预测，他感到非常兴奋。在学习了回归统计的原理后，他搜集了一些棒球比赛的统计数据，尝试自己做了一次回归分析。"很管用，"他说，"真的很酷。"

研究生阶段，他在杜克大学（Duke University）继续学习政治学，在此期间接触的统计学相关内容比他想象中还多——他知道自己必须学会使用 Stata 这样的数据分析软件和 R 语言。"因此，白天，我是一名科研助理，做着典型的科研助理工作，"他说，"但工作时间结束后，我会抓取一些棒球或篮球比赛的统计数据，自学 Stata 软件。"

为什么用体育比赛数据而不是政治数据呢？"政治数据很

混乱。而我仍在学习中，体育比赛的数据更干净，而且我也感兴趣。"

为了回避统计软件学习中高度技术性的部分，他找到了学起来较不费力且更受欢迎的书：《魔鬼经济学》（*Freakonomics*）和《卧底经济学家》（*The Undercover Economist*）。最终，他发现了爱德华·塔夫特。"在此之前，我从未对数据可视化产生兴趣。"他说，"统计程序的可视化效果都不是很好，所以我那时没想太多。"

渐渐地，他发现，可视化虽然极具挑战性，但回报也很大。"可视化展示回归结果和不确定性的效果极佳。回归结果和不确定性这两个概念对模拟未来趋势十分重要，而且人脑很难一下记住回归结果中的全部数字。可视化提供将这两个抽象的概念呈现出来的方法，这引起了我的兴趣。"

用体育比赛数据集完成的实践练习为斯帕克斯带来了实习机会，以及后来为波士顿凯尔特人队提供咨询的工作机会。"我还是想成为一名政治学家，"他说，"但目前这份工作很完美，我可以一边从事分析篮球比赛数据的工作，同时相信这些经历会让我未来成为一个更好的政治学家，因为我正在学习工具和方法，以及如何思考问题。"

他是对的。这些可视化工作经验帮助斯帕克斯为他"真正的"工作绘制出了一幅总结了美国国会意识形态两极分化演变史的图（使用了一个名为"Nominate"的数据集）。尽管该图对数据进行了深入的分析，且有着复杂的形式，但它仍不失为一幅简明扼要的图：若蓝线和红线聚集，国会两极分化程度降低；若两条线背离，两极分化加剧。

斯帕克斯还添加了另一层信息，对北方和南方的民主党进行了区分："20世纪美国历史上的一个主流说法是，北方民主党是被孤立的，因为原本相对保守的南方民主党变得更加保守，并最终加入了共和党。"

信息很详尽，非专业读者可能无法理解，但斯帕克斯知道他的教授和同学们能够理解他捕捉到的这些信息的价值。他很清楚这幅图的使用情境。

他说："我仍记得将图呈现给杜克大学的导师们的那一天。这些家伙都是顶尖的国会学者，这是他们的专业领域。我当时太紧张了。"无须紧张：斯帕克斯用一幅图总结了他们需要用一场场完整的讲座才能解释清楚的内容，这给导师们留下了深刻的印象。他们向斯帕克斯要了图的副本，用于课堂讲解或海报展示。

现代美国参议院的两党体系

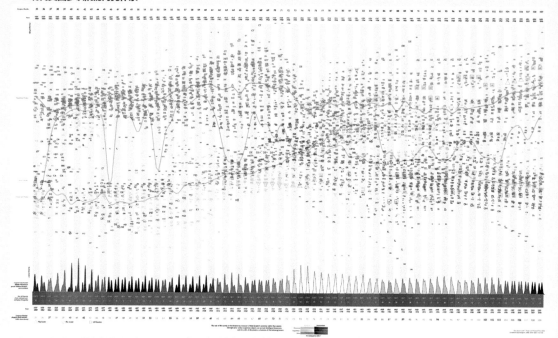

"就是这一刻，我想：'嗯，我做得不错。'"

至于制作过程，斯帕克斯没有画草图。他经年累月在统计程序上投资的时间使他的成果水到渠成。软件可以快速实现原型设计，让斯帕克斯可以用很少的时间尝试多种图表形式。

由于经常跟复杂数据集打交道，斯帕克斯很少制作只包含两个变量的图表。"我的图表几乎都会用到 z 轴，以及颜色、大小不同的气泡，等等。"这使得他在可视化图表的设计方面也擅长起来，因为编入的信息越多，图表就越复杂。有时，他会牺牲图表的易读性，要求读者多花些时间来分析图表。他说，这是必要的，因为模拟未来趋势并不简单。但这也是值得的，因为他的图表的表现力是如此强大。"让观众在一秒钟内读懂图表有那么重要吗？有时是的。但对于有些观点，多投入几秒钟，就能获得更丰富、更有价值的体验。"

制作可视化图表，"要让它足以成为一个论据，"斯帕克斯说，"仅仅把手上的全部数据用图表呈现出来是没什么价值的。类比写作，你绝不会把每一条自己所知的与主题相关的信息都写下来，堆砌成文章。"

斯帕克斯获得了杜克大学的博士学位，但他发现政治学专业的就业并不景气。因此所有之前在体育行业的数据可视化实践产生了回报。他与波士顿凯尔特人队签了约，在那里，他的角色是"将我们对篮球和篮球运动员的评价量化并做成可视化图表"。一直以来，斯帕克斯将他所做的工作描述为"模型可视化"，而不是"探索性可视化"。区别在于：他用统计数据对未来可能的情形进行预测并对各种情形的不确定性做出说明。"将不确定性可视化是个不小的挑战，我们已经能够让不懂数据分析的人读懂我们对未来的预测，下一步我们要把每种预测的不确定性也讲清楚。而这是数据可视化领域面临的最重要的挑战之一。"

他没有为自己的未来建模，但他对自己的未来充满信心。

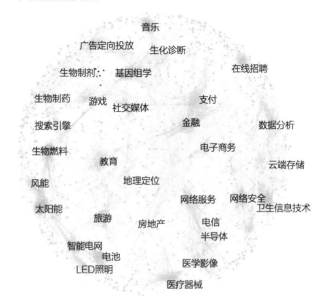

产业集群的语义分析

他们最终做出了这个网状图，该图将产业集群情况十分清晰地呈现了出来。相邻集群之间的空白说明连接两个行业的市场机会仍然存在——尽管数据显示两个集群相似性很高，但仍未有填补这个市场空白的企业出现。[3]

这位经理立即注意到，社交媒体和游戏产业之间没有太多的空白空间，这个发现也并不令人惊讶，他自己就玩过糖果传奇（Candy Crush Saga）。但他确实看到了社交媒体与教育和生物燃料等其他产业之间的空白，对他的技术而言，这些都是潜在的新市场。

日常数据可视化。 数据科学家的工作以探索性为主，而管理者主要使用的是日常数据可视化这类图表。这类图表就是我们通常用 Excel 做好，再粘贴到 PPT 中的各类基础图表，通常形式比较简单，如折线图、条形图、饼图和散点图等。

这里的关键词就是"简单"。数据集往往小而简单；图表传递一条简单的观点或信息，变量数也较少；图表目的

日常数据可视化：数据型、陈述性的可视化图表

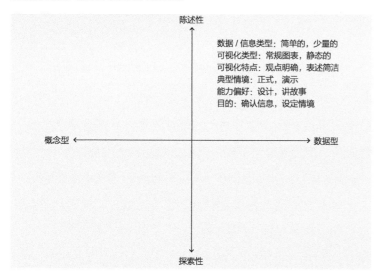

也很简单：提供基于数据的、不会引起争议的事实信息。

简洁是此类图表设计的最大挑战。清晰、完整的特点让这类图表在正式演示情境中非常有效。在正式演示中，设计不当的图表让演讲者不得不将有限的时间浪费在解释图表结构和本该其义自见的信息上。因此，一位管理者应该有能力做出不言自明的日常数据可视化图表。如果图表不能一目了然，它就像一个需要解释的笑话一样失败了。

这并不是说陈述性图表不应该引发讨论。相反，它们应该。但讨论应该针对图表的观点，而不是图表本身。

一名人力资源副总裁将向执行委员会其他成员介绍公司的医疗保健费用使用情况。她想传达的一个关键信息是，这些支出的增速明显放缓了，而公司可以借此机会考虑为员工提供一些额外的服务。

她在网上读到了一份关于医疗保健支出增速放缓的报告，报告中提供了一些政府数据的链接。因此，她下载了数据，点击了 Excel 的折线图选项，几秒钟之内就做出了一个图表。但由于这幅图是作正式汇报之用，她请一位设计师同事帮忙添加了更多描述 GDP 和经济衰退的数据细节，为数据提供了一个更全面的背景。

此图设计良好，绘制精确，但不一定合适。执行委员

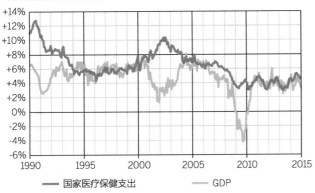

医疗保健支出和GDP的变化情况
与往年相较的百分比变化

资料来源：ALTARUM

洁的图表形式。用同一个数据集，她做出了如下页所示的"年增长率下降"图。

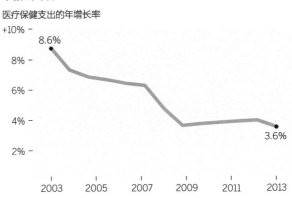

年增长率下降
医疗保健支出的年增长率

8.6%

3.6%

资料来源：CENTERS FOR MEDICARE & MEDICAID SERVICES

会不需要通过了解20年来的宏观经济数据，来决定公司员工福利的投资策略。她想表达的是，过去几年中，员工医疗保健费用增速有所放缓。那么，这个信息是否明显？

一般来说，如果图表包含的数据量需要花几分钟而不是几秒钟才能消化，那么这样的图表更适合在纸面或个人屏幕上阅读，适用于不需要一边听演讲，一边吸收图表信息的情境。例如，医疗保健政策制定者如果在政策听证会之前看到这幅图，可能会从中受益，他们将因此在听证会上就政策的长期趋势展开讨论。

但我们这位高管需要为自己的演讲内容找到一个更简

无须她费口舌，公司高管们就理解了这个趋势。她用图表清楚而准确地为自己的提案奠定了讨论的基调。

"四种可视化类型"矩阵

"四种类型"的 2×2 矩阵是一个很有用的可视化分类结构。正如我们可以在交通图中标注多种类型的信息，比如加油站的位置、交通和天气情况；我们也可以在这幅可视化分类图上标注图表观点、所需资源、经验法则等信息，帮助我们合理规划制作可视化图表所需的时间、资源和技能。以下是五个例子：

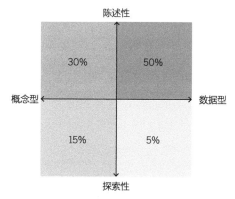

使用频率。你的数字可能与上图有所不同。上图是我的可视化工作构成比例。大多数管理者会把大部分制图时间花在日常数据可视化这一类型上。然而，新的软件和在线工具大大简化了发掘和探索工作。我期待右下角象限中的数字会增加。

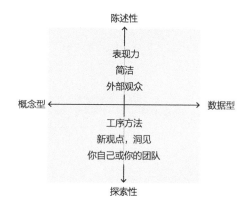

焦点。制作陈述性图表时，应聚焦于表现力——用出色的视觉效果打动观众。而对于探索性图表来说，不必担心外观，多关注它能够提供的观点，以及它能让你和你的团队学到什么。

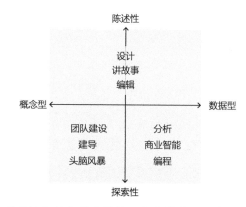

技能。一项可视化任务的重要性、复杂性和项目期限决定了完成任务所需的技能应该依靠自己还是求助他人。非常重要的演示任务（如向董事会汇报），或一项可视化发掘象限中的任务，很可能需要雇用外部专家来完成。而管理者应注重培养自己探索新观点的能力，不论是否将其用于可视化工作。

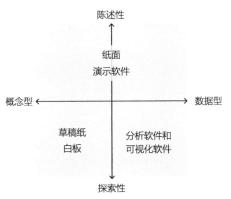

呈现媒介。总的来说，探索性可视化提供的工具能够增强我们图表的交互能力，以及我们快速迭代图表的能力；而陈述性可视化提供的工具能够实现更好的外观设计。但随着工具的发展，在探索性可视化软件工具中融入更多更好的外观设计是必然的趋势。

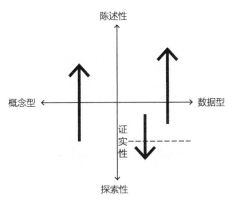

工作流。探索性工作通常会产生极具洞察力的发现，我们总是希望将它们以设计良好的陈述性图表的形式呈现给更多的人。例如，本章中所有用于观点说明的 2×2 矩阵图，在本书进入设计排版阶段前，都是观点探索类图表。在证实性工作中，对某个假设的检验有时会产生意料之外又无法解释的结果，从而开启了更深层次的探索性工作。

你也可以在这个框架上继续分层。例如，你可以在实践某个类型的可视化时添加要调用的同事的姓名；可以在各象限中添加所需工具软件的链接，或者为提高某项可视化技能而参加的课程的链接。

以这样的方式看待信息可视化，我们会觉得它不再是单一的任务，而更像是一组相互关联的不同任务的集合。完成不同象限中的任务时，调用的技能、使用的工具和呈现媒介可能有很大的不同。做出一个好的观点说明类图表所需的要素，未必也是一个好的日常数据可视化图表所需的。

花几分钟的时间思考本章开头的两个问题：这个信息是概念型的还是数据型的？我是要描述观点还是要寻找观点？这几分钟的思考能让你为后面的可视化工作做好准备。你已整装待发。

扼要重述 两个问题和四种类型

可视化是一门包罗万象的手艺。不同类型的可视化需要不同的技能和资源。在动手制作图表之前，先做规划。通过明确任务属于四种类型中的哪一种，确定需要哪些技能和资源。这样的准备能够把自己设定在正确的思维模式上，并因提前规划而节省时间。

回答两个问题，了解可视化任务属于哪种类型：

1. 我的信息是概念型的还是数据型的？

- 概念型信息是定性的。比如流程、层级、周期和组织架构。
- 数据型信息是定量的。比如营业收入、等级和百分比。

2. 我的视觉资料是陈述性的还是探索性的？

- 陈述的目的是向观众说明一个观点——知会和确认。
- 探索的目的是寻找观点——探索和发现。

将问题的答案与"四种类型"2×2矩阵中的各种可视化类型进行匹配：

四种可视化类型

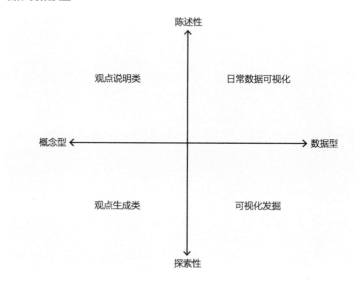

观点说明类

是对概念的可视化，与统计数据无关。常使用象征（如树形），或流程（如周期）。示例包括组织结构图、流程图和上面这个2×2矩阵图。

观点生成类

是用于快速理出结论的可视化类型，与统计数据无关。通常由一群人以头脑风暴的形式完成，可能是白板演绎，而更常见的是在餐巾纸背面的演绎。

可视化发掘

用数据证实假设是否成立，或寻找数据中的模式和趋势的可视化类型。可视化证实：可视化发掘的两个亚类中探索性相对较低的一类，用于验证某个假设是否成立，或寻找理解问题的新方式；通常由一个人独立完成，需要借助统计软件，如 Excel 或各种在线工具。可视化探索：可视化发掘中更具探索性的一类，从最原始形态的数据中发现新的模式或趋势；依赖大型数据集和动态数据集，通常需要借助先进的软件工具，以及数据科学或商业分析技能。

日常数据可视化

用常规图表和图形向观众表达某个观点。通常设计良好，且数据量不大，常用于正式演示情境。

你可以将这个 2×2 矩阵作为模板，记录每种类型的可视化所需的技能、需要调用的工具，或者其他任何可能有用的提示信息。下面这个版本的矩阵图总结了进行各类型可视化任务时需要考虑的问题：

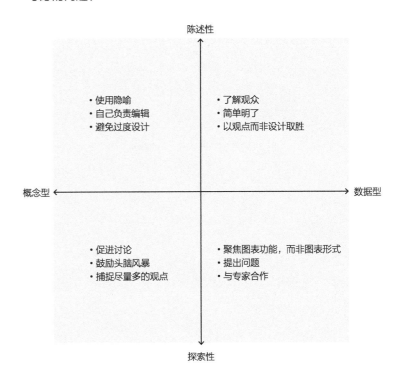

第 4 章

花几个小时让图表变得更好

一个简单的框架

大多数管理者认为，图表创建最大的压力在于选择正确的图表形式，而这往往就是指浏览 Excel（或谷歌表格）中预设的图表选项：选择几个图表形式分别尝试，直到有一个看起来合适或仅仅是"看着舒服"。他们可能还会多点几下鼠标，加个 3D 效果或色彩装饰。这些工具让制作可视化图表变得如此容易，以至于制作好图表的最大挑战变成了如何克服"点击创建"的冲动，或者说诱惑。为制作图表投入更多的时间和精力似乎并不值得。

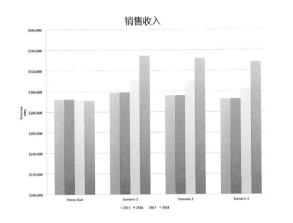

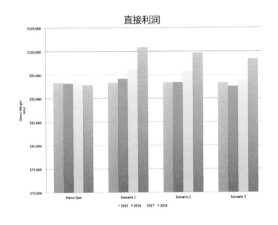

养成可视化思维需要的时间比你想象的要少。思维改变了，你就会选择下方的四个折线图，而不是上面两个条形图。这两个条形图是一位咨询顾问向客户做推销时用的图。

收入与利润的增长情况 以9%的会员增长速度计算

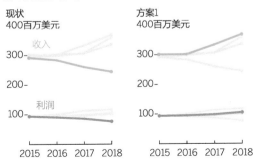

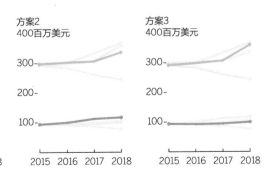

资料来源：COMPANY RESEARCH

当然，这是完全错误的。这种创建方式速度快，还兼顾了图表的美化，但它无法让图表的观点更加完善。回忆一下本书引言部分的好图表矩阵：好图表应兼具良好的设计制作和适宜的情境设定，是这两个方面的良性结合。

即便软件和程序能够自动生成设计良好的图表（而实际上大多数并不能），也不可能实现情境设定的功能——数据如何知道观众是谁或可视化的目的是什么？程序可视化数据，而人可视化观点。

因此，你不需要快速确定图表类型并完成图表设计，而是需要在判断图表使用情境上下功夫，从而找到最有效的可视化形式。这不是浪费时间和精力，而是对不假思索地自动生成图表的错误做法的纠正。只需多付出一点儿努力，我们就可以将上页中的条形图（一位咨询顾问在真实的客户演示中使用的图表）优化成它们之下的四个折线图。

这样的优化并没有花费你想象中那么多的时间或精力——事实上仅用了 45 分钟。在某些情况下，你可以在更短的时间内获得视觉传达质量的大幅提升；而有些情况下，你也可能需要花掉一个下午。不过平均而言，一个小时左右的时间就可以让你从根本上改进你的图表。

以下是方法的介绍。让我们从图表的创建步骤和时间

分配开始：

制作好图表的步骤

每个步骤花费的时间（分钟）

5	15	20	20
准备	交谈与倾听	草稿	原型设计

准备时间通常不过几分钟。但是，你可能猜到了，其后的步骤花费的时间将根据可视化的类型和项目的复杂性而有所不同。试着用上图所示的时间分配方式，练习做几个图表吧。

准备

厨师会把这个步骤称为"就位"（mise en place）——所有的食材和整个厨房都为烹饪环节做好了准备。做这三件事：

三项准备工作。

- **心理准备**：在日程安排上空出一段时间，远离电子邮件和社交媒体，让自己全神贯注。

- **空间准备**：如果你的办公环境是开放式的，那么准备一个独立的房间；即使你有自己的办公室，也找一个安静封闭、远离办公桌的区域，尽量减少干扰。你需要他人的想法和意见，但并非路人不请自来的随意评论。
- **材料准备**：准备大量白纸和白板。一架移动式白板可以让你带回办公桌前做笔记；如果没有，就带上手机拍下手绘稿的照片。多准备几种颜色的笔会很有帮助。

抛开数据。这种做法似乎违反直觉，却是扩展思维的关键。我们不是要忽略数据——我们首先要确保自己已经理解了数据——而是不要被数据牵着走。一位从事数据可视化教学的计算机科学副教授杰夫·希尔（Jeff Heer）说："从数据出发，会使思维受到限制。先后退一步，从宏观的角度思考。"

把焦点放在一个个数据上会导致平庸的图表效果——只是将数据从表格形式转换成图表形式。如果以更开放的视角开始思考，你会发现，通过引入新数据或对既有数据进行处理，可以找到表达观点更有力的方法。

下面是一个简单的示例。一位电子商务网站的总经理正在研究客户购买活动的发生时间，他用电子表格的某一列数据生成了这样一个可视化结果：

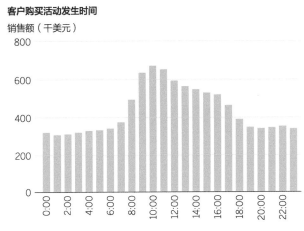

客户购买活动发生时间
销售额（千美元）

资料来源：COMPANY RESEARCH

这图不赖，做起来也很简单。但是，如果这位经理先把数据放在一边，把自己希望展示的东西搞清楚（这个过程我后面会加以说明），他就会意识到，这些数据已经被统一到了美国东部时间，是按照购买的登记地时区，而不是购买发生的当地时间统计的。按照买家购买行为发生的当地时间统计销售额会更有意义：

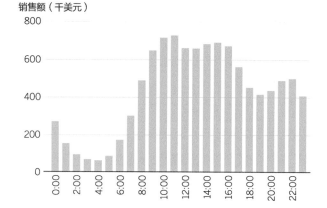

客户购买活动发生时间

销售额（千美元）

资料来源：COMPANY RESEARCH

从他想要展示的东西出发，而不是从手头的数据出发，一幅更有用的图就产生了。

把任务的基础性信息写下来。 做好了三个准备工作。现在，按照下列清单，将这些能够帮助你搭建思考框架的关键信息整理在白纸或白板上。包括：

- 图表的名字是什么？
- 图表是给谁看的？
- 图表在何种情境下使用？
- 任务属于四个可视化类型中的哪一种？

- 在好图表矩阵的情境和设计由两个数轴划分的四个象限中，你的目标是哪一个象限？

举个例子，看看下面的销售团队绩效草图：

图右添加了关键词和注释作为提示信息，这些信息可以作为构思图表的切入点，或者作为"浮标"，如果你在

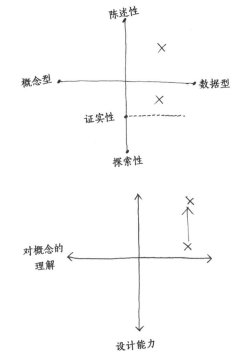

接下来的两个步骤中偏移了方向，你可以回到这个浮标处（发散式的思考是值得鼓励的）。

交谈与倾听

如果你想让自己的图表变得更好，那就把你想展示的观点讲出来，听听自己是如何说的，也听听别人如何说。交谈中往往隐藏着取得进展的好线索。来自各方的只言片语将指引你想清楚：需要哪些数据，应该聚焦于哪部分数据，以及可能会用哪种图表形式。

在你为制作好图表所做的所有事情中，这将是最具启发性的，但也可能是最"不自然的"，需要慢慢习惯。练习以下三件事：

找一个同事或朋友。 虽然你可以把想法大声地讲给自己听或者把自己说的话写下来，但与他人交谈效果更好。跟谁聊？那要看情况了。如果你对自己的方法感到不确定，就问问对数据和你所做的事情都不太了解的局外人，他们不会像熟悉数据或图表展示对象的人那样，让意见受到假设或偏见的影响。与他们交流将迫使你就一些最基本的信息进行解释，组织起自己的观点，并将图表情境描述清楚。

这感觉就像头脑风暴。

相反，如果你对你的可视化方法非常有信心，但是你想把它改进得更好，或者想证实它确实是好方法，就找了解项目的人，他们了解数据，甚至可能是图表展示的对象之一。这感觉更像是一次全面检查。

就具体问题展开讨论。 不要在没有计划的情况下展开随机的谈话。从以下问题入手：

- 我在做什么？
- 我想展示或表达（或了解，或证明）什么？
- 为什么？

第一个问题很直接，是事实性问题，如果对方是局外人，那讨论这个问题是最有用的。对这个问题的回答会引发必要的阐述：他的问题会提醒你，他作为局外人并不了解你提出的假设；当你偏离主题的时候，他也会提醒你回到正题。

想象一下这类交流是如何进行的：

我要做一个图表，让老板们知道，我们当下有一个投资人力资源项目的好机会。

等等——只是下个财年的小项目，还是更大的长期投资？

谈话正在迫使你更精确地聚焦自己要表达的观点。

第二个问题的答案则要看你的可视化目的是陈述性的（我想表达或展示的观点是什么），还是证实性或探索性的（我想证明什么或搞清楚什么）。请注意，此时数据仍被搁置在一旁。这个时候还无须考虑数据是怎么说的，即使你已经很确定地知道，自己的可视化图表必将是对一部分数据的直接转化，这也是一次机会，让你以更宏观的视角对自己的可视化方法进行审视，因为你可能需要用新的数据和信息来补充自己的图表。

如果你在交谈中记下的只言片语回答了"我想表达的是什么"这个问题，后续工作的展开将会更容易。以下这段交谈便是很好的例子：

我想向老板表明，我们的客户留存工作做得比她想象的好。

她为什么认为你们做得不好？

嗯，我们的留存率已经持续下降三个季度了。我知道情况看起来很糟糕，大家都很慌。

那么，为什么说比她想象的好呢？

嗯，就我所知，不是我们做得不好，是整个行业都如此。虽然我们的留存率在下降，但并不像两个主要竞争对手的下降幅度那么大。我认为这是系统性问题。

啊！

如果我能让她清楚这一点，我就可以告诉她，我们的关注点和精力应该放在应对市场的系统性问题上，而不是在改变公司的运营上。

这位管理者从以上交流中找到了工作推进的方向。首先他表示，他想告诉老板的是"我们的表现比你想象的要好"。他的搭档理解了这个定性描述，并成功地促使他进一步地解释。这帮助他最终找到了向老板证明自己观点的论据："虽然我们的留存率在下降，但下降幅度并没有像两个主要竞争对手那样大。"

第三个问题是最难的，坦白说也是最烦人的——继续问"为什么"，并鼓励你的搭档继续挑战你。如果你变得愤怒，发现自己无法给出好的答案，或者听到自己说："就因为……！"这是一个明确的信号——你需要认真地审视自己的观点了。下面这个例子中，交谈内容及一连串的"为什么"迫使这位管理者不得不承认，她还没有为自己的陈述性图表做好准备：

我想比较一下关键生产效率指标（比如花在电子邮件和会议上的时间）和财务数据。

为什么？它们有什么联系？

这两者之间应该存在某种联系。现在收益下降了，我问自己，为什么？我觉得是现在花在开会上的时间太多了，我们甚至没有时间去做工作！

但你的工作不是在会议过程中就解决了吗？这有什么问题？

我的意思是，我觉得我完成的工作变少了，就是因为我把时间都花在其他事情上了。

不过，这个因果关系是如何成立的？你怎么证明会议和电子邮件增加了，所以公司收益减少了？

我不确定，但两者之间肯定是有联系的。一定有的！

为什么？如果会议对完成工作也有帮助作用呢？

只是因为，我讨厌开会！

如果你正在创建一个陈述性可视化图表，而无法充分应对这些"为什么"，你该停下来，假设几个可能的答案，用探索性可视化逐个验证，看看会出现什么样的结果。

听录音，记笔记。 在交流过程中，要听对手说了什么，也要听自己说了什么。挑出你用来描述观点和信息的视觉相关词语，记录下来。例如，如果你听到自己用的词是"分布"和"分散"，或者"不同类型"和"集群"，它们都会成为帮助你找到可视化方法的线索。听听这些比喻："钱从我们部门飞走了。""我们看到了巨幅的下跌。""公司总收入呈现跳水式下降。""这些选择太复杂了，简直像个疯狂的迷宫。"这些隐喻在大脑中激发了有力的想象，可以为你的图表设计提供启示。

比如这句话："我想比较一下招聘信息的发布数量与实际入职人数，看看不同类型职位的比值有什么不同。"它包含了足以提出一个可视化方法的信息。我们将这句话中的可视化线索用强调效果表示出来了。

我想**比较**一下招聘信息的发布**数量**与实际入职人数，**看看不同类型职位**的**比值**有什么不同。

"比较……的数量"意味着这是一个数据型的图表。

"比值"一词强调了数字之间的比较。"不同类型"意味着你可以按一些分类方式将数据进行分类比较，或许还可以创建小类。（你可能还注意到，句中某些名词可能成为图表的潜在变量：招聘信息发布数量、实际入职人数和职位数量，同时也请注意，这些变量都是重要的数据类别。）

我们快进一下。从句子中提取的关键词帮助这位经理得到了以下可视化结果。将上面的句子重读一遍，全部信息在图中都有所体现：

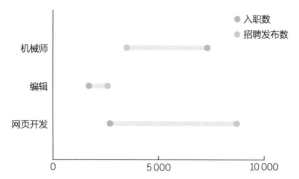

本月入职人数vs本月招聘信息发布数量

资料来源：ECONOMICS MODELING SPECIALISTS INT'L.

下面是另一个例子，一位销售经理想针对团队的销售绩效数据做一些可视化探索。"目前尚不清楚，"他对朋友说，"我们的销售是否有固定的模式。我在尽力搞清楚他们是何时以及如何进行销售的——销售情况是如何随着时间变化的，是基本平稳，还是存在高峰和低谷？每个月的情况基本相似还是各自不同？不同季节的模式是否不同？"

如果他已经有了一些可视化经验，那么他应该已经从自己的交谈中记下了几个关键词和短语：

目前尚不清楚我们的销售是否有固定的**模式**。我在尽力搞清楚他们是**何时**以及如何进行销售的——销售情况是如何**随着时间变化**的，是**基本平稳**，还是存在**高峰和低谷**？**每个月**的情况基本相似还是各自不同？不同**季节**的模式是否不同？

如此积极地"倾听"自己，一开始会让你有点不适应，但这么做很有价值。一次又一次，我看到人们的眼神发亮，当有人说出某句开启发现时刻（Eureka）的话——那一刻，他们找到了实现某个可视化任务的方法。一个我自己最喜欢的例子来自我与德高望重的管理学教授克莱·克里斯滕森（Clay Christensen）的合作。他想用可视化证明，他发表于《哈佛商业评论》的专题文章《资本主义的困境》，是他融合了几十个他人观点的产物，而这些观点均来自一个由IDEO[1]公司参与发起的在线论坛。

论坛清楚地记录各位参与者发布内容之间的联系，跟踪每个帖子的阅读量和评论数。这里引用克里斯滕森本人的话："我想说明，这些观点贡献者们构成的网络如何帮助我完成了这篇文章。"

克里斯滕森的团队创建了一个草图，他们认为这个草图可以反映出各位观点贡献者相互交流的内容中存在的内在联系。它的外观介于星座图和流程图之间，其间还缀满了论坛上讨论内容的引文。该草图的一个版本就显示在本页右侧的顶部。

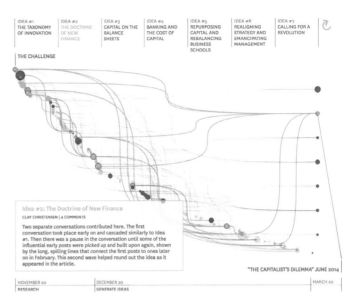

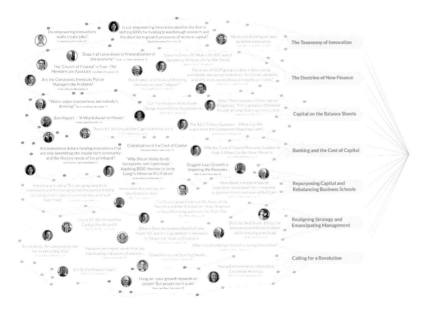

这个图表是一个起点，它传达了"相互联系"的理念，但外观略显随意。不同颜色代表什么含义？那些点代表什么？我们想把它改进一下。我们在会议室里待了30分钟，交谈和相互倾听。我在会议中记下了许多关键词和有象征义的词语，包括思想网络、相互联系、反复交换、随着时间变化、众包、重要影响者。最后，克里斯滕森进一步解释了论坛是如何帮助他写成了这篇文章，他说（还是转述）："从论坛中收获的所有观点都'流进'了文章中。""流进"，就是这个！我们找到了一个很好的视觉隐喻，开始尝试两种可以表现流动性的图表类型：冲积图和桑基图。我们继续交谈，直到讨论小组中的某个人（我们共有五人）提到了论坛上的对话是如何层层递进的，给了我们另一个关键词：级联⊖（cascade）。

至此可以开始图表的创建了。最终，那个草图变成了一个具有交互功能的可视化图表（见上页右图），可以明显观察到信息随时间的流动和级联。[2]

在"交谈与倾听"步骤中，强迫自己大声回答这个基础性问题：我想展示或表达（或了解，或证明）什么？简短的交谈中往往潜藏着这个问题的答案，这种情形发生的可能性比你想象的要大。一旦你提取到想要的词语，就可以开始画画了。

草绘

终于要开始画图了。完成这一步骤时，你应该已经找到了可视化的方法，以及一幅静待优化的手绘草图。下面开始介绍：

将关键词与可视化方法匹配。 在上一个步骤中记下的词语现在派上用场了。试着将捕捉到的视觉性词语画出来。将这些词语与可视化图表类型进行匹配，可以先尝试那些通常表现效果最好的图表类型。

你可能见过或用过安德鲁·阿伯拉（Andrew Abela）的"图表小抄"。他是美国天主教大学（Catholic University of America）的教务长和商学院前院长，就如何进行有效的演讲出过书。[3]第70页的"阿伯拉图表指南"很好地总结了常见的图表类型，但使用时仍需注意。例如，图表清单中应纳入哪些图表，排除哪些图表，有人会有不同意见。例如，有些人会反对阿伯拉将饼图和蜘蛛图（阿伯拉称之为"圆形区域图"）纳入其中，他们认为这两类图表不好用或不够好。还有人会问，为什么单位图和倾斜图没有放进去，表格又在哪里？

另外，这样的使用指南可能会导致我们在本该扩展思维的阶段，缩小了思考的范围。这就像把一桶乐高积木倒在孩子面前，然后告诉她只能拼说明书中的十件东西。在"草绘"这个步骤的开始阶段，我们最好只是随意拼装这些

⊖ "级联"是行为经济学和网络理论中描述的一种现象。强调信息在多个个体间传递时，引起的许多人依次做出相同决定的跟随反应。此处可理解为观点趋同。——译者注

积木。

但是，把"阿伯拉图表指南"放在这里有两个原因。首先，它和任何其他的分类法一样（在线搜索会找到更多），可以帮助我们了解图表的分类，例如，比较类图表还是数据分布类图表。请记住，没有哪份图表备忘单能做到包罗万象。这里显示的每一种常见图表类型，都存在众多变化的可能；同时，新的图表类型也在不断产生。试图找到并记录每个图表类型的每一种变化形式只能是异想天开。

最好的方式，是了解基本的图表类别和类型，然后做一个"图表收藏家"。广泛涉猎，收集吸引你的或让你觉得效果极其出色的可视化案例。将你认为效果很好或抓人眼球的元素记录下来。多访问信息可视化的专业网站，在社交网站上关注那些每天都发布新的图表作品的人。

我展示阿伯拉图表的第二个原因是我对它进行了调整。下页阿伯拉图表的变体将"交谈与倾听"步骤中可能得到的典型关键词与你可能打算绘制的图表类型进行了匹配。

它将阿伯拉的"决策机器"变成了一个灵感指南。我简化了类别和类型，但添加了阿伯拉的图表中没有的概念型图表，如网络图和层级图。（讽刺的是，阿伯拉创建他的"图表分类指南"所用的方法——分层决策树——没有在他的分类体系中出现，因为他只列出了数据型图表的各种图表类型。）使用下页的图表指南前，请先查看你在"交谈与倾听"阶段记录的关键词，然后从相应的象限开始。例如，如果你写下的关键词是"比例"和"百分比"，你可以考虑从堆叠的条形图或饼图开始尝试。

请记住，这个分类图表既不完整，也非绝对。它并非告诉你要使用哪个图表类型，只是提醒你在尝试绘制草图时可以选择从哪些类型开始。例如，你可能会发现对于某些可视化任务，多个图表类型都适用，或者某种混合类型更好（例如，画在地图上的条形图）。它只是为了帮助你开启草绘的过程。

开始草绘。草绘是观点和可视化图表之间的桥梁。好的草绘是快速、简单和凌乱的。[4]不要过多考虑数据的真实值、数据规模或任何图表优化方面的细节。其实，不要想太多。只要想着那些关键词，想着可能适合它们的图表形式，以及你反复不断思考的那个核心观点——那个你在回答"我想表达什么（或了解什么）"的时候写下的答案。然后开始画画，用形状和线条呈现出你希望观众看到的图表形式，任何可能的形式都可以尝试。

阿伯拉图表指南

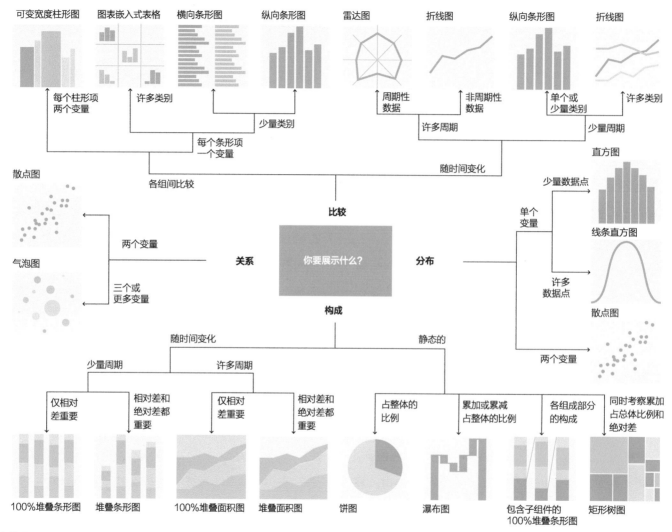

可变宽度柱形图　图表嵌入式表格　横向条形图　纵向条形图　雷达图　折线图　纵向条形图　折线图

每个柱形项两个变量　许多类别　周期性数据　非周期性数据　单个或少量类别　许多类别

少量类别

每个条形项一个变量　许多周期　少量周期

各组间比较　随时间变化

散点图

比较

直方图

少量数据点

线条直方图

单个变量

两个变量

关系　你要展示什么？　分布

气泡图

三个或更多变量

许多数据点

构成

散点图

随时间变化　静态的

两个变量

少量周期　许多周期

仅相对差重要　相对差和绝对差都重要　仅相对差重要　相对差和绝对差都重要　占整体的比例　累加或累减占整体的比例　各组成部分的构成　同时考察累加占总体比例和绝对差

100%堆叠条形图　堆叠条形图　100%堆叠面积图　堆叠面积图　饼图　瀑布图　包含子组件的100%堆叠条形图　矩形树图

资料来源：ANDREW V. ABELA

有时该选哪个形式似乎看起来很明显，你会觉得没必要尝试其他选择。几个类别之间的简单比较通常就用条形图；随时间变化的趋势通常被描绘成折线图……不过，不要一开始就放弃练习。汉娜·费尔菲尔德（Hannah Fairfield），是《纽约时报》（*The New York Times*）的图形编辑，该报不少著名的数据可视化图表都出自她手。她的习惯是，永远尝试至少两种完全不同的图表形式，来验证她对最佳可视化方法的假设，并保持对创造性的开放态度。

我在一篇文章中，将苹果公司多款产品的价格与家庭月收入中位数进行了比较，我与合著者沃尔特·弗里克

（Walter Frick）本以为我们该使用简单的条形图，一个条形代表产品价格，另一个代表家庭收入。

这本来是一个很自然的选择，因为我们比较的是各数据组内部的值，条形图会很有效。但是，根据费尔菲尔德的建议，我们决定找找其他图表形式以示比较。在我们草绘的过程中，有一个短语总是反复出现：苹果公司产品的价格占月收入多少。这让我们把产品价格当成了月收入的一部分，而不仅仅是参照值。最终，我们选择了迷你矩形树图这个不常见但可以说效果更好的方法。下面是简单方案和替换方案的手绘草图。

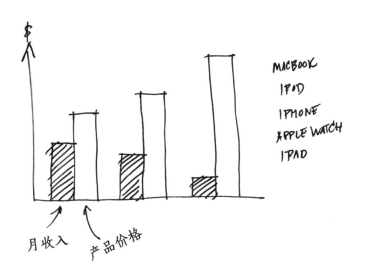

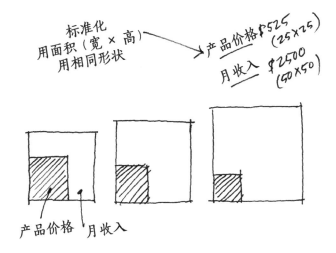

匹配关键词与图表类型

比较

之前 / 之后
类别
比较
对照
随着时间变化
峰值
排名
趋势
类型
波谷

笔记

| 条形图 | 凹凸图 | 折线图 | 倾斜图 | 小多组图 |

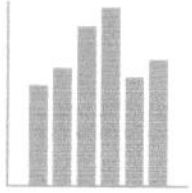

分布

冲积层
集群
分布
从 / 到
散点
点
扩散
遍布
相对
转移

笔记

| 冲积图 | 气泡图 | 直方图 | 桑基图 | 散点图 |

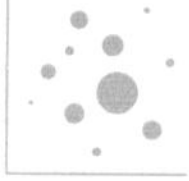

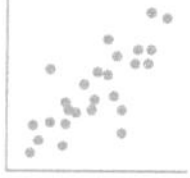

构成

组成部分 切片
分成   分项
组   全部
占比
在整体中
部分
百分比
片断
一部分
比例

笔记

| 饼图 | 堆叠面积图 | 堆叠条形图 | 矩形树图 | 单位图 |

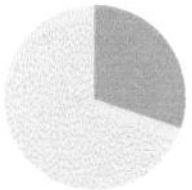

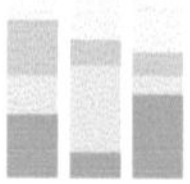

映射图
网络图
逻辑图

群集   地点
复杂   关系
连接   路线
组   结构
层级   空间
如果 / 那么 是 / 否
网络
组织
路径

笔记

| 流程图 | 地理图 | 层级图 | 2×2矩阵 | 网络图 |

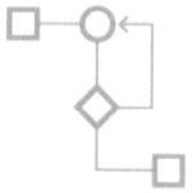

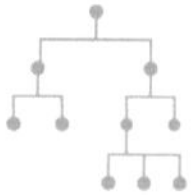

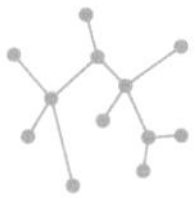

即使你确信应该使用简单的折线图或散点图，绘制这些基本形式的草图仍然很重要。正如打草稿可以改进平庸的写作，让员工备忘录都能写得更好，草绘图也能让简单的图表变得更好。

还记得第2章中的那位经理吗？她想向老板表明，尽管网站出现了服务中断，但这不是客服绩效下滑的原因。她可以用下面这个简单的折线图显示收集到的数据：客服电话数量和客服绩效。

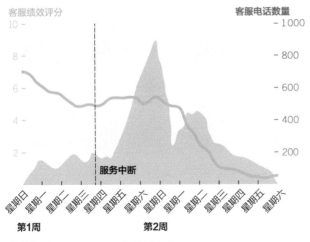

客服电话数量vs绩效

资料来源：COMPANY RESEARCH

但在勾画草图时，她发现电话数量激增呈现的巨大波峰可能会喧宾夺主，使人们无法注意到绩效的趋势。因此，她花了几分钟的时间画了一个替代方案（见下页左图），试图找到让观众关注客服绩效的方法。她不断回到自己之前写下的说明中，那句话描述了她真正想跟老板讨论的问题：即使在网站服务恢复后，客服评分仍然持续下降，而下降的趋势在服务中断前就开始了。

当她意识到自己的观点描述中根本没有提到客服电话数量时，就豁然开朗了——数据就在那里，而她不假思索地把它们放了进去。于是，她绘制了一个不包含电话数量的版本，立即发觉它更好。随后，她在图中标出了描述中提到的两个关键时间点：恢复服务后和服务中断前。

即便你认为某个基础图表类型很适合你的可视化任务，也要草绘一个替代方案验证你的假设，并保持对创造性的开放态度。这么做有时会让你找到更好的图表形式。

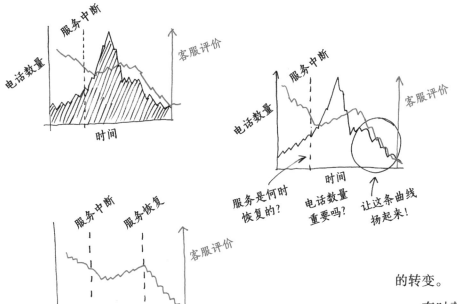

在进行草绘的过程中，她并没有纠结数据绘制得是否准确，她知道趋势是向下的——对草图而言这就足够了。她还做了一些后续改进图表的笔记，比如放大和阴影，但没有做任何实质性的决定。在草绘阶段，最重要的决定是不要什么，以及使用哪种图表形式。这个过程很像头脑风暴，目标是找到合适的可视化方法。15 分钟内，这位经理完成了从机械地可视化单元格中的数据到可视化个人观点

的转变。

有时草绘阶段花费的时间会比较长。本章前面内容中提到的那位销售经理正试图在团队的销售业绩数据中找到季节性规律或月度规律。在与朋友交流这个想法时，他注意到自己用了一些关键词：

目前尚不清楚我们的销售是否有固定的**模式**。我在尽力搞清楚他们是**何时**以及如何进行销售的——销售情况是如何**随着时间变化**的，是**基本平稳**，还是存在**高峰和低谷**？**每个月**的情况基本相似还是各自不同？不同**季节**的模式是否不同？

看着笔记，他发现自己真正讨论的是两件事：模式和时间。实际上他用到的一个短语"销售随着时间的变化"暗示了潜在的可视化方法。他以这两个变量为轴开始草绘，并开始考虑如何使用它们。

折线图通常是对趋势进行可视化的好起点。于是，他

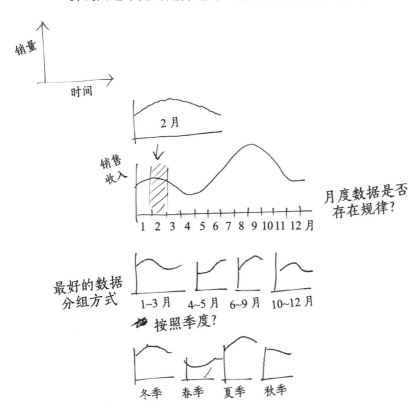

画了时间跨度为一年的草图。从一系列的草图可以看出，他想要将一些关键词——季节、阶段和月度差异——反映在折线图中，而这些关键词也给出了组织视觉资料的方式。接下来，他开始聚焦于图表形式。同样，他的图表既不精确，也不符合比例。他只是集中精力寻找合适的图表形式。

草绘对于讲述复杂故事也很有帮助。下面是一个经济学学生在"交流和倾听"阶段的部分谈话内容。这个学生从这段谈话中提取了很多关键词：

其实我想展示**很多东西**。我想看看**未来十年最大的**就业机会**增长**会发生在哪些行业，并对各行业增长性的**强弱**进行**比较**。但**相对于**工作岗位的**数量**，行业的薪酬情况如何？这就是棘手的部分，因为对有些行业来说，工作岗位的**超高增长**很容易，但岗位若只是从 10 个增长到了 20 个，这个**增长率**意味着什么？如果就业机会**高增长**的行业都是**低薪**行业，那又意味着什么？或者按照制造业 vs 知识性行业来**划分**？这种划分方式可取吗？数据中隐藏的信息太多了。

为什么要用一幅图表反映这么多信息？

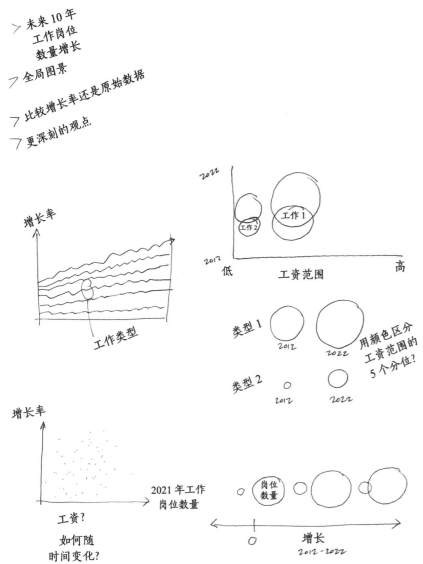

就是这个问题。很多时候，你看到的都是这些数据中被强调的**一个部分**，而其他因素却被忽略了。就比如，"那些行业的**就业增长率**真好"，但它没有考虑行业**薪资**情况或工作岗位的**原始数量**。我在寻找一种能够反映**整体画面**，能把问题看得更清楚的方法。

如果你认为这个学生从这段谈话中，就能找到他想要的图表类型或方法，那就太傻了。本页的草绘图只是在探索能够将这个学生想要描绘的"整体画面"组织起来的方法。

无论是花 5 分钟来确认你认为最好的可视化方法的确比其他方法效果更好，还是辛辛苦苦画 1 个小时只为将所有信息组织到一起的方法，养成草绘的习惯都很重要。对许多职业设计师和可视化专家来说，在改进视觉传达的所有方法中，手绘草图都是名列前茅甚至高居榜首的。

原型设计

在某一个时间点，你会觉得草图阶段应该告一段落了，那么你已经准备好开始制作真正的图表了。但这是什么时候？注意，有了这些迹象，你就可以开始制作图表原型了：

- 你对于"我想表达或展示什么"的观点陈述，草绘图能够合理地与之匹配。
- 你的草绘已经进入对某一个图表形式不断优化的过程，而不再是广泛尝试不同的形式。
- 你发现自己开始向草绘图中加入实际数据或坐标轴、标签等元素。

- 你发现自己开始对图表进行设计，聚焦于颜色、标题和标签。
- 你感到观点已经足够充分了。

草绘过程是创造性的，它的目的是找到新的方法；而原型设计是迭代的，它意在打磨出好的图表。

原型设计这个步骤需要引入真实的数据。外观无须完美，但要使用真实的数轴范围和基本准确的数值，能让你

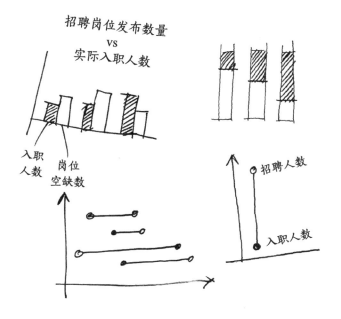

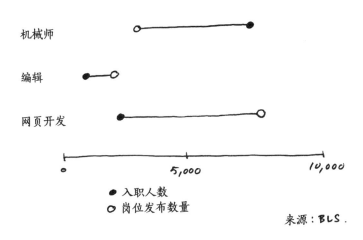

月度入职人数 vs 月度招聘岗位发布数量

对这个图表的实际形状有大体的认知。用数据的小型子集创建准确的图表，既能体现原型设计的效果，又回避了可视化整个数据集的较大工作量。例如，想要了解销售数据季节性规律的那位销售经理可以先选择某一个季节的数据进行原型设计。

原型设计阶段还应该开始纳入广泛的图表设计决策，比如颜色的使用，以及图表展示的媒介。比较上面例子中的草绘图和原型设计图，可以了解两个阶段之间的差异。

原型设计图只画出了三组数据，虽然最终图表中的数据组比这个多，但它比草绘图更清晰、更精确了。它用了真正的数轴标签和图例标识。这也引发了其他问题——对于整个数据集来说，这个 x 轴范围是否合适？应该用不同颜色来区分不同数据类别吗？——这些都可以在后面的迭代过程中一一解决。

原型设计的形式大致可分为以下三种：

- **纸面**，在纸上或白板上完成
- **数字**，通过软件或网络完成
- **配对**，与拥有你不具备的技能（如编程或设计）的合作伙伴一起完成

纸面原型设计几乎不需要任何工具。即使你要做的是数字原型设计，纸面原型也是从草绘图到原型设计很好的过渡——第一版纸面原型设计图就是最后一版草绘图。纸面原型设计适用简单的数据集（或大型数据集的子集）和简单的可视化任务，因为它速度慢。一个有十组数据的图表如果用手绘的话可能会困难且乏味。数据量越多，纸面绘图想保持清晰就越困难。

数字原型设计比手绘快得多，也可以更清晰地处理更大的数据量。你可以使用数据所在软件中内置的工具（如 Excel 或谷歌表格）来快速构建可视化图表，也可以将数据上传到能够尝试各种可视化方法的网站。数字原型设计是速度较快的原型设计方法，它的强大在证实性和探索性数据可视化任务中表现得尤为明显。

对管理者来说，好消息是用于数字原型设计的工具正在爆炸性增长——作为数据可视化全民化进程的一部分，这些工具价格合理且易于使用。它们的功能和使用要求差别很大，下页表格总结了一些比较受欢迎的可视化工具。

其中有些程序设计得非常好，它们输出的图表默认包含了颜色和标签的设计，足以用作最终草稿；当然，它们也适用于不需要呈现给观众的探索性工作。有些软件输出

工具类型	特点		工具	用户等级			图表类型		输出格式
	优点	缺点		免费	注册	付费	基本	高阶	
数据操纵	• 简单易用 • 在测试和原型设计环节快速输出优质结果 • 适用于日常数据可视化和可视化证实	• 偏数据处理而非可视化效果 • 模板化设计,非最优效果 • 高阶的图表类型数量较少	Microsoft Excel		●	●	●	若干	bmp, gif, jpg, pdf, png
			Google Sheets		●		●	若干	html, png
			Numbers (Apple)			●	●		pdf, png
原型设计	• 简单易用,线上免费 • 在原型设计和输出环节得到的图表外观较好看 • 适用于日常数据可视化和可视化证实	• 相较数据操纵类工具,在调整数据和重新调用上,操作较不便 • 工具之间的功能集 / 图表类型不一致 • 部分功能需要付费	Datawrapper	●	●	●	●		html, pdf, png
			Raw	●	●			●	html, png, svg
			Chartbuilder	●	●		●		png, svg
			Infogr.am	●	●		●		html, png
			Vizable	●			●		png
			Plot.ly	●	●		●	若干	eps, html, pdf, png, svg
在线工具和客户端工作区	• 具有比原型设计工具更高阶的功能集 • 图表外观设计较好,有定制设计效果的功能 • 适用于可视化证实、可视化探索、日常数据可视化	• 陡峭的学习曲线 • 工具之间的功能集不一致 • 为保持图表私密性要求付费	Quadrigram	●	●		●	若干	html, png, svg
			Silk		●		●		html
			Tableau Public	●	●		●	●	bmp, html, jpg, png
			Qlik Sense	●	●		●	●	html, jpg, pdf, png
分析和可视化平台	• 强大的数据和可视化分析系统 • 适合可视化分析团队使用 • 适用于可视化证实、可视化探索、日常数据可视化	• 陡峭的学习曲线,需要正式培训 • 对于一次性的图表制作任务而言功能过于强大 • 需要大量投资	Tableau Desktop		●	●	●	●	bmp, html, jpg, png
			Qlik View	●	●		●	●	html, jpg, pdf, png
设计	• 强大且灵活的设计工具 • 图表设计效果足以用作演示和公开发布 • 适用于日常数据可视化和观点说明类图表	• 陡峭的学习曲线,需要正式培训 • 不太适用于可视化分析和原型设计 • 需要大量投资	Illustrator			●	●	●	ai, bmp, eps, jpg, pdf, png, svg
开发	• 可以灵活创建图表和仪表盘 • 可输出定制化交互式的图表,多种图表类型 • 适用于日常数据可视化和可视化探索	• 陡峭的学习曲线,需要专业的软件开发技能 • 多种图表类型,图表设计效果时好时坏	D3	●			●	●	html, svg
			Google Charts	●			●	若干	html, svg
			Highcharts	●			●	若干	html, svg

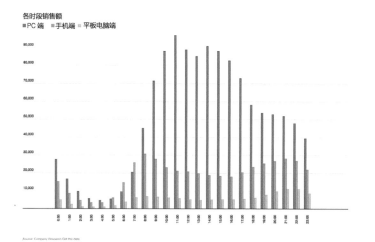

各时段销售额
■PC 端 ■手机端 平板电脑端

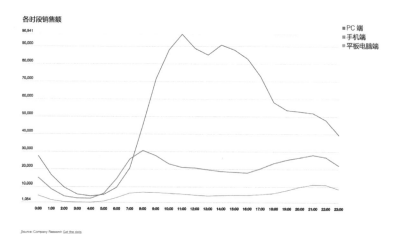

各时段销售额
■PC 端
■手机端
■平板电脑端

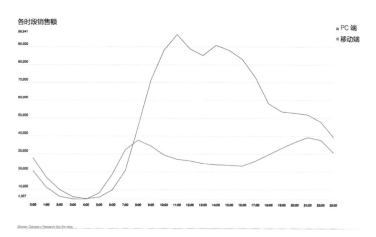

各时段销售额
■PC 端
■移动端

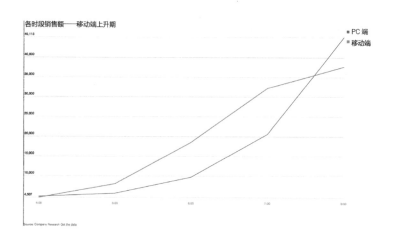

各时段销售额——移动端上升期
■PC 端
■移动端

的是矢量图（SVG），可以导入 Adobe Illustrator 等设计师程序做进一步优化。许多程序在默认情况下生成的是交互式的 HTML 格式文件，这样当你将鼠标悬停在数据点上时，它们的值就会跳出来。但现阶段，这些程序的最佳职能仍然是快速调校和打磨可视化图表的工具。

上面的四个各时段销售额图的原型图是 Datawrapper

80 | 第二部分　创建

软件在 10 分钟以内用在线销售跟踪数据生成的。

10 分钟内可以将可视化做到这样的程度，证明了数字原型设计的强大功能。你几乎可以从四幅图的迭代中读出那位销售经理的思考过程：在一幅图里面塞这么多条形，实在是太多了；无论如何，发现趋势才是最重要的，所以还是试试折线图吧；手机和平板电脑的数据可以放在一起比较，只比较这两种产品的趋势让图更清晰了；现在，让我们把这一段放大看看，这段曲线切片很有趣，我想进一步研究一下。

不过，数字原型设计也有缺点。其一，在数字原型设计工具中，能够高质量完成大部分工作的工具，都需要接受培训才能使用。免费的在线工具学习曲线平缓但功能集零星分散。每个工具都有自己的优点和缺点，所以你可能会根据项目穿插使用多个工具，甚至在同一个项目中也是如此。对于简单的可视化任务，数字原型设计不是必要之举，用纸面原型设计就能达到你想要的效果。另外，这些工具中几乎没有为概念型可视化任务服务的，而概念型任务往往比数据型任务更需要在草绘和原型设计两个阶段的投入。对于概念型可视化任务来说，白纸和白板可能才是最好的选择。总之，你还是会经常用到这些工具的。

配对原型设计完全是另一回事。定义前面两种原型设计是根据使用的工具，而配对原型设计则取决于工作的方式：与专家合作。这个概念基于一个被称为配对分析的数据分析系统，而该系统借鉴了"极限编程"（extreme programming）和其他一些方法。[5] 在每个配对原型设计任务中，就是将一个主题专家——就是你，管理者——与一个工具专家配对，他负责操作数据和视觉资料，以响应你的需求。

这个方法是由布莱恩·费舍尔（Brian Fisher）和大卫·卡西克在波音公司共同开创的。[6]"事实证明，这方法很有效，"卡西克说，"关键是两个人真正坐下来面对面合作，而不是按分工各做各的。"

在波音公司，配对分析的强大已经得到了证明。在一个案例中，波音公司就用它完成了深度探索性的任务，他们成立了一个两人小组，任务是完成鸟击事件数据的可视化。鸟击是一个严重的安全问题（2009 年，一只加拿大黑雁与空中客车 A320 客机的相撞引发了著名的纽约水上迫降事件"哈德逊河上的奇迹"）——分析发现，每年由鸟击事件引发的成本估计在 1.23 亿～ 6.15 亿美元，但对于鸟击事件发生的机制，以及如何减少其发生，我们所知甚少。

用实时探索性可视化图表拯救生命

"我是一名程序员，整天都在写代码，但看到实际的东西对我来说更容易。"

乔舒亚·布莱克本（Joshua Blackburn）是纽约 IEX 集团的软件工程师，这家公司的创始人就是迈克尔·刘易斯（Michael Lewis）的畅销书《高频交易员》（*Flash Boys*）中的主角。布莱克本在书中扮演了一个很小但至关重要的角色。对他而言，了解一些事情很容易，他将 IEX 交易活动的庞大而复杂的数据集进行了可视化。在书中某个戏剧性的时刻，布莱克本让 IEX 的 CEO 布拉德·胜山（Brad Katsuyama）更新浏览器，查看交易活动。[7]"这一次，屏幕上呈现的是不同形状和颜色的分区，"刘易斯写道，"异常交易呈现聚集状，被突出标记了出来。"这位 CEO 第一次"眼见了交易的模式。他从这个模式中看到了无论他本人还是投资人永远无法想象的资本掠夺活动。"

布莱克本是一个自学成才的程序员，他尤其擅长所谓"实操

环境"下的任务——这个术语无疑是他在多年的空军服役岁月中习得的。他说，他需要在飞行过程中完成探索性可视化任务，解决有着大型数据集的紧急问题。他需要随时根据情况的需要对图表进行调整。"我做图表的方式很灵活，"他说，"这项工作是高效反馈式的——我做，他们用，他们给我反馈，我再改进。我尽量实时地为人们提供问题的答案。在那里，我就是万能的可视化专家。"

从数据可视化的角度，这意味着布莱克本的图表是实用主义而非完美主义的。基本上，原型图表就是他的最终产品，因为他的操作环境迅速且持续地变化。"视觉效果很重要，"他说，"但最重要的始终是'不要花太多时间'，因为如果你想要的是效果，你就无法及时得到需要的答案。"

不过，在图表展示性上的失分，他统统可以通过自己快速创造的洞见成倍地赢回来。他用 IEX 的交易数据证明掠夺性交易活动的那个图表就是一个很好的例子。布莱克本最常用来描述可视化的词就是"模式"（pattern）。要挖掘大数据集中的信息，目标就是发现数据中的模式，然后把模式的含义搞清楚。这是真正的可视化探索。

布莱克本的可视化工作从观察和倾听他的用户开始。他在《高频交易员》一书中说，他聚焦在人们的抱怨上，比如"我希望我本能看到"这个，或者"我希望我早知道"那个。

他所做的事情反映了本章所描述的"交谈与倾听"阶段——

只是布莱克本说得更少，而听得更多。"我没有金融背景，所以我会问他们'你是怎么做这件事情的'或'你想知道什么'。"他说，"但大多数时候，我想听他们对事情的描述。他们会告诉我一系列信息或给我包含所有信息的表格——表格是他们习惯的读取数据的方式。"

布莱克本随后会站在用户角度，问自己想以怎样的形式看到信息。"对我来说，把我理解了的事物可视化出来会更容易。我看到数据就会条件反射地开始考虑如何将它可视化出来。"

布莱克本所做的工作具有高度的探索性，再加上他的迭代速度如此之快，使得他的图表形式更具实验性。他说："我觉得我有点儿打破传统。我们看过太多'必须符合固定的图表形式'的情况，而大多数情况下我们并不知道自己寻找的是什么。如果我把自己局限于条形图、折线图和散点图中，我可能找不到我需要的模式。"他指出，那些常规的图表形式无法很好地将掠夺性交易模式揭示出来。"允许人们以不同的、独特的方式看待数据，是有好处的。我做过一个可视化，真的就只是几个东西在屏幕上晃来晃去，然后爆炸。乍一看，它似乎中看不中用，但很快你会明白事实并非如此。这些物体的运动讲述了一个故事，它们的图案和移动不只是看起来酷，它们就是故事本身。"

在刘易斯的书中，成为好人一方的关键人物可能是一件值得骄傲的事情，但当布莱克本被问到"哪段经历使他感到自己的可视化工作意义重大"时，他的回答并不是这个。"我最有成就感的经历不能多谈，但那是在军队工作的经历。那是我的尖峰体验。"

和很多公司一样，军队非常善于收集数据，但并不善于有效使用数据。布莱克本意识到他可以创建一张地图，汇总所有的战场信息。他用热图（heat map）来显示战争趋势随时间的变化，例如，简易爆炸装置被发现或引爆的时间和地点。"我一直在寻找模式。我们能不能把所有数据都放进去，看看简易爆炸装置的活跃位置是如何在战场上移动的？我们能否预测它们出现的位置，从而避开它们？"

他回忆了将军们在巨大的屏幕上看到他的热图后的反应——他们立即总结出了模式并调整了作战策略。

"那次行动的负责人就在使用我的热图；巡逻队也在用那份热图查看简易爆炸装置的分布趋势，查看敌人的动向和作战模式。我只记得自己当时就在现场，想着：'我帮他们回答了这些重大的问题。我在为决策提供支持。我给了他们以前没法得到的答案。'"

人们所知甚少，部分原因在于了解鸟击事件所需的数据分析是一个烦琐的过程，需要搜集和阅读来自数十家航司的数千份记录，将这些数据整理到一起，还要跟踪并添加新事故的数据。为了加快工作进程，波音公司将一名主题专家（航空安全专家）与一名工具专家（在本例中，是Tableau 和 IN-SPIRE 可视化软件方面的专家）配对。他们一起工作了好几天，而下面的内容反映了他们的工作流程（可以把图表看作工具专家对主题专家要求的响应）。当然在现实情况中，每进行下一轮迭代之前，他们都是要经过深入讨论的。

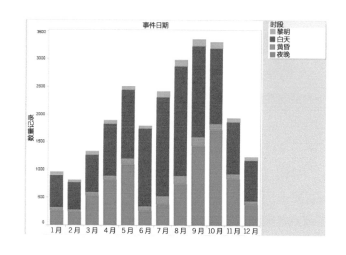

我们得找到方法把鸟击数据从三维坐标数据中识别和提取出来。数据体系建立好之后，我们想看看鸟击事件的发生时间，包括发生在几月、几点钟等信息。

很好，但有没有办法把地理位置绘制出来呢？我想知道鸟击事件发生最多的地方在哪里。而且，是否可以将各地的数据按照事件中鸟的种类分组表示出来？

哇，太棒了！我们能把这两幅图结合起来吗？时段和地点？再减少一些细节。我希望向管理层展示这幅图，并就内容进行讨论。

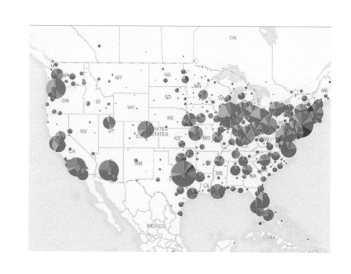

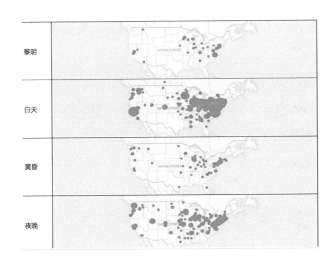

是否还能把事故发生时飞机的高度和速度放进去？也许从中能发现某种模式。

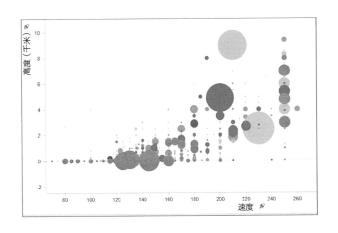

太好了。最后，为了更好地完成演示，我们应该显示出鸟撞击飞机的位置及频率。用简单的图即可。

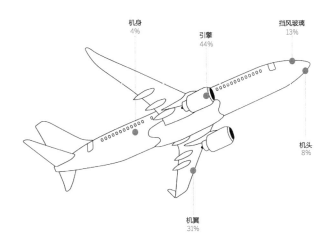

显然，这是两人在这个项目中所做工作的极度简化和浓缩的版本。但它展示了主题专家如何专注于阐明问题，以及解释图表使用的情境；同时，工具专家运用自己专业的可视化技术，为他的搭档提供了需要的图表。

卡西克说，这个方法提供了新的洞见，而且比其他任何方法都快。它促成了保护飞机的设计改良，并且改进了飞行员培训，帮助他们更好地识别并应对鸟击事件。[8]

你可以把这个框架用在自己的原型设计中，实现类似的强大效果：你就是主题专家，聘请一位工具专家，一个拥有某些你不具备的可视化专业知识的人。他可能是：

- **程序员**：通过复杂的程序，如 D3——最受程序员欢迎的 JavaScript 可视化库，实现图表的交互性。
- **设计师**：用 Adobe Illustrator 等专业设计工具，帮助你实现复杂的或非常规的可视化效果。
- **数据分析师**：了解如何利用商业智能和可视化软件系统（如 Tableau 或 QlikView）找到、挖掘、清洗和操纵数据，帮助你发现之前无法发现的模式及关系。

同工具专家一起坐下来，向他描述你的任务目标；交流（多多益善）；向专家展示你的草绘图和你记下的关键词；理清思路，然后开始反复地迭代。如果你能够全程参与工具专家的工作就更好了。

早在威拉德·布林顿奠基性的《图表表示法》（1914）中，类似配对分析的形式就被布林顿隐晦地理解为创建好图表的先决条件——在 1914 年，没有人指望一位管理者去学习绘图员的手艺。1969 年，玛丽·埃莉诺·斯皮尔同样认为图表制作是团队合作，她甚至阐述了"沟通者""图形分析师"和"绘图员"三个角色如何在图表制作上进行配合。

直到 20 世纪 80 年代，随着可以自动"吐出"图表的软件的出现，企业出于对效率的考虑，才不再强调专业的可视化图表的价值。Excel 图表便"足够好"了，可视化也成了管理者工作的一部分。

配对原型设计，以及企业在信息设计方面投资的增加，表明钟摆正在往回摆动。斯皮尔所说的"图形分析师"可能就是对应今天的商业分析师，绘图员可能就是程序员，但协作完成任务的方法是相似的。要鼓励你的公司投资专业的人才；许多公司现在都会招聘一些"数据设计师"和专门从事可视化的程序员；即使你的公司不使用专业人员，也要留出一些预算，需要时可以随时聘请"外援"。常规可视化任务可能不需要配对原型设计或图表外观设计，但对于复杂数据集、大型项目以及你希望超越常规图表形式的可视化任务，团队协作是有帮助的，而且能让你腾出时间来聚焦于观点本身。与纸面和数字原型设计相比，你使用配对分析的频率更低，但如果你准备寻找深刻的新见解，或者希望以一种强有力的新方式来向人们展示观点时，它是一项值得的投资。

一个完整案例

以下是对一个可视化案例从开始到完成的全部思考过程。莉斯贝思是一家音乐流媒体服务提供商的营销经理。该公司正在调研客户的使用习惯，了解客户听音乐的同时会从事哪些其他的活动，而收集到的数据将有助于公司投资数百万美元的营销战略的制定。

莉斯贝思已经看过了数据，她甚至迅速用电子表格软件生成一个饼图，来总体了解一下数据的全貌：

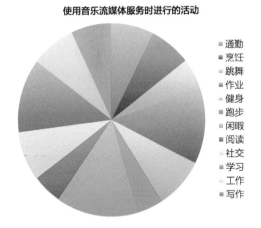

她知道，即使将这个饼图进一步加工，做好数据标签，它也不会有什么作用。因为除了"用户在使用音乐流媒体服务的同时会做很多不同的事情"的结论外，她很难从中提取到任何有意义的信息。她不认为这幅图可以成为一个数百万美元的投资决策的依据。她决定改进这幅图。

准备： 5分钟。莉斯贝思准备了一个小工作间，里面有白板和一些彩色马克笔。她为自己和邀请的朋友准备了咖啡。首先，她花了几分钟时间把目前的进展画在了白板的顶端。她明确了任务处于第57页"四种类型"图表的陈述性、数据型象限（日常数据可视化）；她还画了本书引言部分的"好图表矩阵"，并备注了能让图表成为好图表的元素。她的手绘图如下页所示。

她的图必须要好看，但相对于完善外观设计，她更愿意把时间花在增强图的情境设定上。毕竟，她是在向自己部门的同事做演示，大家都对主题和数据有较深刻的了解和见解。她的笔记上写着，如果这幅图做得好，她可能需要再做一版外观设计更好的图，供更正式的演示使用。

交谈与倾听： 20分钟。她的朋友来了——他并非项目成员。莉斯贝思不仅想就自己的观点进行充分讨论，还想通过与对项目没有太多了解或偏见的人交流，来验证自己的假设。

营销战略

— 营销团队 — CMO

图表类型

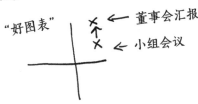

"好图表"

← 董事会汇报
← 小组会议

我的图表描述?
简化?
找到我的主要观点

主要活动

不要百分数——个体/人
组织信息——过于随机

分组

思考	活动	休息
作业	运动	社交
学习	跳舞	烹饪
写作	通勤	聚会
等等	等等	等等

   数据分组

思考　　活动　　休息

?

学习

活动　健身

思考

休息

烹饪

思考　　活动

"如果推特是100个人"

1000/10 000 个人
进行某种活动呈现
出来的效果是怎样的?

一个人

思考

我要向我的部门同事展示用户数据，数据反映了用户在使用我们音乐服务的同时都在从事哪些活动。当然，我希望能够发现一些趋势或找到几个典型的活动，但数据分了 12 组，且每组数量相差不多，似乎十分随机。

你为什么不能告诉你的团队，"典型的活动"并不存在？

我们的营销对象不能是所有人：我们必须找到营销针对的群体及相应的理由。而且我不相信毫无趋势可寻，我觉得我只是还没有找到合适的数据分组方式来揭示数据隐含的趋势。

是不是可以考虑聚焦某一项或某几项活动，比如健身？

或许吧。我还没有给数据分组，但可以试试看。

他们的谈话持续了大约 10 分钟。然后，莉斯贝思又和一位将要参加会议的同事聊了 10 分钟。以下是她与这位同事对话的部分内容：

会议就要召开了，我知道汤姆一定会给我一个"那又怎么样"的反应，因为我们还没有清楚地找到一或两项可以进行重点营销的典型活动。另外，只是把这些百分比列出来，而不去考虑个体用户的做法也让我感到沮丧。我们

不能仅仅因为 60% 的人都做了同样的活动，就把营销对象定为这些人。我们应该考虑每个人。我正在寻找把这些数据组织起来的方法，让它看起来不那么随机无序；同时我认为，如果我们能打破既有观念模式，去关注个体而非数据组，效果可能更好。

草绘：20 分钟。莉思贝斯一边捕捉对话里的信息，一边进行着前页所示的草绘过程。她马上明白了，按照大类将数据分组可以使这个饼图更有说服力，因此她再次查看这些活动，并将它们分为了三类。虽然她认为饼图肯定行不通，但还是画了一个饼图。她还绘制了条形图，并尝试使用文氏图（Ven diagramm）——用每个圆圈代表一个大类，且在某些活动上与其他圆圈重叠。她潦草地画着，但白板上"个体"这个词一直让她无法忽视。她真的很想将这些数据体现得更为个体化，而非一般的统计。她画了几个人形图案，想起自己在网上见过的一个被疯传的图表，叫作"如果推特是 100 个人"，该图表也用了类似的方法来显示推特用户的构成比例。[9]

她写道："1000 或 10 000 个人进行一项活动？会是什么样子？"她在白板上戳了很多圆点。她是否可以在演示的屏幕上放上几千个圆点呢？单位图可能办得到。

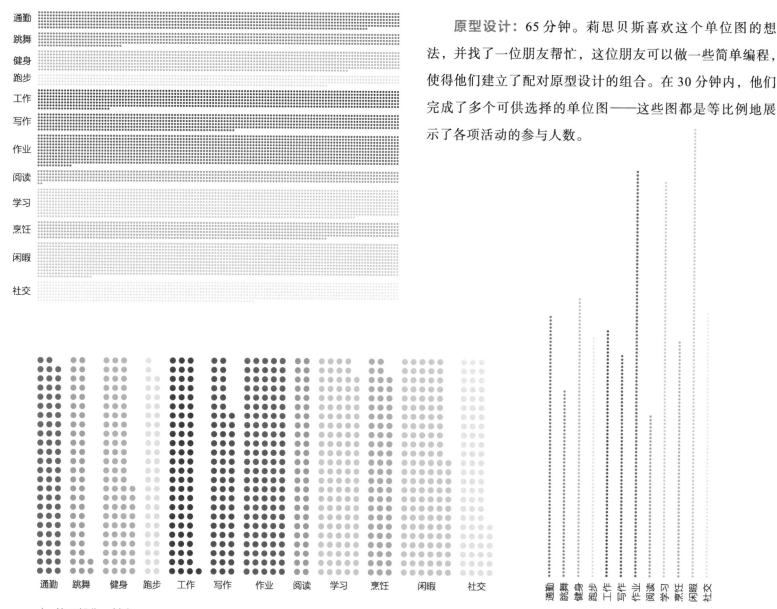

原型设计：65分钟。莉思贝斯喜欢这个单位图的想法，并找了一位朋友帮忙，这位朋友可以做一些简单编程，使得他们建立了配对原型设计的组合。在30分钟内，他们完成了多个可供选择的单位图——这些图都是等比例地展示了各项活动的参与人数。

莉思贝斯意识到，把 10 000 个圆点放进图中，虽然可能效果惊人，但有点儿不切实际。因为那样就很难看到图中的任何单个值或发现它们的区别。她请她的"程序员"尝试 1000 个点的版本。她问他能不能"让各组的数量差别更明显"。他进一步迭代。只花了 15 分钟，他们就做出了 1000 个圆点的版本，还包括上一页底部的那两幅图。

莉思贝斯喜欢最左边的图，因为它表现出的不同让人感觉很有意义，而且形式也让人感觉亲切，很像一个比例条形图，而且每一组圆点都代表一个用户群体。在短短 20 分钟内——从准备环节开始不到 2 小时——莉思贝斯就得到了一幅可以用于演示的图。本页的两组图，一幅按照大类进行了分组，另一幅按照人数从多到少进行了排序。她认为，有了这两幅图就可以展开讨论了。

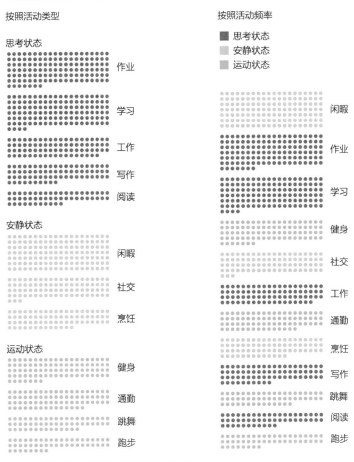

我们的用户听音乐时在做什么

资料来源：COMPANY RESEARCH

非线性的步骤排列

我将所有步骤一个接一个按顺序排列，主要是因为这是描述整个可视化过程最简单易懂的方式。

制作好图表的步骤

每个步骤花费的时间（分钟）

5	15	20	20
准备	交谈与倾听	草绘	原型设计

实际上，可视化的过程并非如此线性，步骤之间是"骨肉相连"的。比如，可能你在与人交流的时候已经开始草绘了，这也是应该的：你捕捉到了关键词，或者谈到所面临的挑战，很难不开始动手画画；而有时，原型设计环节会暴露出图表的某些弱点（或者你之前没发现的好点子），这会立即把你送回画板上继续草绘阶段，以寻找其他图表方案。

简而言之，可视化的过程可能更类似下图所示的样子，它表明在可视化进行的过程中（通常是 1 个小时），各步骤可能会有重叠：

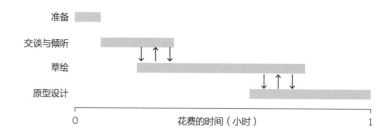

不过，并不是每个项目都这么有代表性。当最优的可视化形式尚不明确时，"交谈与倾听"以及"草绘"这两个步骤将会占据可视化过程的大部分时间。或者，如果你已经为自己要展示的内容找到了好的形式；再或者，如果原型设计的过程让你发现需要进一步操纵数据来优化图表观点，你可能会快速确定可视化形式，而花更多的时间来优化原型设计。想象一下，图中这些条形的长度可以任意拉伸或收缩，而它们之间的箭头也可能随时调转方向。

我们花了一些时间尝试和选择图表的形式，但这个过程并不只是为了找到对的图表类型，而是为了打磨你的观点和你想要传递的信息，创造尽可能好的交流情境；是为了尽可能地把你推向好图表矩阵的右上角。

能让图表更加漂亮的设计不是创建好图表最困难的部

分；把观点可视化出来，才是最大的挑战。现在你已经有了应对挑战的方法。事实上，如果你的任务处在两个探索性象限，或面对非正式的情境，你的任务可能到此就完成了。与老板一对一沟通可能也不需要一个设计完美的成品图表。

不过很多时候，探索性任务也会通向陈述性可视化任务——用于演示或公开发布的成品图表。这就是我们接下来要讲的内容。你可以让自己精心构思的草绘图和原型图变得更吸引眼球、更有效。

扼要重述 花几个小时让图表变得更好

为了改善视觉传达的效果，克服直接将数据用预设选项转换成图表的冲动，首先确定好图表的情境，想清楚你想要传达的观点。通常，花 1 个小时完成"准备、交谈与倾听、草绘、原型设计"四个步骤，会有助于实现更出色的可视化效果。

按照以下步骤进行：

1. 准备：5 分钟

- 准备一个有大量白纸或白板的工作空间。

- 抛开数据，这样你可以从更宏观的角度对自己的观点进行思考。
- 将任务的基本信息写下来作提醒之用，包括图表的对象是谁，以及这个图表将在何种情境中使用。

2. 交谈与倾听：15 分钟

- 找同事或朋友，告诉他们你想表达或展示，或证明，或了解的是什么。
- 捕捉并记录能够传达你的观点的单词、短语和句子。

3. 草绘：20 分钟

- 参考第 72 页的图表，将你捕捉到的关键词与可以尝试的图表类型匹配起来。
- 开始草绘，快速地尝试多种可视化方法。

4. 原型设计：20 分钟

- 一旦找到你认为合适的图表形式，就把它做成更准确、更详细的原型图表。
- 如果想进一步迭代，可使用数字原型设计工具或配对原型设计技术。

第三部分

优化

第 5 章

让图表打动人

了解"眼睛背后的感觉"

右边两幅陈述性数据型图表，哪一个是图表原型，哪一个是向 CEO 汇报用的成品图表？

上面一个显然是原型图表，只需点击几下就可以在 Excel 中生成。大多数人会说下面的图表（经 Adobe Illustrator 设计过）看起来更好，"轻盈""简洁""干净"，而上面一幅则是"拥挤""无序"或"凌乱"。

在《风格：写作的清晰与优雅》一书中，约瑟夫·威廉姆斯将读者对文字的印象描述为"我们眼睛背后的感觉"。[1]图表同样会带来"眼睛背后的感觉"，因此了解哪些设计原则和策略会带来不好的感觉，哪些会带来好的感觉，以及为什么会这样，就显得尤为重要了。让你的图表比普通图表更漂亮并不是创建它的最终目的，而只是实现图表有效性的手段，图表的有效性才是最重要的。例如，再看看此页的图表并尝试回答这些问题：午前和午后，哪个时段买女装的人更多？早餐前和晚饭后，哪个时段来该网站买东西的人更多？

尽管两幅图表类型相同，数据来源相同，但第二幅的设计使它读起来更容易。好的设计不只是为取悦读者，还要起到一个更重要的作用：帮助我们理解图表的观点。好的设计能让平庸的图表优秀，让优秀的图表卓越。

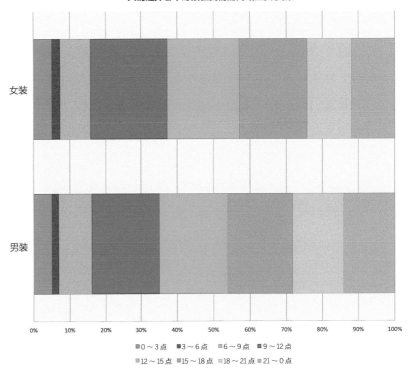

人们选择哪个时段在我们的网站上买东西？

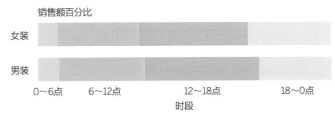

人们选择哪个时段在我们的网站上买东西？

"眼睛背后的感觉"

我不会提供规则和流程来帮你把"一键生成的Excel图表"打磨成设计良好且更具有效性的图表，我想反过来讲。让我们从读到图表时的感觉开始，探索一下是怎样的设计原则制造了这些感觉。我们的首要目标不是完美，而是平衡。因此，我不会讲图表中可以使用多少条刻度线，

或者颜色不超过多少种才能避免让读者感到困惑。因为答案显然是"那要看情况"。相反，我只想让你看到设计方向的改变对图表有效性带来的影响。

结构与层次。图表是看起来整洁干净，还是凌乱无章？对一幅图表有序与否的印象来自它的结构和层次。本页两个图表哪一个看起来更干净？

显然，右边的看起来更干净，更专业，即便我们不清

2001年以来，生产率"先进企业"与其他企业劳动生产率水平的差距

资料来源："THE FUTURE OF PRODUCTIVITY"，OECD, 2015

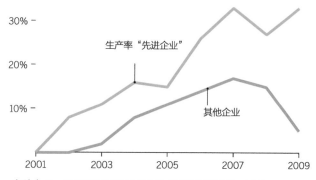

最高产企业与其他企业的差距正在扩大

劳动生产率水平与2010年数值的百分比差异（基准值，2001年＝0）

资料来源："THE FUTURE OF PRODUCTIVITY"，OECD, 2015

楚为什么。以下是一些让图表给人留下好印象的技巧：

结构要标准。 为演讲或出版制作的图表应包括以下所有（或大部分）元素：

标题

副标题

图形区域（视觉资料、坐标轴、标签、说明性文字、图例）

数据来源

你在任何设计良好的陈述性图表上应该都能够找到所有这些元素，无论它是地图、概念型图表还是数据型图表。

我们后面会讲如何设计这些元素，当前，只要知道它们就可以了。创建图表时对照清单进行，因为坚持使用这种标准的结构有两个好处：首先，它可以防止演示期间因为缺少某些图表元素，导致演讲者不得不回答听众的相关问题，从而偏离演讲的主题。若各元素都能帮助图表实现其义自见的效果，图表无疑会更有效。越不需要解释的图表，越能让你和观众聚焦于图表的观点，因而越好。

其次，使用标准结构的习惯让图变得可移植、可重复使用和可共享。你的老板可能想把你的图放进他给执行委

攀登灵感金字塔

专业程度

资料来源：MARION POETZ AND REINHARD PRÜGL, JOURNAL OF PRODUCT INNOVATION MANAGEMENT

波士顿地铁各站通勤时间

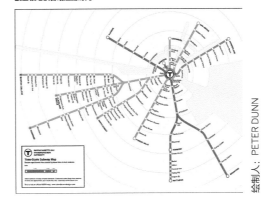

绘制人：PETER DUNN

员会的演示内容里，他有信心这么做，是因为他知道这幅图不会引出他回答不了的问题（比如，未注明标签的坐标轴代表什么）。网络营销团队也可以把它放进公司的订阅源里面；如果几个月或几年后你要引用此图，它的数据来源就不会被质疑。

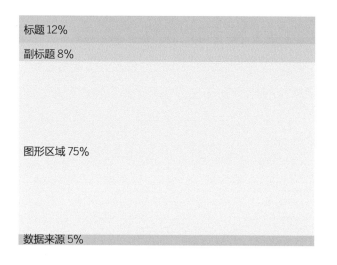

图表布局和权重要符合标准。上图的结构非常标准，我们已习惯了这样的布局：标题，大多数情况下，在图表的顶部，下面紧跟着副标题，再下面是图形区域；数据来源是底部一个小的脚注；如果有图例的话，它经常位于图表右侧或其他不破坏图形区域效果的空白处。无关形状，

大多数图表的各部分比例往往和本页的示意图相差无几。图形区域应该是整个图表的主体，其他元素起辅助作用。例如，如果标题区域权重过高，就会分掉读者对图形区域的注意力；如果过低，观众又可能会错过利用文字信息来理解图表的机会。比较本章的第一对图，看看无标题和支撑图表观点的标题如何造成了图表有效性的不同。

我们每天看到的设计良好的图表，都是这样的结构，不论是演讲中的横向图表，还是为手机屏幕设计的纵向图表，抑或社交媒体推送中的方形图表。（参见下页分别使用这些比例的三个图表示例）。

无须精确测量后再分配图表的空间，只需以此比例为指导，还要知道什么时候该打破这些规则。上一页中的"波士顿地铁各站通勤时间"图甚至分配了更多的空间给图形区域，因为很难把这些有用的信息挤进更小的空间中，同时保持图的清晰；因此，它移动并缩小了标题。如果有类似充分的理由，你也可以大幅调整图表中各部分的比例。

图表中的元素应对齐排列。专业设计师看到的世界是网格化的。他们将设计空间划分为大小均匀、间距均匀的列和行。当你看到你觉得设计得很好或看起来很专业的东

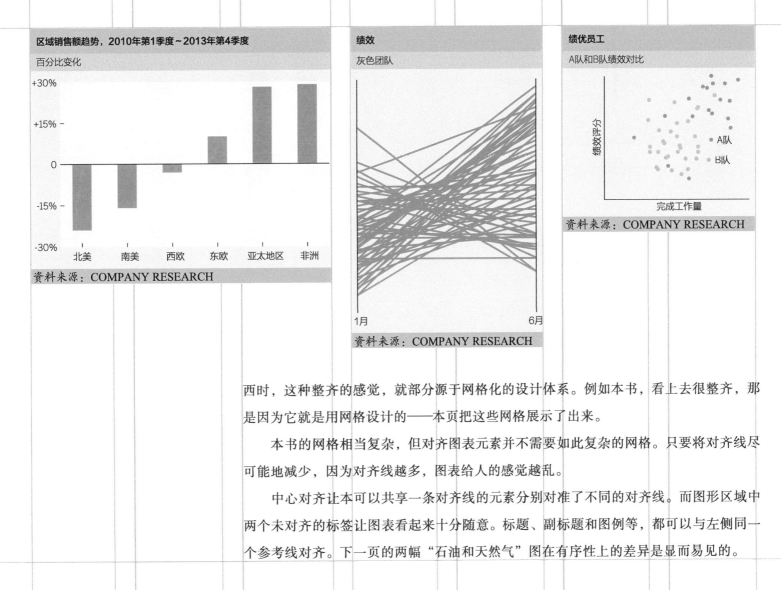

区域销售额趋势，2010年第1季度~2013年第4季度

百分比变化

+30%

+15% —

0

-15% —

-30%

北美　南美　西欧　东欧　亚太地区　非洲

资料来源：COMPANY RESEARCH

绩效

灰色团队

1月　　　　　　　　　　　　6月

资料来源：COMPANY RESEARCH

绩优员工

A队和B队绩效对比

绩效评分

A队

B队

完成工作量

资料来源：COMPANY RESEARCH

西时，这种整齐的感觉，就部分源于网格化的设计体系。例如本书，看上去很整齐，那是因为它就是用网格设计的——本页把这些网格展示了出来。

本书的网格相当复杂，但对齐图表元素并不需要如此复杂的网格。只要将对齐线尽可能地减少，因为对齐线越多，图表给人的感觉越乱。

中心对齐让本可以共享一条对齐线的元素分别对准了不同的对齐线。而图形区域中两个未对齐的标签让图表看起来十分随意。标题、副标题和图例等，都可以与左侧同一个参考线对齐。下一页的两幅"石油和天然气"图在有序性上的差异是显而易见的。

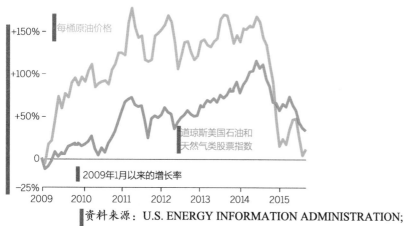

石油和天然气价格呈现跌势？

由于石油行业的估值主要取决于石油储量，其市值往往会跟随原油价格变动。但最近原油价格暴跌时，该行业的市值并没有出现大幅下降——这表明该行业的估值可能被人为地拉高了。

每桶原油价格

道琼斯美国石油和天然气类股票指数

2009年1月以来的增长率

资料来源：U.S. ENERGY INFORMATION ADMINISTRATION; GOOGLE FINANCE

石油和天然气价格呈现跌势？

由于石油行业的估值主要取决于石油储量，其市值往往会跟随原油价格变动。但最近原油价格暴跌时，该行业的市值并没有出现大幅下降——这表明该行业的估值可能被人为地拉高了。

2009年1月以来的增长率

每桶原油价格

道琼斯美国石油和天然气类股票指数

资料来源：U.S. ENERGY INFORMATION ADMINISTRATION; GOOGLE FINANCE

我们创建图表时是否该搭建一个网格体系？事实上许多图表已经有了天然的网格体系：数轴。数轴是有用的指南，你可以用它作为标签等元素的基线。

避免让读者视线来回游走。将关系紧密的元素放在一起也能让图表结构更清晰。例如，为了将变量名称与数值对应起来，读者的视线往往需要在图例和图形区域之间不停游走——尽管图例是有用的（有时甚至是必须的）元素，但最好的做法是将变量名称直接标注到对应的图形元素上。

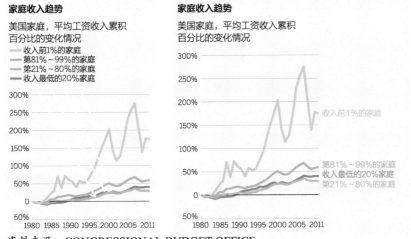

家庭收入趋势

美国家庭，平均工资收入累积
百分比的变化情况
收入前1%的家庭
第81%~99%的家庭
第21%~80%的家庭
收入最低的20%家庭

家庭收入趋势

美国家庭，平均工资收入累积
百分比的变化情况

收入前1%的家庭

第81%~99%的家庭
收入最低的20%家庭
第21%~80%的家庭

资料来源：CONGRESSIONAL BUDGET OFFICE

第二幅"家庭收入趋势"图给人感觉更清晰。读者的视线顺着曲线就能看到标签，比图例更自然地连接了变量名和相应图形。

另一种避免视线来回游走同时保持图表结构整洁的方法是使指示物等标记符号尽量短且直，甚至取消标记符号。曲线和折线会将读者的注意力从更重要的元素上拉开，而标签距离其对应的图形元素越远，视觉上把两者对应起来就越难。比较下面两个饼图：

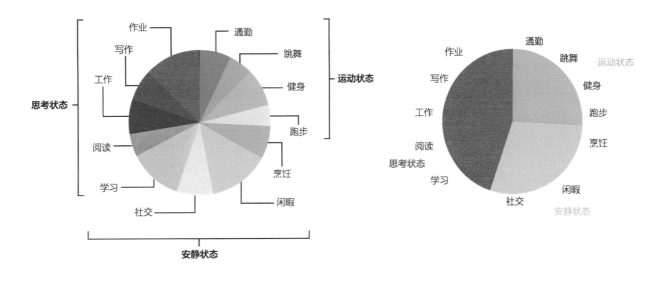

清晰。你看懂了图表的含义吗，还是根本不知道该看哪里？你可能已经经历过数据可视化先驱柯克·戈德斯伯里（Kirk Goldsberry）所说的"餍足点"（bliss point）——那个"顿悟时刻"，当一个图表瞬间以不可当之势将它的含义塞进你的大脑，这让你感到神奇，因为你似乎未做任何努力，便理解了图表传递的信息。这样的"顿悟时刻"即是源自图表设计的"清晰"。你认为以下哪幅图能触发"餍足点"？

右边的一幅把"清晰"体现得淋漓尽致，这是《华尔街日报》（*The Wall Street Journal*）的泰南·德博尔德（Tynan DeBold）设计的一套图表中的一部分。左边的图提供了同样的信息，读者是订阅《新英格兰医学杂志》（*The New England Journal of Medicine*）的专业人士。对于这些具有专业背景的读者来说，这是一幅很好的图，但它远没有面向普通大众的改进版本那么清楚。德博尔德的图是如何做到如此清晰的？

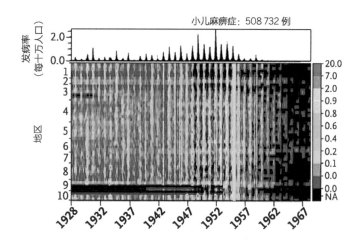

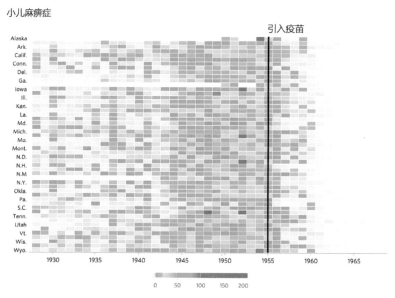

没有无关信息。除了标签，整幅图只有三个词，但它要表达的意思可以瞬间被读者理解。德博尔德的克制是了不起的：他没有在 y 轴写上"美国各州"，也没有在 x 轴写上"年份"，因为我们不需要这两个词语就能理解数轴上的标签，他的标题甚至省略了"病例数"这个词。（该图是文章中一系列代表"每10万人中案例数"的图的第一幅，即使未作说明，它的含义也是显而易见的。）诚然，这是一个极端的例子，但它说明了如何通过删除非必要信息让图表变得更清晰。

所有元素都为图表观点服务，且独一无二。德博尔德的图表包含了七个元素：标题、x 轴标签、y 轴标签、图例、图形、分界线以及说明性文字。每个元素都能起到其他元素起不到的作用——零冗余。

大多数图表无法做到如此有目的性的清晰。它们之所以不够清晰，是因为有些元素被用来描述图表的结构，而未起到帮助表达图表观点的作用。标题或副标题与数轴标签重复；说明性文字把图形区域显示的信息又描述了一遍。这些都说明，图表仅仅是在罗列信息，并非在传达观点，或者说，图表的作者对图形区域传达观点的能力缺乏信心。

如果支持性元素能起到更巧妙的作用（放大而不仅仅

是重复），也能让图表的清晰度提高。首先，支持性元素应用来描述图表的观点，而非其结构。想象一段音乐：以下哪个标题可以帮助你更好地理解它的主题？是"F 小调第四小提琴协奏曲"，还是《四季：冬》？[2]

另一种提升清晰度的方法是将图形所回答的问题作为标题或副标题。回到我们的核心问题：我想表达或展示什么？这幅 Facebook/BuzzFeed 的图是一个很好的例子。

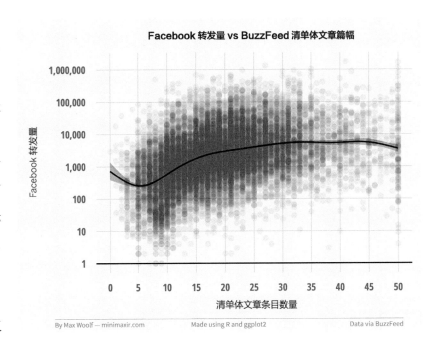

但如果把它的标题改成以下这个，你是否能更快地明白图的含义：

找到最佳击球区

清单体文章条目数量为多少，更容易成为传播热点？

y 轴上的实际转发量（原始标题提到的）就是反映文章传播热度的数据。这个标题让观众聚焦于传播热度，帮助他们更快地找到图表的主旨。标题的用词有意为读者提供了线索："最佳击球区"（sweet spot）这个词提示我们寻找视野中的活跃区域。经验告诉我们，最佳击球区是活跃的、积极的、密集的，所以，我们会把看到的深红色斑点和标题联系起来。

相反，如果我们希望人们关注的是哪些文章不会被疯传，我们可以改变标题的用词：

传播的死角

清单体文章条目过多或过少，会降低其被转发的可能。

图没变，对读者的影响却完全不同，因为读者会把图形与标题和副标题提供的情境联系起来。值得注意的是，此图表的原始标题并非无效，但有时，你需要一个用更客观或被动语气的标题对数据进行简单描述。（对数据分析师来说尤其如此，因为他们的角色并非对数据提出见解，而只是显示数据。）还是那句话，情境是关键。

不可有歧义。当你以很快的速度接近竖立着下面这个牌子的十字路口时，你能及时进入通向剑桥市（Cambridge）的那条正确的车道吗？

模糊的指令会让交通系统瘫痪。在这种情况下，你无法从路牌上得到指引，你得自己去猜路牌的意思。你不得不减速，把注意力从方向盘转移到分析路牌信息上，同时还要保持前行。你想要尽快解决这个问题，感到大脑在飞

速运转，或者你可能会恐慌。也许人们在对你疯狂鸣笛。你压力太大了。

图表的歧义也会给读者带来类似的压力感（只是没了鸣笛声）。一个图表迎面出现，我们本以为可以快速进行分析，突然一个含义模糊的标签使我们被迫停止寻找图表的观点，转移焦点去思考这个图形元素代表什么。在德博尔德的"小儿麻痹症"图中，不存在误解图表中任何元素的可能性。再对比那个使用了垂直图例的医学期刊版本，热图旁边的线条是数轴吗？那条紫色线又是什么，它没有标签，那代表什么意思？图表上方的小折线图与主图表有什么关系？为什么有三个 y 轴？我们在努力理解这些元素的含义，而不是在利用它们获取图表的观点。

利用隐喻和惯例。 德博尔德的"小儿麻痹症"图使用颜色帮我们的大脑迅速理解：红色代表更密集，蓝色代表不那么密集。他创建了一个低分辨率的热图，绘制了 2250个数据点（50 个州 45 年的数据）。但他在设计上做了一些巧妙的事情：他在颜色带的末端添加了蓝到浅灰的渐变色条，在"0"这一点上将蓝色去饱和化到近乎无色，即"空的"。就这样，他利用了一个我们非常熟悉的惯例：低饱和度颜色代表更低的数值。

两个惯例结合，创造了"小儿麻痹症"图完全无需文字描述的惊人效果。反观医学期刊版本，用深蓝色代表零。"无需文字"的效果也是有的，但从深蓝色过渡到更加深的蓝色给读者的感觉并没有那么直观。色彩饱和度很高。引

对公司的预期决定了员工留存率

不同预期的员工一年后离职可能性的比较

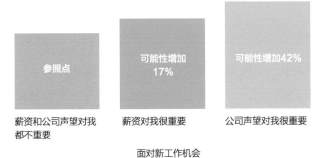

1954 年以来曼斯菲尔德山的积雪深度

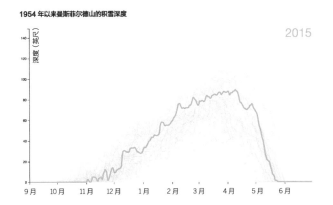

入疫苗时的紫色分界线更难被看到，它不能有效引起前后对照的叙述。

简洁。图表看起来是清爽、简洁、优雅、赏心悦目，还是杂乱、拥挤、复杂？当我们看到一幅十分简洁的图表，不免生出敞亮、简约、美丽或诗意之感。清晰和简洁相关，但稍有不同。清晰关注的是传达的有效性：作者的观点是否传递出去了？简洁关注的则是演示的有效性：你是否做到了只放入对说明观点必不可少的信息？当两个标准均达成，它们就会像双星系统紧密结合，互相服务。简洁有助于清晰，清晰能使图表的简洁感增强。

但简洁的并不总是清晰的，清晰的也不一定要简洁。上页两个图表，哪一个理解起来更费时？

尽管左边的图表比较简洁，但你可能需要花更长的时间才能理解——因为它不够清晰。标签与图形不相符：第一块条形代表的值是多少？为什么 y 轴上没有数值？为什么条形的颜色不同？如果中间的条形表示离职可能性增加 17%，那么第三个条形仅比它大一点儿，怎么可能表示可能性增加 42% 呢？（事实上，条形代表的是一些我们不知道的离职概率，因为没有显示出来；第二个和第三个条形的标签指的是它们与第一个条形的高度差。）

右边的图表并不简洁。它绘制了 60 条分别由 365 个点连接而成的趋势线（每个点代表一年中的一天）。不过，图表的含义是绝对清晰的。它的配色效果不错，标题和标签也十分明确。

我们往往认为简洁就意味着缺少某些东西——只要我们不断地删除更多的信息，我们就可以让图表简洁。这在一定程度上是正确的。但过分简洁会导致不清晰。你真正需要考虑的是如何做到相对简洁——在不影响图表观点的清晰表达的前提下将图表元素减到最少。这里套用一句常被冠以爱因斯坦之名的话："事情应力求简洁，但不能过于简单。"[3] 下页关于销售员绩效的图表，哪一幅更加简洁呢？

左边的图表看起来完整且清晰，但它给你的感觉未必是简洁明了。右边版本的简洁程度令人印象深刻，因为它用少得多的元素传达了同样的观点。是什么让这个版本更简洁？

它删除了一些元素。要实现简洁，最显而易见的方法是从图表中删除不必要的元素，只留下对传达信息有价值的元素。爱德华·塔夫特将这一想法数学化为"数据墨水比"（data-ink ratio）——墨水用在必要元素上的比例越高，

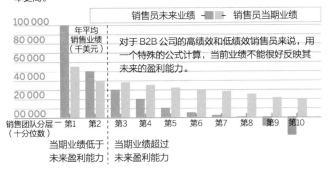

销售员的过往绩效无法预示其未来盈利能力

如果你不只看销售员当前贡献的收益，还看他们未来的盈利能力，你可能会发现，顶尖员工比你想象的更有价值，而低绩效员工比你想象的成本更高。

资料来源：V. KUMAR, SARANG SUNDER, AND ROBERT P. LEONE

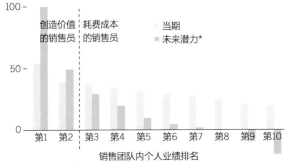

销售员的过往绩效无法预示其未来盈利能力

销售员年平均业绩（千美元）

资料来源：RESULTS FROM A STUDY OF ONE B2B COMPANY BY V. KUMAR, SARANG SUNDER, AND ROBERT P. LEONE

效果越好。[4]

塔夫特的概念听起来很强调精确，但他其实只是在说不要把墨水浪费在装饰或冗余信息上。在文字编辑领域，有个更加形象的说法叫"清除枯木"。这是一个站得住脚的原则。但遵循这种格言的麻烦在于，"必要"是一种不易掌握的、主观的东西。什么对传达信息有价值？这要视图表情境而定。谁是图表的受众？你是否已经得到了他们的注意力？他们需要对细节了解到何种程度？他们将如何以及在哪里使用这个图表？他们会花几秒钟还是几分钟时间在这个图表上面？

编辑自己写的东西是很难的。如果你认为有些元素没有必要，你可能一开始就不会把它放进原型图表中了。正如文字编辑们所说的，"杀死你的宝贝"⊖需要足够的训练。

有一个很好的方法可以强迫你批判性看待你放进图表

⊖ "Kill your babies"，出版行业俚语，指受出版物篇幅限制将文章改短。——译者注

的元素。利用下面这个简单的问题序列，逐个评估每一个元素：

哪些元素应该被保留？

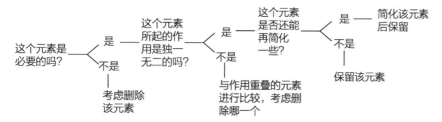

如果你完成了"交谈与倾听"和"草绘"两个步骤，并且你已经写好了"我想表达或展示什么"问题的答案，那么你可以用这个答案来确定某个元素是不是必需的。制作了上页的销售员业绩图表的那位管理者把他的答案写了下来：过往的业绩并不能很好地预测未来业绩。高绩效员工比你想象的更有价值，而低绩效员工比你想象的更没价值。

考虑到这一点，我们可以花几分钟时间用这个问题序列过一遍他原始图表中的每个元素。

标题一般来说是必要的。但这个标题的作用是不是独一无二的？不。事实上，图中一段说明性文字几乎逐字重复了标题内容。那就保留标题，删除说明性文字。标题是

否还能再简化一点儿？不能。那它可以保持原样。副标题的去留是一个更艰难的决定，因为它是对图表目的很好的总结。但它真的是必要的吗？它的作用不是独一无二的：它重复描述了图形的含义，而且 x 轴下方的说明性文字也重复了这一观点。同样的话用三种方式说了三遍——那就删除副标题。

图形区域的信息是必要的，作用是独一无二的，且无法简化——那么保持原样。我们已经判定说明性文字是多余的，但它确有一小部分内容的作用是独一无二的——它提到了计算未来盈利能力的公式，以及数据来源于一家 B2B 企业。这不是关键信息，不宜因它破坏读者对图形区域信息的专注，可以把它移到资料来源那一行。另外，关于高业绩和低业绩的两段说明性文字，它们对两类销售人员划分标准的描述是必要的。

在数据图表上，坐标轴一般都是必要的，但它们应该包含多少个区隔是有争议的，也是影响图表简洁程度的主要因素。简洁的可视化图表带来的轻盈感，通常是通过减少或删除图表的背景结构（参考线、刻度、数值间隔）来实现的。

把观点可视化——以简洁的形式

"可视化思维不是与生俱来的，是在实践中生成的。"

杰西卡·哈吉（Jessica Hagy）曾是一家广告公司的创意总监，现在是一名全职艺术家。"如果你能将观点可视化，"她说，"你就拥有了呈现信息的另一种方法——触动人们大脑神经元的另一种方法。"

哈吉专注于创作那些看上去极其简单，偶尔会带点诗意的概念型图表，发布在她的网站 Indexed 上。她的图表展示媒介就是普通的索引卡片。她的风格是极简主义的。她的主题往往是工作。她用她简单的图表来揭露现代办公室生活中那些不变的真理和赤裸裸的荒谬——它们是新时代的"呆伯特[⊖]"（Dilbert）。只是，哈吉通过寥寥几笔完成的犀利评论，在"呆伯特"系列中则需要三格漫画和几十个词才能做到。

哈吉每周都发布这样的卡片。最近，她接受了一个新的挑战：《图解孙子兵法》(*The Art of War Visualized*)——一部伟大的军事战略启蒙著作的可视化版本。在这个项目中，她稍稍拓宽了自己的风格，添加了色彩，以及厚重而有序的笔触，以迎合大胆的、军事风格的文字内容。但概念型图表依旧保持了极简和克制的风格。

如果你发觉自己像孩子们看到杰克逊·波洛克（Jackson Pollock）的油画作品时那样，在想"那也太简单了，任何人都能做到"，那你就错了。简洁是通过练习而收获的技能，而哈吉每天都在做这样的练习。她说："人们看到简单的作品，就认为创作这样的作品也是简单的。我可以告诉你，让事物看起来简单却能够带来洞见，或看待事物的新方式，甚至只是一句点睛妙语，都是需要做很多工作的。很多投入中也包括决定不要投入什么。"有时候，她需要读完整本书，才能做出一个图表。

哈吉说，她觉得自己很幸运，因为虽然做到简洁很难，但"实现它对我来说很有趣"。为了寻找灵感，她将身边的一切信息运用到了极致。"我偷听别人谈话，四处游荡，有时我把新闻打开，记下听到的某个有趣的句子。"

她从句子的结构入手，这与第 4 章介绍的"从描述可视化目的的对话中捕捉灵感"并无不同。

⊖ 美国漫画家斯科特·亚当斯（Scott Adams）著名的职场讽刺系列漫画。——译者注

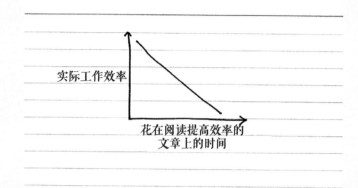

杰西卡·哈吉的极简主义风格的索引卡将简洁体现得淋漓尽致。

她说："我把听到的句子写下来，然后看看能不能把它做成图表。我可能会改变句子的主语，看看图表的效果会发生哪些相应的变化。我真的就是不停地在用我能想到的各种词汇去替换句子里的词汇，让图表的形式也随之变化（直到找到我想要的效果）。"

她编辑图表时也是毫不留情（她说"编辑永远是一项艰巨的任务"），她要做到让图表在抓住句子本质的同时，把元素数量减到最少。她创作的每一张索引卡，都要经过五次以上的改稿，以保证达到她标志性的简洁。

她说，这是很值得的，因为她发现图表越简洁，读者的感受

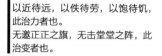

以近待远，以佚待劳，以饱待饥，此治力者也。
无邀正正之旗，无击堂堂之阵，此治变者也。

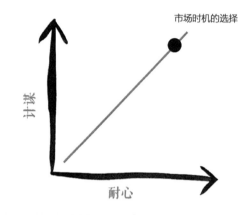

市场时机的选择

计谋

耐心

把两段文字翻译成一幅简单的图表需要的是时间、不懈的练习和不断的尝试。

越深刻。当读者发现，可能需要五六句话才能解释清楚的一个观点，用一幅图表就表现了出来，且一看即懂，他们瞬间就到达了"餍足点"。例如，你可能听过人力资源总监们将工作技能、绩效和工资之间的关系描述为：你挣多少钱是由你的技能的独特性，和你对该技能的擅长程度共同决定的，而最具价值的雇员就是兼具专长和高绩效。或者，你也可以直接看图：

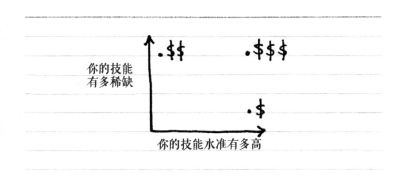

你的技能
有多稀缺

你的技能水准有多高

哈吉说，图表越简洁，读者的感受越深刻。

先来看看下页的三幅黄金价格图（我们稍后会回到对销售业绩图表的讨论）。

显然，没有网格线、标签较少的图表给人感觉最简洁，但这种极简主义是否永远是好事呢？我们需要考虑展示媒介：在纸上或手机屏幕上（这些形式允许观众花更多的时间来研究图表）展示的图表需要更多的细节，允许读者读取具体数值并深入研究。但对于演讲中使用的图表（你希望观众可以在几秒钟内了解图表含义），减少结构性元素会减少干扰，使人更容易聚焦于图表的观点。

问问自己：希望观众如何使用这幅图？如果整体趋势是重点，则要果断地删掉网格线和轴标签之类的参照点。传达"金价正在下跌"的观点可能不需要对 y 轴进行详细的刻度划分。但如果你希望就每月金价走势进行探讨，增加参照点数量是有帮助的。想象一下，你指着下页右边的图，对观众说"看看 11 月的黄金价格发生了什么变化"，相较中间的图表，想在这幅图中找到 11 月的黄金价格要难多了。

同样，左边的图 y 轴上的刻度如此密集，以至于很难将刻度值与图表中的具体位置对应起来。

让我们回到第 109 页上的销售绩效图：x 轴是必要

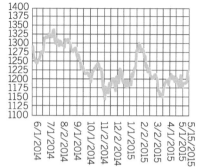

每盎司金价（美元）

情境：图表原型设计
用途：研究，自用，非正式场合
展示媒介：个人屏幕，纸面

资料来源：BULLIONVAULT.COM

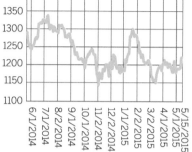

每盎司金价（美元）

情境："我们了解一下金价走势吧"
用途：分析，非正式 / 正式场合，一对一讨论，小组讨论
展示媒介：纸面，个人屏幕，大屏幕

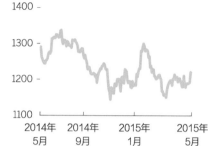

每盎司金价（美元）

情境："今年金价跌了"
用途：演讲，正式场合，小组或大组讨论
展示媒介：纸面，小屏幕或大屏幕

的，且作用独一无二，每一对条形都需要配一个标签。但我们应该在 y 轴上标注多少个刻度值？如果只划分成低、中、高三个值的范围，会不会对图表观点的传达产生不利影响？可能不会。那位管理者对图表目的的描述表明，比较两个时间段之间的相对值比确定业绩究竟是多少更重要。y 轴可以简化。

不过，总的来说，标签设置是简化图表的另一个挑战。许多管理者都会采用的常见方式是为页面上每个视觉元素都标上数值：

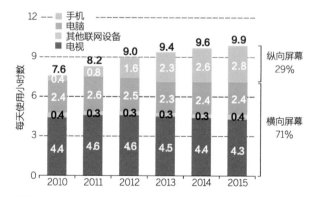

资料来源：MARY MEEKER'S INTERNET TRENDS REPORT

随着数值量的增加，标签会布满整个图形区域。但为什么要把它们放在那里呢？我们关注的是具体的值，还是图形的整体形状？可视化是一种抽象化的过程，而把每个数值都用标签标出来是具象化的过程，如果你觉得有必要把每一个数值显示出来，那么表格可能是更好的选择：

美国人倾向花费在不同屏幕上的时间

每天花费在屏幕上的小时数

	2010	2011	2012	2013	2014	2015
电视	4.4	4.6	4.6	4.5	4.4	4.3
电脑	2.8	2.9	2.8	2.6	2.7	2.8
手机	0.4	0.8	1.6	2.3	2.6	2.8
合计	**7.6**	**8.3**	**9.0**	**9.4**	**9.7**	**9.9**
横向屏幕占比	95	90	82	76	73	71
纵向屏幕占比	5	10	18	24	27	29

制作图形的那位管理者可能会说，表格有效性不如图表高，因为它不能让读者立刻识别出屏幕使用时间整体上升的趋势和手机屏幕时间占比不断增长的趋势。她是对的，但却非常不明智地在图形中把每一个数值都标注了出来：如果趋势和不断增长的份额是最重要的信息，那么具体的数值就不应该放进去，因为它们分走了我们对整体趋势的注意力。

她需要问自己：把每个具体数值标注出来对表达我的

观点是否重要？具体数值对观点的讨论是否必要？

如果这两个问题的答案都是肯定的，那么应提供一份表格。当然这位管理者也可以同时提供图表，但此时她的图表就可以简单得多。将原始图表与下面的三个修改版进行对比，后者把所有数值都展示了出来，同时也让趋势一目了然：

屏幕使用时长

平均每天使用小时数

	2010	2015
电视	4.4	4.3
电脑	2.8	2.8
手机	0.4	2.8
合计	**7.6**	**9.9**
纵向屏幕占比	95	71
横向屏幕占比	5	29

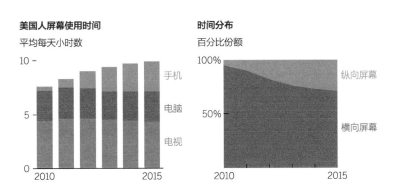

美国人屏幕使用时间
平均每天小时数

手机 电脑 电视

时间分布
百分比份额

纵向屏幕 横向屏幕

在不了解情境的情况下，没有所谓正确的答案。但标签数量越多的确越会降低图表的简洁性，并且要求观众自己来判断哪些信息是重要的。总之，大胆果断一点儿。可以删掉的元素几乎总是比你认为的更多——也比你愿意删的更多。在同事身上试试你的图表的极简版本，你会惊讶地发现，表达你的观点所需的元素竟如此之少。

图表不存在冗余的元素。删除重复元素（就像我们刚才所做的）有助于简化图表，而删除元素中的冗余设计也是一样。以下是一幅图表的标题和副标题：

WHAT IS MIDDLE CLASS?
Family income by city, 2013

文字内容清晰明了。但是，从设计上讲，标题存在很多冗余。为了使它更显眼，作者用了五种特殊设计：字号、加粗、下划线、颜色和大写字母。它成功地吸引了你的目光吗？是的。它需要这么多的设计元素来彰显特别吗？不需要。

副标题有两个设计元素：字号和斜体。但是，它字体较小，并且显示在标题的正下方，必定是副标题——斜体明显是多余的。

这就是所谓的"腰带＋背带"的设计。你不必两个都用，那么挑一个吧。通常，使用的特殊设计越少，图表越简洁。下面是相同内容的标题和副标题，但每个例子只加了一个特殊设计——字号、加粗或颜色：

What Is Middle Class?
Family income by city, 2013

What Is Middle Class?
Family income by city, 2013

What Is Middle Class?
Family income by city, 2013

你甚至可能会说，对于这两行内容，换行都是多余的。如果你想要安排更多的空间给图形区域，把标题和副标题放在同一行上，依然可以恰当展现出它们之间的关系：

What Is Middle Class? Family income by city, 2013

本书中的大多数图表都使用字号和加粗来区分主副标题。这是两种相当常见的区分主副标题的方式，当然也是很好的设计选择。前面那些只用一个特殊设计做区分的例子就是为了说明一个道理：你不需要过分强调元素之间的区别也能让它们发挥作用。对于轴标签、说明性文字、指示物等元素来说，这个原则尤为重要。与其把特殊性加诸每个元素，不如统一信息的设计风格，例如，文字说明、图例和标签可以共享同一个文本样式。用于元素的连接或分组的线条、箭头、框等标记往往也是多余的。通常，你根本不需任何标记，简单的对齐就可以实现相同的目的。

图表的颜色使用须克制。也许你希望图表引人注目，或者你的数据组别过多，但让图表过于色彩斑斓时，简洁性会打折。读者为了理解图表的含义，会注意到颜色的差异，好奇它们的含义。读者看到的颜色差异越多，就越需要努力分辨这些颜色区别意味着什么。每添加一个颜色时都请问问自己：为什么我需要进行这样的区分？它可以与其他信息共用一个颜色吗？

把图表中的颜色数量看作需要约分的分数。五颜六色的图表就像十六分之四，这一比率可以化简为八分之二，而最简分数是四分之一——找到足以保留区别的最小公分母。例如，第 97 页上本章的第一幅图把一天分成了 8 个 3

小时时段。我们在下面的图中展示了这样一个迭代过程，以表明减少颜色数量是如何提高图表有效性的。给每个时间段配一个单独的颜色会导致图很复杂，许多元素令我们的注意力分散。6 小时时段的图将颜色的数量从 8 种减少到 4 种，这帮助很大，同时足以很好地传达图的观点。颜色仍然纷乱，所以我们可以进一步迭代，将数据分为两个颜色组：午前的黄色和午后的蓝色，较浅的颜色代表非工作时间。图的清晰度有了明显的提升。

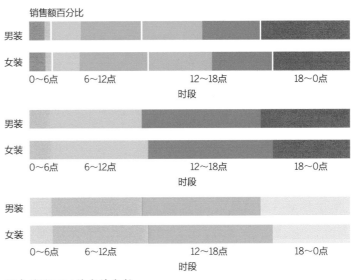

颜色就像可以约分的分数

这里还要指出：灰色是你的好朋友，它可以用来制造信息的层次结构。与彩色信息相比，我们通常把灰色信息当作背景信息或次要信息。它提供了背景，同时又不会喧宾夺主。⁵保留坐标轴，但把它们设置成灰色，让它们保留作用的同时，退到了重要的视觉信息之后。把提供背景信息的数据设置为灰色也能带来好处。本章前面曼斯菲尔德山积雪深度的图表是用彩色和灰色区分重要信息和背景信息的一个精辟示例。

颜色的选择也应该符合惯例。⁶对比数据就用对比色；互补数据就用互补色；一组数据就用相同或相似的颜色；"空"（低饱和度、更浅、更白）的颜色代表较低的值；"满"（高饱和度、更浓、更暗）的颜色代表较高的值。

勇气

你可能已经听说过这些关于"简洁"的智慧结晶："简单是复杂的最高境界"（达·芬奇）；"风格之美在于简单"（柏拉图）；"少即是多"（路德维希·密斯·凡德罗（Ludwig Mies van der Rohe）转述罗伯特·布朗宁（Robert Browning））；"简单很难"（很多人说过同样的话）。当然，

这些都是对的。但对管理者们，我这里有一句新的格言：简单意味着勇气。

管理者有着展示一切的冲动，这往往会导致图表信息密集而难以阅读。这些图表并没有传达出一个观点，而仅仅是将数百或数千个单元格中的数据变成了图表。这是知识的诅咒——我们认为有必要展示我们所知道和创造的所有数据；我们认为密集、复杂的图表传达着创作者的意志："我对我的领域了如指掌。看看我工作多么努力。"

必须根除这种根深蒂固的迷思：多就是好，复杂等于聪明。这并不能创作出好的图表。

站在一个重要会议的讲台上，展示的却是清晰、简洁的图表，这似乎是件可怕的事情。安德鲁·阿伯拉在帮助一些高管提高演讲技巧时听到了这个说法。"说到简洁和清晰，有一种正确的恐惧和一种错误的恐惧，"他说，"正确的恐惧是，你确实需要传达正确的信息、正确的细节。"这就是本书想帮助你做的事情。"但还有一种错误的恐惧：如果你不把一切都表现出来，他们就无法理解，或者他们认为你没有在努力工作。"某种程度上，第一个恐惧导致了第二个：我害怕我没有展示出正确的信息，所以我要展示所有的信息。"我研究这个问题已经很长时间了，"阿伯拉说，

"我现在就告诉你，没有什么比看到一个人拿着区区几张但十分出色的图表汇报更能让高管们开心的了。他们告诉我，'终于有人足够自信地只向我展示我需要的东西，而不是用60页的PPT来轰炸我了'。"

"有一次，"他继续说，"我帮助一位管理者准备向CEO汇报的内容，尽管他对此感到紧张，我们还是决定他应该仅凭他创建的一张出色的图表来完成整个演讲。CEO真的被打动了。他们花了3个小时讨论那张图表。"

扼要重述 让图表打动人

设计图表的目的不是让它更漂亮，而是让它更有效、更容易被理解。虽然我们大多数人能认出好的设计，但我们并不总是知道它为什么好。以下是在图表中制造良好设计感的一些技巧：

1. 聚焦设计的结构和层次，使图表给人感觉整洁或干净：

- 所有图表应包括四个元素：标题、副标题、图形区域和数据来源。图形区域包括数轴、标签，有时还包括说明性文字和图例。
- 坚持图表元素的权重分配标准：标题（约占图表面积的12%），副标题（8%），图形区域（75%），数据来源（5%）。
- 元素对齐：水平对齐线和垂直对齐线数量应尽量少。

2. 对于不存在观点理解障碍的图表，聚焦于图表的设计是否清晰。

- 在保持图表含义的同时，尽可能删除无关元素，要大胆果断。
- 所有元素为图形区域服务。利用它们来突出观点，而不是描述图表的结构。
- 消除歧义。确保每个元素都含义明确，且作用独一无二。

- 使用惯例和隐喻。利用观众的思维定式来帮助其理解图表，比如红色代表"热"，蓝色代表"冷"。

3. 聚焦于设计是否足够简洁，使图表看起来优雅或美观。

- 仅显示必要元素。每个元素都应该是必要的，作用独一无二的，并且呈现得尽可能简单。

- 避免"腰带＋背带"设计。每个元素一种强调形式就足够了。

- 最大限度地减少颜色的数量。灰色适用于背景信息、次要信息以及结构元素（如网格线）。

- 避免让读者视线来回游走。将标签和图例放置在它们所描述对象的附近位置。

第 6 章

让图表有说服力

用三步优化出更有说服力的图表

一位非营利性组织的管理者正在为一场面向 20 个潜在捐助者的演讲做准备，这 20 位潜在捐助者资金雄厚，且可选择的捐赠渠道甚广。这位管理者正在启动一项郊区扶贫计划，她想告诉捐助者郊区贫困情况严重且日益恶化。但她知道，要获得潜在捐助者的支持，她需要更多的论据。她已经预计到可能被提出的几个疑问，比如："为什么做郊区扶贫？它不会比城市贫困更糟糕吧？"这些捐助者要看到证据。她看到了一幅能作为证据的图：

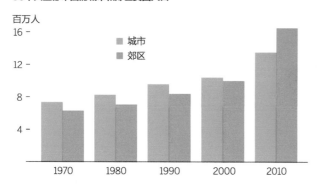

95个大型都市圈的城市和郊区贫困人口

资料来源：BROOKINGS DATA

图看上去不错，设计简洁且合理。所有信息都在里面：尽管城市和郊区的贫困情况都在加剧，但郊区贫困加剧更严重。但她对这幅图并不满意，因为她首先注意到的是贫

困加剧的趋势，一分钟以后才注意到郊区贫困的问题。因此，她要创建一幅更有说服力的图，以下是优化后的版本：

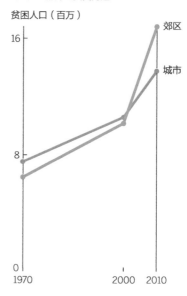

日益严重的郊区贫困问题

资料来源：BROOKINGS DATA

这个版本让她感到兴奋：它更易理解且更有说服力。观众可以立即注意到郊区贫困人口的激增，而且几乎同时会发现，如今郊区的贫困人口比城市中的更多。这个发现会让观众感到惊讶和被触动。

她是如何修改原来完全准确但不尽如人意的柱状图，

使其成为这幅她确信能够帮助自己拉到项目赞助人的图的呢？

证明观点

对于管理者来说，图表仅仅做到准确是不够的。你要揭示隐藏在数据中的真相，要提供论据，要争取注意力、资源和金钱，要向客户推销，要赢得新客户，要改变对方观点或植入一个新观点；你不只要让人们相信图表信息的真实性，还要让它引发行动，指明前路。

说服科学（persuasion science）定义了我们影响他人行为或思维的三种策略：**经济**（胡萝卜加大棒）、**社会**（大家都在这么做）和**环境**（牙科诊所播放的舒缓音乐）。图表基本上属于第三类策略。史蒂夫·J.马丁（Steve J. Martin）是该领域的重量级人物，也与人合著过几本关于影响力和说服力的书籍。他和其他学者研究了环境型说服策略是如何运作的，为我们提供了大量案例。[1] 例如，一位教授为调查问卷附上了手写便条，使得参与调查的人数翻了一倍；[2] 酒店改变了毛巾旁放置的标语牌上的措辞，使得毛巾的再利用率增加了 25%；[3] 当盘子的颜色与食物颜色差异较大时，人们会吃得更少。[4]

可视化图表的说服机制同样微妙、同样强大。马丁写道："虽然我们认为我们的决策是我们对事物不懈认知的结果，现实却不尽然。我们大部分的行为都是下意识地受环境的暗示驱使的。"

我们不是要做数据科学家。数据科学家的工作是将所有数据展示出来，尽可能客观地呈现所有可供分析的信息。这种做法对他们或者针对探索性可视化任务都是有意义的，因为目的是发现真相、验证假设或分析数据。但是，本章内容的关注点是如何做出能够说服观众、改变其观点的图表。

无须细想，我们也能认识到传递信息和说服他人的区别。这两种形式的沟通都是必要的：实况解说员会随时播报赛场上的每个动作，描述场上实际发生的事情；而赛事评论员会影响我们在比赛过程中的感觉。我们可以将一栋挂牌出售的房子准确地描述为"占地 5000 平方米，面积 230 平方米，有 4 间卧室和 2 个浴室"；或者，为了激发购买欲，描述是这样的："一个宽敞的、开放式的殖民风格住宅，有全新的现代化厨房，院落僻静，树木繁茂，景色极佳。"对一辆二手车，你用"用过的"（used）这个词，而卖家会叫它"有前物主的"（pre-owned）。两份报纸分别刊登了关于同一主题的一篇报道和一篇专栏文章，比较下页中两段文字：

报道	专栏文章
为节省 3.82 亿美元，预算案再次寻求让广受欢迎的密接空中支援攻击机 A-10（绰号"疣猪"）退役，此举势必激怒国会，因为国会去年已拒绝了一项类似的提案。[5]	我很理解五角大楼最近面临着预算压力，但他们的论证存在严重缺陷——如果我们在开发出替换机型以前就让 A-10 攻击机退役，美军将面临大量伤亡。[6]

报道比专栏更好吗？不一定，我们无法做出定性的比较。一个是信息通报，另一个具有说服性，它们使用了不同的修辞手法。[7] 报道描述了事实，其猜测（激怒国会）也有证据的支持（提案以前被拒绝过）。而专栏文章用了第一人称，带入了读者（"我们"），语言更个人化，更有对话感（"最近"），在没有证据的情况下提出了一项重大预测（"美军将面临大量伤亡"）。两段文字不相上下，每段文字在其语境中都是好的（相反，换到对方语境中便不好了）。

可视化也是如此。当你有了观点时，你可以运用一些

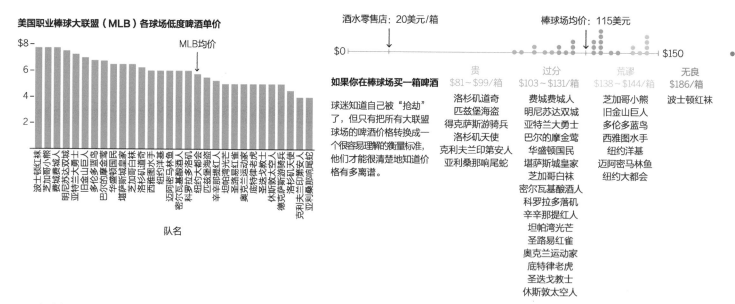

资料来源：TEAM MARKETING REPORT INC.

操控性技巧来增强图表的效果。这些下意识的暗示——颜色、对比度、间隔、文字、你选择展示的信息，以及同样重要的你选择略去的信息——都能让你的观点更容易被理解，同时增强图表的说服力。上一页的两幅图产生的对比效果就类似于报道和专栏的例子。

如果你想说服某些人"棒球比赛中出售的啤酒太贵"，你一定很清楚应该用哪幅图。但如果棒球协会的管理人想了解观众观看比赛的成本，那么如此有说服性的图是不合适的。诚然，这个例子有点儿极端，说服不必使用露骨的情绪化表达。在大多数情况下，管理者只是想要一个让观点更清晰、更有力的图表，而不是一个准确而设计良好但意图不明的图表。

三个步骤创建有说服力的图表

图表具有说服力，往往是因为人们的注意力很容易便被吸引到了图表的主旨上，能够很快消化图表[8]——说服科学家们称之为"重要信息的可获得性"。如果你让观点变得容易理解，观众往往就会觉得它更吸引人，更有说服力。[9]

哪幅图能更好地说服你，西海岸的销售团队存在问题?

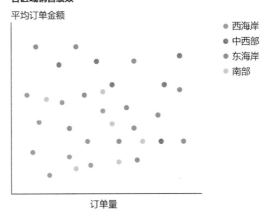

各区域销售绩效

平均订单金额

● 西海岸
● 中西部
● 东海岸
● 南部

订单量

资料来源：COMPANY RESEARCH

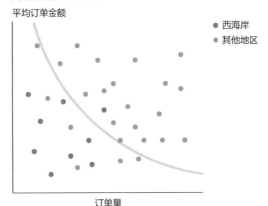

西海岸销售人员绩效不佳

平均订单金额

● 西海岸
● 其他地区

订单量

资料来源：COMPANY RESEARCH

用可视化改变行为

"平淡的信息怎么可能触发行动？"

内森·谢特利（Nathan Shetterley）的问题既非反问，也不为学术讨论。作为埃森哲的顾问，他正与一家大型公用事业公司的委托人合作，努力寻找改变其客户行为习惯的方法——说服他们高效节能。常规的建议是：用户提醒服务和技术应用（自动开关灯）。但谢特利有不同的想法，他想从改变客户账单上信息的呈现方式入手。

这个想法来自他的学生时代，当时他在魁北克市拉瓦尔大学（Laval University）读书。他加入了当地一家致力于改变消费者能源使用习惯的创业公司。该公司制作了一个监测能源消耗的App。如果该软件能帮助实现 15% 以上的能源节约，那么供电公司因此节约下来的资金，便会按比例分给这家创业公司。谢特

利回忆说："一开始并不顺利。当时公司陷入了'软件工程师式'思维。后来，我们把软件调整得更图形化，提高用户友好度。这些做法对业务发展帮助很大。"

最终，谢特利在这家即将失败的创业公司中发现了机会。"我对老板们说：'如果年底前我能卖出 x 美元，就让我来管理这项业务。'我实现了目标，成了公司的 CEO。"

几年后，他在埃森哲也遇到了类似的挑战。谢特利认为，将简单易懂的可视化图表加入客户账单中，可以改变客户的习惯。他发现，有家供应商在设计账单上投入的精力比其他供应商高出 100 倍左右。他回忆说："从长远来看，这家供应商并不是我们最便宜或最安全的选择。但我们整个团队——特别是我本人——都确信，在这个非常无聊的行业中关注在可视化效果上的投入，一定能让他们有所作为。"

事实的确如此，在账单上添加简单的图表似乎影响了人们的能源使用选择。而谢特利选择的那家供应商，OPower，也成了 21 世纪初所谓的"科技绿色泡沫"[○]中为数不多的成功者。

他的大胆选择和取得的成绩引起了大家的关注。从那以后，每当埃森哲科技实验室的人有可视化需求时，都会打电话给谢特利。他逐渐开始全职从事大数据项目，而且他始终专注于数据可

○ 绿色泡沫（green bubble）用于描述 21 世纪初清洁能源（包括可再生和不可再生能源）领域的投资过剩。许多企业因不具备可持续性而破产，最终造成对整个可再生能源行业的冲击。——译者注

视化方面的工作，因为"这是最不得偏爱的工作"。人们关注的焦点仍然在建立庞大的数据库和强化数据科学实力上，而如何将已经获得的数据表达出来却不是必须考虑的。

谢特利说："大数据项目与电费单类似，只是规模大得多。如果你把数据直接展示给别人，结果仅仅是对方看到了这些数据。你得把数据看透，考虑用户需要什么。用咨询顾问的行话，你必须要回答这个经典的问题：我们想要的结果是什么？"数据科学家不太会这样思考问题，他们不会主动关注结果。对许多数据科学家来说，收集和处理数据本身就是目的。谢特利知道客户需要的不是用图表形式呈现出来的数据，他们需要的是观点。咨询顾问不会只是被动地呈现数据，他们想要的结果是说服客户，或者围绕观点展开活泼的讨论。

埃森哲的数据可视化流程已被标准化为一整套"视觉素养课程"——向数据科学家和其他非设计人员传授可视化基础知识的系列工作坊。"我们认为，数据架构、数据分析和数据可视化同等重要。它们协同作用，拿走任何一个，另外两个的价值都会变小。"

谢特利的可视化工作从提出问题开始，这些问题提供了可视化任务的情境：我们要实现什么目标？观众是谁？什么会让观众高兴，什么会让他们沮丧？我们手上有哪些数据？"不仅仅是我们已经有什么数据，"他指出，"我们还能拿到什么数据？"

然后团队开始进入"草绘"的步骤。"我们看到大多数（数据）工程师没有这个习惯，因此我们增加了这个步骤。"这个过程是迭代的，目的是让可视化专家和数据科学家保持同步，以及及时察觉是否需要改变工作路线（避免过多方向错误的无用的工作）。谢特利经常会使用咨询顾问的语言来形容自己的工作流程，称之为"通过设计的迭代进行期望管理"。他说："草绘可以帮助你找到可视化任务的边界。它真的很有用。"

不过，草绘步骤也不是所有人都能接受。"对于在 IT 领域工作了 30 年的人来说，动手画草图的想法糟透了。一开始他们很讨厌这么做，他们接受要求，然后输出结果——这才是他们习惯的工作方式。"不过，他们还是一起尝试了草绘，谢特利说，工程师们经历过几次这个步骤，就会爱上它。

建立可视化流程的一个令人惊讶的结果是，数据工程师也要求建立流程，但他们要求的流程相反。他们告诉谢特利："你要求我们加强可视化表达的能力，我们希望设计人员们能更了解数据。"因此现在，除了"视觉素养课程"，埃森哲也向可视化设计师提供"数据 101"课程[⊝]。

谢特利兼备数据分析和数据可视化两个方面的专长。但他表示，对于企业来说，更明智的选择是搭建混合多领域技能的

⊝ 一套数据处理和数据分析相关的基础技能训练。——译者注

团队，而不是去寻找同时具备数据可视化技能和数据分析技能的人。

"一个艺术家、一个分析师、一个软件工程师、一个架构师和一位管理者，这就是一个'五节点'团队。人数可以是5个，也许是3个，或者6个。但这种规模可调节的团队模式，能够保证企业在数据可视化上发展出核心竞争力。如果你想找的是独角兽，一个可以独挑数据可视化工作的人，那你看问题的角度就错了。"

"认真思考一下，就会发现这种做法的好处是显而易见的，但有段时间我们在可视化方面走得太远了。特别是在硅谷，我们总是对新的创意感到兴奋，谈论它们将如何改变世界。然后，在那之后，我们坐下来，说：'好吧，我们如何才能在现实中做到这一点？'"

上面的图可能看起来信息量更大，因为它包含了更详细的信息。但根据说服科学的理论，说服力的大小不在于你的信息有多详细和准确，而在于你是否将最重要的信息呈现得足够显而易见。这就是为什么下面的图看起来更有说服力。

制作这幅图的管理者用到的许多方法，与之前那位非营利性组织的管理者绘制郊区贫困增长图时使用的相同。想要提高图表的说服力，要聚焦于以下三方面：

1. 提炼图表主旨。

2. 让主旨足够突出。

3. 调整围绕主旨的图表元素。

提炼图表主旨。第4章介绍了对图表观点得出准确描述的过程，在这个过程中你已经在同步进行提升图表说服力的工作。再看看第122页的两幅城市/郊区贫困人数图，试着想象一下在"交谈与倾听"步骤中，可能会有哪些陈述为这两幅图表的创建提供信息。它们可能是这样的：

非劝说性的	劝说性的
我想要比较一下每十年郊区和市区的贫困人口。	我想要人们知道郊区贫困问题已经很严重且日益加剧，程度已经超过了城市贫困问题。

但有时候，你不会像这位管理者这么幸运，她的图表目的描述自然而然地带出了具有说服力的图表设计。要达到如此程度，你可以找个同事进行一轮简短的"交谈与倾听"。（如果你正在进行"交谈与倾听"阶段，把下面描述的过程加进去。）改变你的问题：不要问"我想表达或展示什么"，换成："我要让他们相信……"前者作为"交谈与倾听"阶段（以及更客观的可视化任务）的第一个自我提示，仍然是最合适的，它也许可以帮助你找到一个更有说服力的可视化形式；但如果你没有找到，而且你的图表的说服性也没有达到你想要的程度，那么后者也许可以提供帮助。举个例子：

请注意第二种提示是如何催生了更加情绪化的语言：你的目的已经从可视化一个观点（我想让你知道一些事情）过渡到了说服对方相信这个观点是好的（我需要你相信一些事情），而描述数据趋势（增长、下降、服务不完备）的词语必然会败给描述感觉的词语（伤害、帮助、饥饿）。

有一点需要注意：当你把"我要让他们相信……"作为描述图表观点的自我提示时，会很容易陷入无益的"情绪化的表达"。例如，描述园艺市场情况的管理者可能会说"我要让他们相信，他们对园艺人的看法是错误的，他们错过了一个重大的机会"。这样的图表观点描述无法为草绘阶段和图表原型设计阶段所用。这句话只是反映了他对图表的展示对象感觉，也反映了他预想中演讲失败会导致的结果，而不是他想通过图表传达的观点。

不过，通过与同事交谈，他的沮丧情绪可能有助于引导他得到更具有说服力的图表观点描述，特别是当同事问那句令人讨厌的"为什么"的时候。

我要让他们相信，他们对园艺人的看法是错误的，他们错过了一个重大的机会。

好吧，他们为什么错了？

我想表达或展示什么？	我要让他们相信……
· 我想展示一瓶啤酒在各棒球场的价格分布情况。 · 我想表明制造业自动化程度的提高和工作岗位减少之间的关系。自动化的应用让利润增加了，但对新型岗位的需求也增加了，而这些需求很难得到满足。 · 我想表明，增加工作时间并不会提高生产率，反而可能会降低生产率。 我想展示产品拆分销售与收益下降之间的关系。 · 我想表明，园艺市场是一个庞大且不断增长的，多样化且服务不完备的市场。	· 我要让他们相信啤酒在所有棒球场都贵得离谱。 · 我要让他们相信，虽然利润提高了，但机器人正在扼杀制造业原有的岗位，新岗位与旧岗位之间巨大的技能差距抵消了目前的短期收益。 · 我要让他们相信，我们做的这些额外工作效果都适得其反。这不仅没有帮助公司提高生产率，反而造成了损害。 · 我要让他们相信，把我们的软件套装拆分销售将对公司收益流带来毁灭性的影响。 · 我要让他们相信，园艺市场的增长来自那些渴望使用 App 的园艺爱好者和园丁们，而这些园艺人比他们想象得更年轻、更有技术头脑。

因为园艺人会使用 App 和网购。他们不是那些不会使用 iPad 的卢德主义者[⊖]。真的，每 10 个园艺人中有 7 个在 55 岁以下。

这就是他们错失的机会吗？

是的。园艺市场的增长大多是通过 35 岁以下的客户拉动。显然，他们会使用 App。即使是年长的园艺人也比人们想象得更懂科技。他们在网上购物的次数要高于一般人。这就是我想展示的。

现在，他已经收集到了一些可用的信息，并得到了一个修改过的，有说服力的图表观点描述，他可以开始草绘了。

让主旨足够突出。有了更清晰的观点描述，草绘和原型设计的过程自然会偏向更有说服力的形式。不过，运用一些设计决策和设计技巧，你还能更进一步放大图表的说服效果。具体来说，你可以强调和剔出你的主旨。

强调。我在下一页就是这么做的。粗体和彩色是视觉强调的一种方式。看图表时你是否对自己说："这个词很重要，我应该多多注意。"即便没有，你也一定会为这个视觉强调赋予特殊的意义。你对待这个词会和对其他词不一样。你更有可能记住它，因为我强调了它。

正如文本信息有多种强调形式，如粗体、斜体、全文大写、下划线、文字颜色和高亮；视觉资料也可以使用各种技巧强调关键信息和观点：彩色，高亮，指示物，标签——告诉我应该看什么，让我很容易就能看懂。

最明显和常用的强调形式是颜色。尽管去做：用鲜艳的色彩让重要的观点醒目，用浅色或对比色来弱化其他信息。那位非营利性组织的负责人为了使她的主旨成为最容易理解的信息，经历了几次颜色方案的迭代。

每次迭代都试图令"郊区贫困的加剧趋势"成为我们第一眼看到的信息，并利用对比信息——城市贫困趋势——来支持这一观点，而非争夺观众的注意力。

⊖ 19 世纪英国民间对抗工业革命的社会运动者。在该运动中，失业的传统手工业者常常发起毁坏自动纺织机的事件，以示对机器大工业的抵制。后世也将反对任何新科技的人称作卢德主义者。——译者注

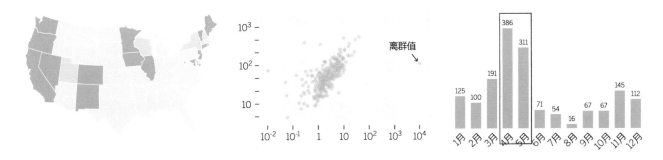

对观点的强调点
到即可。彩色的、
简单的提示词，
或标注分界线，
都能够引人注意。

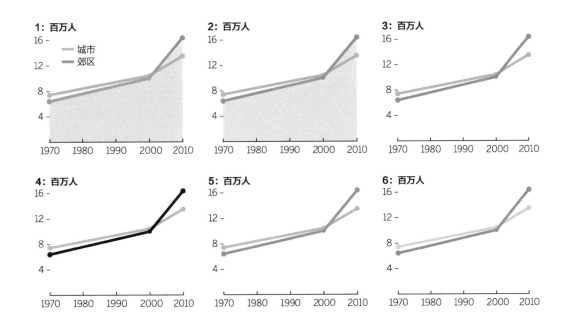

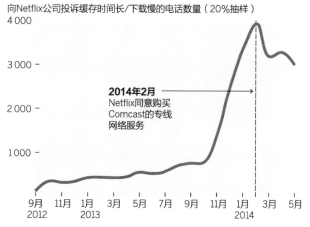

Comcast公司的慢网速令流媒体播放平台Netflix遭受用户量损失

向Netflix公司投诉缓存时间长/下载慢的电话数量（20%抽样）

4 000

3 000

2014年2月
Netflix同意购买
Comcast的专线
网络服务

2 000

1 000

9月　11月　1月　3月　5月　7月　9月　11月　1月　3月　5月
2012　　　　2013　　　　　　　　　　　　2014

资料来源：FCC REPORT, NETFLIX VS. COMCAST & TWC

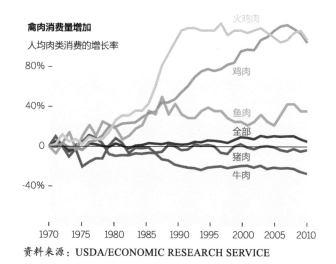

禽肉消费量增加

人均肉类消费的增长率

火鸡肉

鸡肉

80% -

鱼肉

40% -

全部

0

猪肉

牛肉

-40% -

1970　1975　1980　1985　1990　1995　2000　2005　2010

资料来源：USDA/ECONOMIC RESEARCH SERVICE

以下是前面五个迭代版本被否决的原因：

图1：半透明颜色的叠加制造了第三种颜色，这片色块占据了图表的大部分面积，并转移了人们对线条的注意。

图2：这比第一幅更清楚地突出了郊区贫困折线，但为什么一条线有阴影区域，另一条没有？阴影区域仍在分散注意力。

图3：较深和较浅的两条同色调折线暗示了同组的两个变量，而不是对比。她想要对比，而不是互补。

图4：黑线白底对比强烈，但黑色和蓝色的对比不够明显，黑线太突出了。

图5：更好了！但蓝色还是太过抢眼。

图6：最终的颜色选择。

标注分界线的做法看起来简单，但作用却很大。第125页的"西海岸销售人员绩效不佳"图上的灰色分界曲线令作者的观点异常明显，除了"这个团队的业绩低于预期"外，观众不可能做出其他理解；指示词也可以促使观众关注我们想要传达的观点；如果没有虚线和标签，就很难理解Netflix客户投诉图中表达的信息。

分界线的使用也可以起到评论的作用。"禽肉消费量增加"图的作者通过让曲线超越图的边界，对数据的合理区间做出了价值判断。违反常规走出边界的两道曲线立即吸引了我们的目光——它们意在说服我们，这两条线所代表的数值太高了。（同样，在显示棒球场啤酒价格的专栏版图中，轴线在达到最高值之前就截止了，这表明红袜队球场的啤酒价格已超出图的范围。）

"西海岸销售人员绩效不佳"散点图使用了另一种不太明显的方法，让观点更易理解。当图要表示人数或描述个体情况时，以个体（或个体的倍数）来表示的做法很管用，效果比对整个集合的更抽象的统计更好。在该图中，每个点表示一个人。同样的信息可以用更抽象的方式传达，但不会那么有说服力：

即使强调了西海岸的条形相对较短，这幅图的说服力也不如绘制个人绩效的图强。这是因为统计值是抽象的信息，而我们的大脑更喜欢关注具体的信息。[10]例如，以下哪幅图能够更令人信服地说明，高中篮球运动员晋级NBA的可能性极小，饼图还是单位图？

高中篮球运动员晋级NBA
高中篮球运动员比例

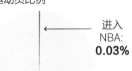

进入
NBA：
0.03%

未能进入
NBA：
99.97%

资料来源：NCAA RESEARCH

每10 000名高中篮球运动员中，有多少人能够进入NBA？

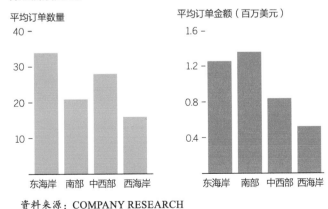

各区域销售员业绩

平均订单数量

资料来源：COMPANY RESEARCH

资料来源：NCAA RESEARCH

这些点将数据转化为我们可感知的个体——感知人数比感知 0.03% 这个抽象的数字要容易得多。（你可能花了些时间才找到那三个红点。但在本例中，不容易看到实际上也是有帮助的，这说明人数真的是极少，以至于你必须努力寻找才能找到。）

单位图传达了个体的概念，这使它成为一种常用的讨论个体情况的图表形式。且单位图可以非常有效地将风险和概率可视化出来（如 NBA 的例子，还有一些比较经典的可视化死亡率的例子）。[11] 单位图的另一个潜力很大的用途是可视化金额。我们经常会用构成比例的形式展示预算和支出，但是若能以"每单位资金所派用处"的方式呈现预算和支出，我们可能会更仔细地考虑资金的分配。

高分辨率显示器也推动了单位图的广泛使用，因为这些显示器可以清晰地显示微小的点，效果和印刷品一样。这类图表在大屏幕上的显示效果如何，是需要提前做好测试的。

剔出。我们可以对主旨进行强调，也可以通过弱化图表的其他元素来剔出主旨。弱化指的是对其他元素进行合并和删除。每一个具有独特属性的元素（比如独特的颜色），都会分掉观众对主旨的一部分注意力。独特属性元素越少，观众就越知道自己该往哪里看，也就越容易理解自己看到的东西。

图表制作软件无法自动完成对图表重点的强调。它们往往会为每个变量分配不同颜色，而不会考虑你希望观众最先看到的变量是哪些，也不会知道如何使用颜色或对变量分组来制造对主要信息和次要信息的区分。

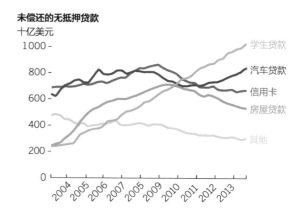

未偿还的无抵押贷款

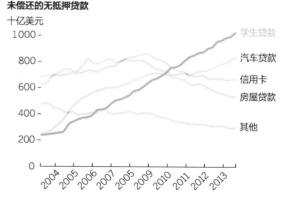

未偿还的无抵押贷款

资料来源：FEDERAL RESERVE BANK OF NEW YORK

每个变量都用亮色表示，导致没有一个变量被突出。第一个"未偿还的无抵押贷款"图最想表达什么观点？很多人首先看到绿线，因为绿线离其他曲线有些远。但这幅图其实是为了说服我们，学生贷款存在债务危机。现在你可能会发现，这个观点并没有那么容易被识别出来。将该变量剔出会让图表更有说服力。

尽管制图程序和在线服务能够做出相当好看的可视化图表，但它们尚不具备为读者提供线索的能力。这是有道理的：软件能够渲染数据，但好的可视化是用来表达观点的。所以我们仍然需要通过决策和技巧来干预图表的制作，使我们的观点得到高度的呈现。我正在使用的写作程序无法预测我想要将哪些词语加粗或斜体显示。由我来决定哪些元素需要强调——在恰当的位置使用恰当的效果。

调整围绕主旨的图表元素。让主旨突出最"简单粗暴"的方法是改变参照点——即那些与主旨对比或互补的变量。我们可以删除、添加或替换这些变量。

删除参照点。最近有人在推特上发布的一幅图与右上方的相似，配文为"不同年龄人群对产品的需求"。[12]

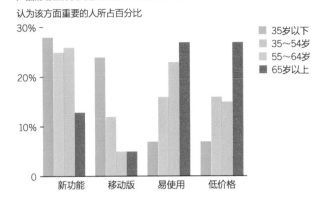

产品的哪些方面对你的购买决定最为重要？

认为该方面重要的人所占百分比

图例：35岁以下／35～54岁／55～64岁／65岁以上

资料来源：COMPANY RESEARCH

此图中的年龄划分是否有效？你看到了吗？你相信年龄分水岭的存在吗？这幅图能说服你吗？

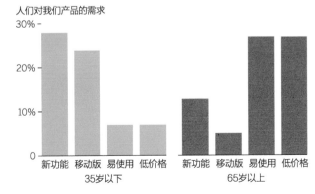

年轻人和老年人的需求相反

人们对我们产品的需求

资料来源：COMPANY RESEARCH

删除参照点使主要观点被突出了。这是一种比较激进的剔出主旨的方式。与其减少颜色或将非主要元素合并，不如将一些信息完全删除。在上一页的"需求对比"图中，中间两个年龄组被删除了，因为它们对说明"年龄导致分歧"的观点没有帮助。该图也是按年龄而不是按需求类型对条形进行了分组，这么做是有道理的，因为主旨是"年龄导致分歧"，这些分组数据就是我们比较的对象。

添加参照点。看起来，删除信息总是能让主旨更突出，因为图表上与它竞争的视觉信息变得更少了。但有时添加参照点也很管用，下面的"黑胶唱片重返潮流"图就是很好的例子：

1993年以来的黑胶唱片销量

（百万张）

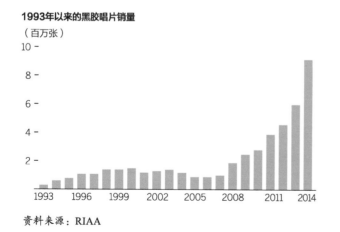

资料来源：RIAA

下面这幅图也很有说服力，它表明黑胶唱片市场并不存在强势回暖：

1973年以来的黑胶唱片销量

（百万张）

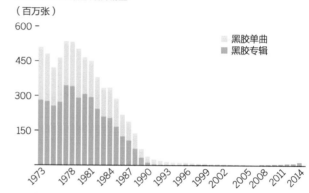

资料来源：RIAA

新的参照点无可争辩地改变了图表的说服性观点，在这个案例中把一个故事变成了另外一个完全相反的版本。

替换参照点。另一种改变叙事的方法，或者让观点更具说服力的方法，就是彻底替换比较对象：

专辑销量，2014

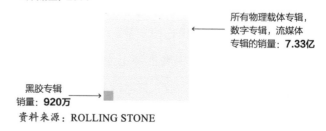

资料来源：ROLLING STONE

可能黑胶唱片真的经历了一个小规模的复苏。但是，当把这一趋势与新的参照点（各种形式的专辑总销量）相比较时，我们马上就能看到，它仍然只是很小的一块份额（1.2%）。

当新的参照点是大家熟悉的事物时，这种策略尤其有效。第124页的棒球场啤酒价格图，将每个球场的低度啤酒价格都进行了比较。问题是，各球场低度啤酒的量不尽相同。要公平地比较价格，必须计算出每盎司啤酒的价格。但是一盎司啤酒是多少？一口？两口？这个参照点不容易理解。我们通常不会按盎司数来计算（或购买）啤酒，都是成箱购买的。通过将参照点转换成一箱啤酒的价格，图表得以更快、更深刻地与观众达成对啤酒价格水平的共识。

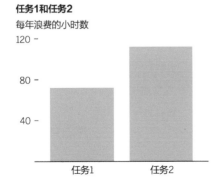

任务1和任务2
每年浪费的小时数

资料来源：COMPANY RESEARCH

再举个例子：一位经理想证明，技术团队应该将两个技术含量不高的任务自动化。虽然每个任务只需几秒钟，但两个任务都进行得很频繁。他想表明，每天执行这两个任务数十次，累加起来就变得十分耗时。所以他只是把任务重复数十次的时间加起来，制成了左图。

每年浪费的小时数是一个不错的参照点，但力度不够大——一年有成千上万个小时，所以100个小时看起来似乎没有那么多。但如果这位经理把参照点换成下图那样，他的老板就可能被说服并采取行动。

工作日数量——老板马上能理解它的意义。此外，这位经理没有把焦点放在这两个任务损失的时间上，而是放在损失了时间的人身上。新的叙事形成了：苏珊每年要花近3个星期的时间在这些琐碎的任务上。（也请注意，这位经理将条形图改成了单位图，五个色块代表1周。）

浪费在任务1和任务2上面的工作日数量：时间黑洞
每年浪费的工作日数

蒂姆：9个工作日　　苏珊：14个工作日

资料来源：COMPANY RESEARCH

这种做法创造了另一个容易理解的单位（工作周）来增加说服力。

你无时无刻不在说服别人

我们往往认为，当我们提供了全面的信息，且为我们的观点提出了详细、准确的论据时，我们是最有说服力的——内容越多越有说服力。

但从前面这些例子中可以清楚地看出，情况往往并非如此。说服力大小不一定会随着证据的数量或数据的广度和深度而增加。事实上，一些证据表明，为观点提供的论据过多可能会产生相反的效果。[13] 说服力强的图表往往更简单，能够有力地传达一个或两个主要观点，而不是不分主次地同时传达许多观点——当然，这还是取决于情境。

尽管本章的重点是构思和创建出能说服别人的图表（偶尔可能导致情绪化的表达），但你应该明白，无论你要创建什么样的图表，你永远是在试图说服别人。图表本身就是一种说服策略——一种利用视觉感知系统的压倒性力量，向读者传达比文本更令人信服的信息的手段。即使是一个基本的陈述性图表也是说服的形式之一，因为它是故意不带任何立场的。冷静能够显示观点的真实可信。

完全客观的图表并不存在，因为完全客观的大脑并不存在。人们并不喜欢一直被他人说服：他们认为这种情况应该发生在别人身上，而不是自己身上。事实并非如此。我们的大脑依靠启发、隐喻和经验来对客观世界进行理解的那个部分，作用是很强大的，在我们读图表时也是如此。观察这两条曲线，它们讲述了不同的故事。第一条中，你会注意到上升的趋势后是一个平缓期：上升然后平稳，很像飞机的轨迹。第二条中，你很难忽视那个陡峭的爬升，然后是几乎同样陡峭但更短、更曲折的下降，这更像是坐火箭飞船。

事实上，这两条曲线是在相同的轴范围上绘制了完全相同的数据得到的结果。唯一的区别是 y 轴的拉伸和 x 轴的压缩。那么，哪幅图更"客观"，更"正确"？如果 x 轴代表时间，它的宽度应该以多少为合适？当然，没有正确答案。宽度是任意的，通常由展示媒介决定。上页的图是为计算机屏幕设计的，而本页的图经过了调整，以适应智能手机的屏幕。

同样的数据，对眼睛和大脑来说却是完全不同的体验，进而导致不同的理解。这幅图的说服力可能像它的宽度一样反复无常：如果我需要用急剧上升来表现活跃的趋势，我会倾向于以一幅较窄的图来夸大曲线上升的那个部分；如果我知道我的老板倾向于希望趋势是相对稳定的，我可以把它拉伸开来。

每个图表都是一种操纵。如果我要传授说服的技巧，我必须要谈谈使用这些技巧的伦理。

扼要重述 让图表有说服力

仅仅让图表准确往往是不够的。管理者们可能需要揭示数据中隐含的真相，以帮助目标的达成——争取注意力、资源和金钱；向客户推销；赢得新客户；改变对方观点或植入一个新观点。让图表更有说服力，可以使用以下三个技巧：

1. 提炼图表主旨。

调整你的图表目的描述。不是问"我想表达或展示什么"，而是说："我要让他们相信……"这决定了你说服观众的内容和方式。例如：

我想表达或展示什么？	我要让他们相信……
我想展示产品拆分销售与收益下降之间的关系。	我要让他们相信，将我们的软件套装拆分销售将对公司收益流带来毁灭性的影响。

2. 让主旨足够突出。

使用简单的设计技巧来强化你的主旨。

- **强调**。添加能引起注意的视觉信息。例如，使用独特的颜色、指示物、标签和标记来吸引观众的注意力。
- **剔出**。通过减少所有其他元素的独特属性，让主旨突出。例如，将次要元素合并，使用灰色，或者其他可以淡化次要元素的方式，使主旨得到高度的呈现。

3. 调整围绕主旨的图表元素。

调整与主旨对比或互补的变量，让主旨足够突出。

- **删除参照点**。删除可能分掉对主旨的注意力或冲淡主旨说服力的数据。
- **添加参照点**。添加可以展现被隐藏的情境信息的数据。
- **替换参照点**。替换为主旨做参照的数据来制造新的情境信息。

第 7 章

说服还是操纵

真相的模糊边界

"这不是我发给你的图，也不是我要的图。"塔玛在电子邮件中写道，"我们见面谈吧。"科莱特情绪低落，她的上司——人力资源部的负责人，否定了她做的图。科莱特知道原因。之前，塔玛给她发了一幅图——这是塔玛对数据进行分析时用 Excel 直接生成的——并附了一段留言：

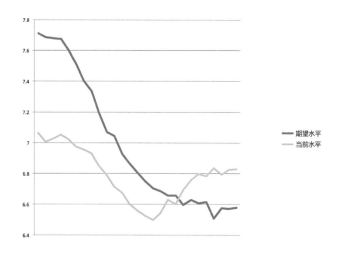

科莱特：附件是数据及其可视化草图。这幅图要在董事会汇报中使用，目的是展现：巨大的变化；反映员工当前满意度的 U 型曲线；年轻员工的期望满意度远高于当前水平，但这一差距在职业生涯中期开始逐步消失并且反转。重要的是，我们要在此次汇报中说明哪些员工满意度的问题需要解决，以便为员工参与计划（employee engagement program）提出预算方案。——塔玛

科莱特知道，公司要求员工们对目前的工作满意度和未来 5 年的期望满意度进行打分，分值在 1 到 10 之间。她看到，塔玛的图只绘制了平均分下降的区域，从 7.8 到 6.4——截取了 y 轴的一部分。她将塔玛的图重做了一次，创建了自己的版本，采用了范围从 1 到 10 的完整 y 轴：

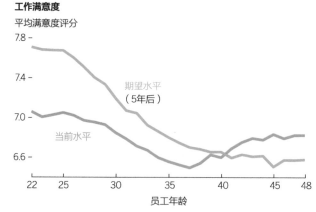

资料来源：COMPANY RESEARCH

看着自己修改后的图，科莱特想到了塔玛电子邮件中的关键词：巨大的变化、U 型曲线、远高于、反转。这些在塔玛的版本中表现得很清晰，但她自己的版本中满意度

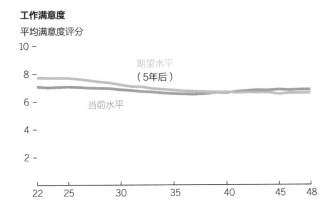

工作满意度

平均满意度评分

资料来源：COMPANY RESEARCH

水平看起来却是一成不变的——夹着一个小缝隙的两条平滑曲线，缓慢地收敛出一个不太明显的交叉。

科莱特认为自己的版本更准确地描述了数据及其含义。塔玛认为这使她原本有力的信息失去了说服力。当她们见面时，科莱特解释说，截取部分y轴的做法使得满意度水平的变化和差距看起来比实际更大了。塔玛回击说，像这样"放大局部"是公认可行的呈现方式——学术期刊文章和新闻文章也是如此；她甚至给科莱特举了几个例子。与塔玛交流过的所有同事都说，他们做过同样的

事情。总之，满意度水平的变化就是巨大的——塔玛坚持说："对我们公司来说，年轻员工的当前和预期满意度水平差距非常大；而当前满意度水平在30～40岁这个区间经历了先下降后反弹的过程，也是具有重大意义的。这些都是我们需要强调的——我们需要向公司争取资源。如果我们向董事会成员展示你的版本，他们就不会为我们的员工参与计划提供资金。想想看，我在汇报时说，'看看这个我们必须解决的重大问题'，而他们只看到了两条平行线。"

真相的模糊边界

谁是对的？有些人会站在科莱特一边（并感同身受）。即便你不是一个y轴"原教旨主义者⊖"，你也能看到截去y轴的顶部和底部是如何戏剧化地夸大了曲线的形状，以至于它改变了数据本来表达的意思。[1]有些人会支持塔玛，他们需要为团队争取预算，因此他们知道，虽然在全轴图上，这些变化看起来很小，但这些变化很重要，所以应该让它们看起来很明显。对塔玛来说，截取y轴的做法没有

⊖ 指某些宗教群体对教义的保守信仰。此处指坚持y轴范围必须完整的制图做法。——译者注

改变她的观点——全轴才会。

简单的对或错是不存在的。在视觉说服和视觉欺骗之间是否有一条明确的边界呢？就算它只是一条细线，至少我们可以看到它，并让自己站在恪守道德的一边。但事实上，这样的线并不存在。相反，我们要在真实性和不正当的视觉操纵之间推敲出一个模糊且不断变化着的边界。

马克·杰克逊

孤注一掷的职业可视化之路

"6年过去了，我不确定自己想做什么，我开始为前途担忧。"

马克·杰克逊（Mark Jackson）曾是毕马威（KPMG）的咨询顾问，数据分析是他工作的一部分，而设计图表和图形并不是。但他还是做了很多图表，并花了很多时间用 Excel 创建出他认为可能对工作效果有帮助的图表。但他很快感到心力交瘁。"无须在某一领域积累很深的经验，我就可以成为一名经理或总监，但这不是走向职业成功的好方法——我必须离开这条职业通道。"

他的声音里充满了疲倦。

于是，杰克逊加入了皮埃蒙特医疗公司（Piedmont Health-care），成为一名项目经理。在那里他保留了用 Excel 做可视化分析的做法，完成诸如流程改进、日程安排，甚至安排办公场地等任务。他还开始关注数据可视化相关的博客，阅读相关内容。可视化仍然不是他正式工作的一部分，但可视化工作继续占用着他大量的时间，而这也让他逐渐得到了上司的注意。

"我的职业生涯中突然出现了一道曙光，"他说，"在对一个心脏导管插入术实验室吞吐量的项目进行考察的过程中，我用 Excel 将所有数据做成了图表。那时我已经了解了塔夫特教授的可视化理论，我把这些图表做得非常具有'塔夫特'风格，结果是大家都觉得这些图表帮助很大。"杰克逊还创造了一种可视化方法，试图改变医生们对时间表的编排方式，从而改善病人的体验。"我们需要让医生们了解，他们的工作方式是多么的低效，如果他们能一次只专注于一件事情，他们的工作效率实际上会更高。"说明这一点很困难，却是必要的。医生的收入在一定程度上与他们的工作效率有关，因此除非确切知道改变可以提高效率，否则他们不会改变工作方式。"我们用可视化图表向他们证明改变之后的情况是更好的。"

终于，公司团队请杰克逊为一份报告设计 40 页图表，就在此时，他觉得自己已准备好全职从事数据分析工作中的可视化环节。"我对他们说，'我愿意把我的事业押在这上面——这就是未来'。就是说：'我能把可视化作为我的全职工作吗？'"

他们答应了。杰克逊现在是商业智能和报表管理部门的负责人，也是皮埃蒙特公司最权威的数据可视化专家。

要说清楚他是如何进行数据可视化的，并不容易。"这就像解释如何走路一样，"他说，"你自然就知道该怎么做。"杰克逊花了很多时间阅读关于可视化的文章，关注并模仿别人的作品。他会尝试别人尝试过的东西，然后根据自己的需要做出调整。

"要做出成功的可视化图表，关键是要问委托人为什么要做这件事情。"他说。这恰恰呼应了第 4 章所提出的，在"交谈与倾听"阶段要反复问的关键问题："为什么？""如果有人对我说，'我需要一份报告，能告诉我每个月的销售额的趋势'。这个答案就不够——你没有得到问题的答案，因为这个回答包含的假设前提有太多可能。所以我会强烈建议我们退一步，我会问：'你到底想知道什么？你为什么想知道这些？'你必须与他们一起深入探

究，找到答案。"

杰克逊还喜欢考虑他的图表的使用情境。他经常根据他认为读者有可能在一个图表上花费的时间，创建三个版本的图表，从最简单到最复杂分别是：高管 20 秒，经理 2 分钟，分析师 20 分钟。

"我也会留意他们想要如何使用这些图表。"他说，"我们目前仍然处于以纸面展示为主的阶段。门诊经理需要的是可以打印出来，方便带着四处走动并随时向人展示的图表。因此，我不会将他们的图表储存在图表绘制软件里面——我会制作一些打印效果很好的图表给他们。同时，我会准备具有交互功能的图表，提供给具备一定分析能力且希望探索可视化的人使用。"

如今，杰克逊通过不停地进行各种数据可视化试验，来提高自己的技能。他已经成为自己曾经拜读和模仿过的那些对象中的一员了。他为一些有争议的维基百科文章创建了交互式图，这些图因其引人注目的形式以及最终提供的分析结论在网上引起了极大的关注。

杰克逊说："这些图表乍看很美。但我更喜欢的是，在漂亮之余，它们还能告诉人们一些事情。"

在下一页的图中，杰克逊表达了他理解的可视化的娱乐价值和鼓励参与的作用。"有时，一个条形图便可以使你更快地了解某些内容，但人们希望能同时从图表中得到一些观赏性。不可否认，在商业活动中使用图表宜小心谨慎，因为人们只是想

要答案罢了。但我认为，我们仍然可以通过让图表变得漂亮（或者至少不那么难看），而兼顾到娱乐价值。我经历过许多枯燥的会议，听汇报的人到最后已经哈欠连天了。如果在你抛出结论的时候，听的人已经完全不感兴趣了，那么这样的演讲又有什么意义呢？"

这条模糊边界的一边是第 6 章提出的说服技巧——强调、剔出、添加或删除参照点；到另一边就变成了四种欺骗技巧：造假、夸大、隐去和模棱两可。对一个人来说是剔出有用信息——删除分散注意力的视觉信息——对另一个人来说就变成了隐去有用信息。我们也很容易理解，强调的技巧用过了头就成了夸大。

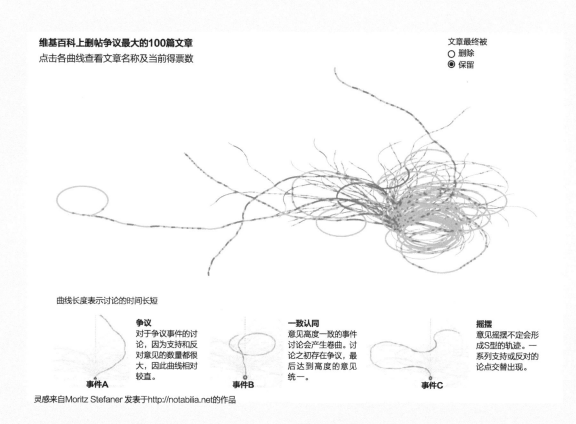

维基百科上删帖争议最大的100篇文章
点击各曲线查看文章名称及当前得票数

文章最终被
○ 删除
◉ 保留

曲线长度表示讨论的时间长短

争议
对于争议事件的讨论，因为支持和反对意见的数量都很大，因此曲线相对较直。

事件A

一致认同
意见高度一致的事件讨论会产生卷曲。讨论之初存在争议，最后达到高度的意见统一。

事件B

摇摆
意见摇摆不定会形成S型的轨迹。一系列支持或反对的论点交替出现。

事件C

灵感来自Moritz Stefaner 发表于http://notabilia.net的作品

对于造假，无须我多说，道德准则很明确：不要说谎。不要故意误导读者，不要创建类似下面的图表。

收入增长情况

累积收入（百万美元）

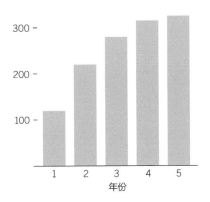

资料来源：COMPANY RESEARCH

在这幅图里，收入趋势看起来是向上的，但每个条形表示的都是累积值，既包括了往年所有的收入，也包括了当年收入。因此第一年的收入在图中出现了五次（见右上角的图），尽管只入账了一次。这幅图是连续的数据，是一条隐藏在一个数据分组形式中的趋势线：我们期望看到的是每个条形代表一个独立的值。右下角显示的收入下降趋势图才是更诚实的描述。

收入增长情况

累积收入（百万美元）

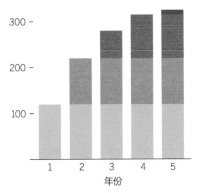

资料来源：COMPANY RESEARCH

5年收入趋势

年收入（百万美元）

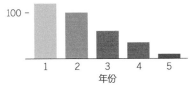

资料来源：COMPANY RESEARCH

探索灰色区域

纯粹的恶意欺骗并不多见，[2] 更多的情况是，管理者们会读到（以及创建出）像塔玛的员工满意度水平图那样的图表——与其说是故意误导，不如说是竭力劝服。这样的图表就是游离在诚实和欺骗之间的模糊地带了。如果劝服是一把剑，那么使用剑的方式可以是多样的：娴熟地使用，漫不经心地使用，鲁莽地使用，甚至是违法地使用。了解图表的骗术，就像学习用剑，以防不慎伤己伤人。

我不会列一个教条的注意事项表，告诉你做什么不做什么，相反，我会对三种最常见的令图表落入灰色区域的技巧进行说明，解释为什么人们想要使用这些技巧，以及为什么这些技巧的使用会产生问题。

截取部分 y 轴：夸大趋势。可视化领域对图的 y 轴的争论，就像语法专家们对于是否可以用介词结束一个句子的争论——即使我们知道这么用是不对的，我们还是会这么做，因为"语法正确"的表达方式往往效果不尽如人意。

它为什么可能是有效的。它强调了一个观点：从数轴上截掉空置的数值区域会增加各数值在图上的物理距离，细节被放大使变化看起来更明显，如左侧的塔玛和科莱特

的图表切片所示。

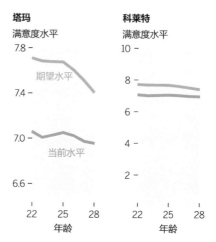

塔玛对于截取 y 轴的做法提出的论点是，不这样做，就很难看出当前满意度与期望满意度水平存在差距，而看到这样的差异很重要。这个论断是有道理的。科莱特用了整个 y 轴区间的 7% 来呈现这 7% 的差距，而塔玛则用了图垂直空间的近 50% 来呈现这 7% 的差距。截取 y 轴是放大细节和剔出主旨的一种方式，这和透过放大镜看图没有什么不同。

同样，如果数据值都处在远离原点的区间，要保持完整的 y 轴同时避免曲线过于平缓，你就必须用更大的空间来有效地展示图。[3] 你不得不调整图的高度和宽度，而这么

做并不明智：它使得生成的图看上去很奇怪，尽管它保留了原曲线的部分细节，但终究会分散读者的注意力，就像下面的图一样。

工作满意度
平均满意度水平

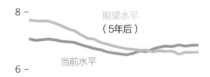

它为什么可能是欺骗性的。有人会争辩说，截取 y 轴的效果不是放大镜，而是哈哈镜，以选择性地夸大某些部分的方式来扭曲现实。下方的"度假"图上的曲线显示度假比例下降了 25 个百分点——从 80% 降至 55%；但它的下降趋势几乎覆盖了整个 y 轴，换句话说，该曲线以整个 y 轴区间 100% 的下降幅度，来表示这 25 个百分点的下降。截取 y 轴还会隐藏图的有效空间。下页左图斜线划分出的两个区域分别代表度假的人（下部空间）和不度假的人（上部空间），但左图中两个空间都不能准确地表示任何时间点上两组人数的相对比例。下页右图是按照正确的空间比例大致绘制的，两图对比显示了截取 y 轴的图表是如何扭曲了实际比例的。

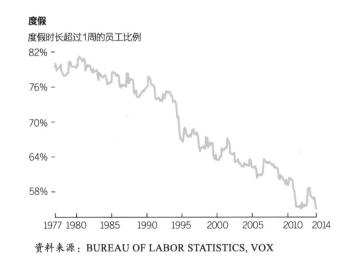

注意：有时人们将截取 y 轴等同于 y 轴范围不从 0 开始。但是，即使从 0 开始，截去 y 轴的顶部也会产生扭曲的效果。这种做法很少被注意到，并且鲜少激起 y 轴"原教旨主义者"的不满，但同样会隐藏图表的有效空间，特别是在 y 轴取值范围确定的情况下，如百分比。

理解截取 y 轴的结果，另一个好方法是从数据集中抽取三个值，并将它们转换为堆叠条形图，一组用截取的 y 轴，另一组用从 0 到 100 的完整 y 轴。

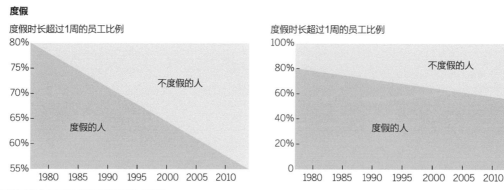

资料来源：BUREAU OF LABOR STATISTICS, VOX

数据		
员工人数比例		
	度假的人	不度假的人
1977	80%	20%
1995	67%	33%
2014	55%	45%

资料来源：BUREAU OF LABOR STATISTICS, VOX

与其评论它是有说服力还是有欺骗性，不如说截取 y 轴的图是明显错误的。以 1995 年的数据为例，度假人数比例为 67%，堆叠条形图应该是 2/3 的深橙色和 1/3 的淡橙色，但它的分界线却是约 50/50。截断 y 轴的做法对于分组数据而言是不可行的，大多数我们看到的类似做法往往意在欺骗。[4] 堆叠条形图的效果与第 149 页最初版的折线图的空间划分类似，只是折线图是连续的且数据点更多。

截取 y 轴还会带来另一个问题。我们知道，大脑的经验思维部分依赖于经验、期望和惯例来分配意义并形成叙述。大脑依靠直观推断快速领会含义，避免了我们就常见事物进行反复思考。研究表明，我们会为某些视觉线索赋予隐含的意义，比如向上表示肯定的，向下表示否定的。[5]

在我们的意识中，期望对大脑的作用是大于数据的作用的：如果图表中的曲线触底，我们将默认它接近零，或者为空。这就造成了一种错误的终止感。大脑预设的情况是"底部为零"，因此大脑会希望以符合预期的方式处理这个信息。当我们发现底部不是零的时候，我们就必须付出额外的精力来对看到的信息重新加以理解。同样，我们将图表的顶部视为峰值、顶点或天花板。截取 y 轴的度假图表引导我们认为：曾经的情况是每个人都会去度假，而现

在却没什么人去度假了。请将其截取 y 轴的版本与下面的完整 y 轴版本进行比较。

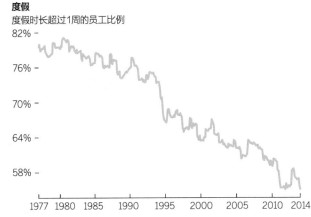

度假
度假时长超过1周的员工比例

资料来源：BUREAU OF LABOR STATISTICS, VOX

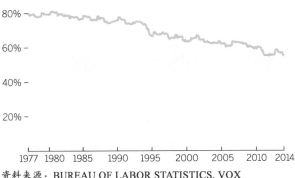

度假
度假时长超过1周的员工比例

资料来源：BUREAU OF LABOR STATISTICS, VOX

好吧，度假的人数确实在下降，但还是有很多人会去度假。从截取 y 轴的版本中你能看出这个信息吗？能第一眼就看出来吗？能快速捕捉到图传递的观点吗？你是否能从图中感知到，总体来讲，在近 40 年的时间里，绝大多数人都会度假，而且大多数人如今仍然保持着度假的习惯？

这就是为什么科莱特在对比了自己制作的图后会对塔玛截取 y 轴的版本一脸不屑。她认为塔玛的版本过于夸张，且具有一定的欺骗性。而在塔玛看来，年轻员工的当前工作满意度水平和期望满意度水平之间 7% 的差距是巨大的，而且期望满意度水平在不同年龄段中的波动幅度达 10%，这堪称很大的变化，应该突出显示出来。这是一个价值判断，是她自己设定的情境。若要用截取 y 轴的方式来证明这个情境的合理性，她必须相信自己是专业的，同时她的观众也必须相信她的判断是可靠的。

双 y 轴：比较苹果和橘子。与截取 y 轴的做法相比，双 y 轴图表不会引起什么反感。如果你在网上搜"截取 y 轴"，返回最多的结果是关于图表欺诈的案例，但如果搜索"辅助 y 轴"，返回结果则主要是教你如何在 Excel 中添加它。不过，图中双 y 轴的使用同样需要仔细审视。

它为什么可能是有效的。它强迫观众进行比较。它不

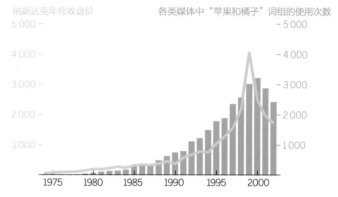

苹果和橘子

纳斯达克年终收盘价　　　　　各类媒体中"苹果和橘子"词组的使用次数

资料来源：LEXIS-NEXIS RESEARCH, NASDAQ

是劝说人们相信两个变量之间存在关系，而是直接用"命令"创造了两者间的关系。以上是我为一篇关于媒体中"苹果和橘子"这一词组的使用次数的幽默论文创作的图表。

我们无法做到完全割裂地解读图中的两种图表类型。它们同处一幅图的事实将迫使你把两个 y 轴变量联系成为一个整体，而非恰好共享同一空间的两个无关变量。这幅图是在表达什么意思？极有可能，你得到了我希望你形成的一个叙述：股市的上涨导致更多人使用"苹果和橙子"这个词组。

当然，这个叙述看上去就非常荒谬，但读者几乎无法做到不建立这样的联系。我知道会如此（或者说至少我

感觉会如此；创建这幅图的时候我还没有思考它的来龙去脉），因此利用它引导你去思考为什么两者间会存在这样的关系，何以得出这么荒谬的结论。双 y 轴可以引导读者得到你希望他们得到的结论。

它为什么可能是欺骗性的。以不同尺度绘制的曲线或条形在高度上的相对相同或相异，远没有看上去那么有意义。最简单的例子是用两个 y 轴表示相同类型的值，但尺度范围却不同。

在右上角的图中，黄金和白银的价格似乎大体相当，同步变动。但第二个 y 轴的取值范围比第一个 y 轴的取值范围低两个数量级。（此外，两个 y 轴都是截取后的，因此两条曲线相接近的效果是人为制造的。）这意味着我们看到的两条线之间的联动效果是虚假的。图中蓝线较高的部分，白银的价格并没有高于金价；而两条曲线交叉时，价格并没有相同。这两个 y 轴都以美元为单位，那为什么不使用一个呢？

其结果正如右侧中间的图所示。但这样一幅图表的价值却不大：我们看不出白银价格的任何变化。解决这一困境的一个办法是显示价格的相对变化，如右侧底部图所示，而不是原始价格。

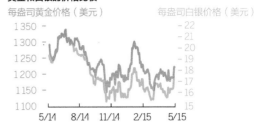

黄金和白银的价格比较

每盎司黄金价格（美元）　　　　　　　每盎司白银价格（美元）

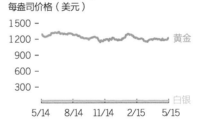

黄金和白银的价格比较
每盎司价格（美元）

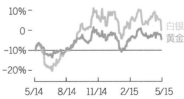

价格变化：黄金和白银
去年5月14日以来价格的变化率

资料来源：BULLIONVAULT.COM

在中间的图中，白银的价格是一条水平线，但实际上比黄金的价格波动更大——我们在第一幅图表中没有看到这一点，只觉得金价看起来变化更大。但从相对变化来看，从 1300 美元到 1200 美元的变化要比从 21 美元到 18 美元的变化小——尽管在同一空间使用两个 y 轴时，两个变化的斜率是很相似的。但第三个版本又带来了新的问题，它将主旨从贵金属的价格转移到了价格的变化上——从数值变成了波动。在变化率图中，读者无法知道任意时间点上黄金或白银的具体价格。

　　而当第二个 y 轴采用了完全不同的度量单位时，情况就会变得更加扑朔迷离。右图的一个版本曾经在网上发布过。

　　根据这幅图，我们很难不认为特斯拉（Tesla）的市场份额将在轻型车辆中逐步走强，因为它的销量曲线在代表所有轻型车辆销量的条形图中越爬越高。

　　但很不幸，这是一个假象。尽管到 2025 年，这条线达到了整个轻型车销量条形高度的 33% 左右，但它的 y 轴是以百分比而不是原始数值度量的。到 2025 年，它的市场份额将只有 3%——其实只占 2025 年预测销量的 1/33。下一页上部的图是对这一场景的准确描述。

　　当两个 y 轴度量的是两个完全无关的变量时，图会异常怪异，例如下页的"阅读页数与每页阅读时间"图。

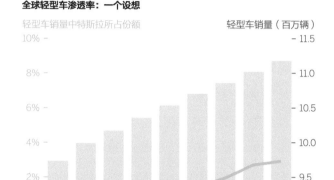

全球轻型车渗透率：一个设想

轻型车销量中特斯拉所占份额

轻型车销量（百万辆）

全球销量预测

资料来源：GOLDMAN SACHS GLOBAL INVESTMENT RESEARCH

　　我们的眼睛在物理空间中看到的所有事件——穿插、交汇点、趋势的背离和聚合——描述的关系纯属子虚乌有。在第 7 周和第 8 周，并没有发生每页阅读秒数超过阅读页数这件事，而且每页阅读秒数比阅读总页数高又有什么意义呢？这就像在同一个赛场上同时进行足球赛和橄榄球赛，我们却非要把它们当作一场比赛来看。

全球轻型车渗透率：一个设想

轻型车销量（百万辆）

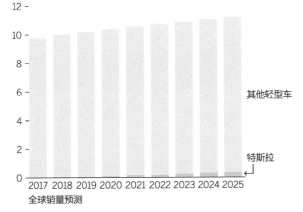

其他轻型车

特斯拉

全球销量预测

资料来源：GOLDMAN SACHS GLOBAL INVESTMENT RESEARCH

阅读页数与每页阅读时间

平均每页阅读时间（秒） 阅读页数（百万）

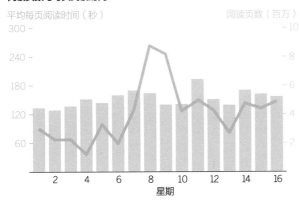

星期

资料来源：COMPANY RESEARCH

相关性不等于因果关系

死亡人数 销量（百万台）

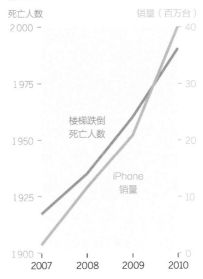

楼梯跌倒
死亡人数

iPhone
销量

资料来源：TYLERVIGEN.COM

　　无论如何，当看到绘制在同一图表中的两组数据时，我们的大脑就会开始围绕我们所看到的信息"合理化"出一个叙述。如果一个图表将截取 y 轴和双 y 轴结合在一起使用，就可以人为地将两条曲线捏造成相似的形状，来迎合大脑的叙事需要，例如上图。这幅图中两个变量在统计上是相关的。虽然不够令人信服，但我们还是会从中得出这样的叙述：楼梯跌倒事件的增加是由于更多的人盯着手机屏幕不放。[6]那么把这个视觉操纵的小把戏应用到不那么荒唐情景中时，会有什么结果？在这个数据集非常庞大且数据挖掘工具高度复杂的时代，正如斯坦福大学医学院教授约翰·约阿尼迪斯（John Ioannidis）所说，"为噪声冠以虚假的精确之名"变得更容易了。[7]下方图1就是一个很好的例子。

图中两个y轴变量的关系看起来似乎是确定无疑的。在一天中，销售额和客户服务电话数量之间联系紧密。这种联系可能会让管理者认为，客服人数应该根据公司预计的各时段销售额来配备——要赚的钱越多，安排的客服就要越多。尽管我们希望相信这两条曲线的贴合必然有某些

含义，但这种贴合实际却是人为操纵的结果。首先，这两条曲线能粘在一起，部分原因在于它们使用了两套不同的网格线。

图2标出了它们各自的网格线，显示出两条线之间的紧密贴合是人为操纵的结果。这就如同将两幅图分别画在两张半透明的纸上，在一张纸上滑动另一张，直到找到一个位置让两条曲线对齐。在图3中，调整后的两个y轴使得两条曲线得以共用一套网格线，画面就发生了变化。

两条曲线的相似性依然存在，但电话数量始终处于销售额以下了（请注意，两者的相似性仍然是无意义的，因

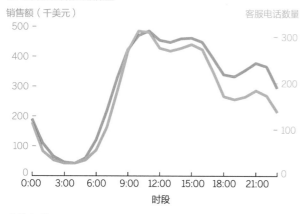

1：销售额vs客服电话数量

销售额（千美元）　　　　　　　　　客服电话数量

资料来源：COMPANY RESEARCH

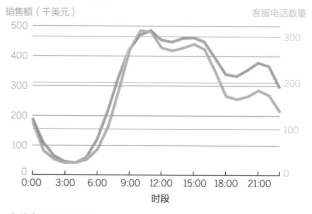

2：销售额vs客服电话数量

销售额（千美元）　　　　　　　　　客服电话数量

资料来源：COMPANY RESEARCH

为两个 y 轴的值域完全不同）。即便如此，我们也能感觉到销售额和电话量的浮动是同步的。这幅图仍然可以说服我们，客服人员配置数量应当以一天的销售额变化趋势为依据。

但是，如果我们撇开人为制造出来的曲线形状相似性，回归到数据，会发现怎样的结论？用相同的数据，我们将每小时的销售额和客服电话数量之比进行比较，就得到了图 4 所示的结果。

如果销售额和客服电话数真的像原始图所暗示的那样具有很高的联动性，那么这条线应该是基本水平的——随

着销售额的上升，电话数量也会增加。但这幅图讲述了一个不同的，并且有些微妙的故事：客服团队在清晨时段，每完成 10 万美元的销售，要处理的电话比白天中的其他时段多了很多。整个上午，这一比例一直在波动。在图 1 中的该时间段内，两条线几乎完全同步，但此时电话数量与销售额之比的变化却是最剧烈的。

图表最基本、最有用的作用之一就是对比。对比会形成一段叙述，而这段叙述是有说服力的。但是，将不同范围或不同度量单位的两组数据安排在同一个空间内显然并不简单。解决了一个误导性问题可能会引发另一个误导性

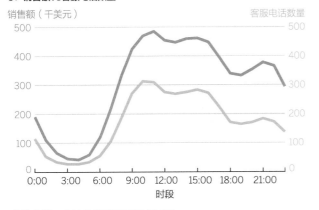

3：销售额 vs 客服电话数量

资料来源：COMPANY RESEARCH

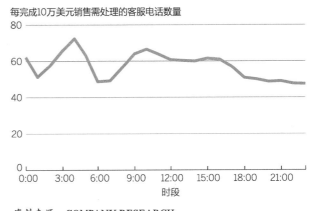

4：是否客服电话数量越少销售额越高？

资料来源：COMPANY RESEARCH

问题的出现。描绘诸如百分比变化之类的精确数据时，双 y 轴会让读者理解图表变得更困难，甚至可能会改变图表原本要传达的观点。

解决这个问题最简单的方法就是避免使用双 y 轴。将图表并排放置，而不要把一幅图表重叠放在另一幅之上。加上我们将在第 8 章中讨论的演示技巧，我们可以在做到创造对比效果的同时，避免引发读者对数据的错误理解。

地图：被歪曲的蒙大拿州和曼哈顿。地图本身就是对信息的可视化，同时也是数据可视化的重要载体。Tableau 和 Infogr.am 等工具使得将数值从电子表格分配到相应地理空间中变得更加容易。而彩色编码地图（分级着色图）的兴起，在有效性和欺骗性的平衡问题上催生了最艰难的数据化挑战。

它为什么可能是有效的。地图使基于地理位置的数据变得更容易理解，我们通常很熟悉每个地点所处的方位，所以很容易找到和比较参考点。例如，先将数据嵌入地图，再比较国家 / 地区之间的数据就容易多了，特别是在被测量的地点数量较多的情况下。比较下列太阳能储量的地图和条形图，看看你需要多长时间才能完成美国与日本，西班牙与法国，以及德国与澳大利亚之间的比较。

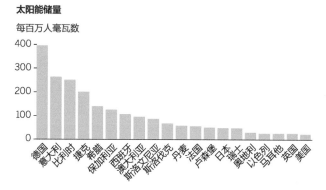

资料来源：CLEANTECHNICA.COM

资料来源：CLEANTECHNICA.COM

分级着色图还能够帮助我们看到其他形式的图表所无法呈现的区域趋势。例如，通过条形图，我们很难根据欧洲和亚洲在太阳能储量规划上的对比形成一些观点，但在地图上，我们几乎可以不假思索地做出判断。

它为什么可能是欺骗性的。 地理空间的面积通常与其代表的变量值有一定的差异，尤其是用地图表示人口时，就如我们在选举期间所看到的那样。你可以称之为"蒙大拿州–曼哈顿问题"：

人口密度：蒙大拿州vs曼哈顿

蒙大拿州
102.4万人居住在380 832
平方公里上

曼哈顿
163.6万人居住在59.5
平方公里上

资料来源：U.S. CENSUS

蒙大拿州–曼哈顿问题

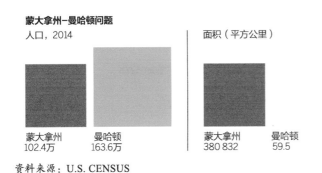

人口，2014　　　　　　　　　面积（平方公里）

蒙大拿州　　曼哈顿　　　　　　蒙大拿州　　　曼哈顿
102.4万　　 163.6万　　　　　 380 832　　　 59.5

资料来源：U.S. CENSUS

曼哈顿人口更多，尽管蒙大拿州的面积几乎是它的6400倍。还有另一种表达方式，即每个地方的每平方公里人口数。图中的每个点代表 7 个人：

从图中可能很难看到，但蒙大拿州平均每平方公里面积上也有一个点。因此，在选举投票期间，代表蒙大拿州

的涂色区域是曼哈顿的 6400 多倍，尽管居住在曼哈顿的人数比蒙大拿州多 60%。这种情况在世界各地都会发生。右边是苏格兰独立公投结果在地图上的显示，还有一个简单的比例条形图作为对照。

在地理上看起来势不可挡的胜利实际上并不那么一边倒。投否定票的一方大获全胜了，确实如此。但是，地图上只有不到 5% 的土地面积代表赞成票，而竟有 38% 的合法选民投了赞成票。想想看，在苏格兰那片广袤的北方红

苏格兰独立公投

多数表决制

   同意
   反对

资料来源：WIKIPEDIA

区——高地，总共只有大约 166 000 人投票——比格拉斯哥那个小小的蓝色楔形区域的赞成票数 195 000 还要少。

苏格兰独立公投结果

投票百分比

38%	47%	15%

赞成票
1 617 989

反对票
2 001 926

弃权/无效票
663 477

资料来源：WIKIPEDIA

但是，弃用地图又会重新使得我们无法利用对地理位置的了解来快速理解数值。下面的比例条形图让读者几乎不可能将地理信息和数值快速联系在一起，也不可能做出对区域数据的估计。

把数据呈现得更精确就会导致地理信息的读取更困难；相反，好地图往往无法准确地呈现数据值。这一悖论一直困扰着设计师、制图师和数据科学家们。一段时间以来，比较统计地图（cartogram）通过使用算法来扭曲地理空间，使区域的面积与其所代表的数值相匹配，成为一种广受青睐的解决方案。

苏格兰独立公投

公投票数　　　　　　　　　　　　　　■ 赞成　■ 反对

资料来源：WIKIPEDIA

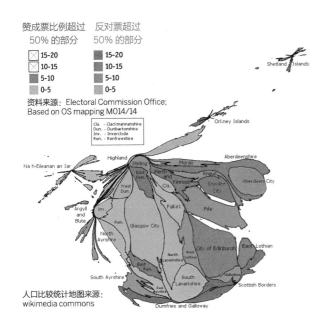

赞成票比例超过　反对票超过
50%的部分　　　50%的部分

☒ 15-20	■ 15-20	
☐ 10-15	■ 10-15	
☒ 5-10	■ 5-10	
▨ 0-5	☐ 0-5	

资料来源: Electoral Commission Office;
Based on OS mapping M014/14

Cla. - Clackmannanshire
Dun. - Dunbartonshire
Inv. - Inverclyde
Ren. - Renfrewshire

人口比较统计地图来源:
wikimedia commons

以上是苏格兰公投的比较统计地图。

这样的比较统计地图看起来像几团嚼过的泡泡糖,地理区域面积和该区域所代表的数值之间的差异越大,地图就越扭曲,几乎不可能还原地理信息。例如,在这幅比较统计地图中,北部的那片广袤的区域——高地——是一个被压扁的粉色涂片。

网格地图也是一种解决方案。在网格地图中,每个区域的大小相等,且位置与我们印象中常规地图上的位置大

致相符。区域的数值用颜色及其饱和度来表示。如本页所示,设计师们尝试了多种类型的网格地图。[8]

这些网格地图并不完美,与常规地图相比,在网格中抓取位置还需要费一些脑力。在六边形版本中,罗得岛州(RI)被怪异地放在了马萨诸塞州(Mass./MA)的东侧;在正方形版本中,华盛顿特区(DC)几乎与佛罗里达州接壤(Fla./FL)。当我想象一幅美国地图时,我认为堪萨斯州(Kan./KS)大致处于地图的中心位置,因此当我在正方形版本中寻找堪萨斯州的时候,却在那个位置找到了肯塔基州(KY),这令我感到非常困惑。四格一组的六边形版本在一定程度上解决了这些问题,但路易斯安那州(LA)和得克萨斯州(Texas/TX)的形状却有着不和谐的相似。另外,网格地图依赖于颜色渐变来显示区域之间数值的差异,当数据的取值有许多时,颜色饱和度等级之间的差异可能很难被识别。

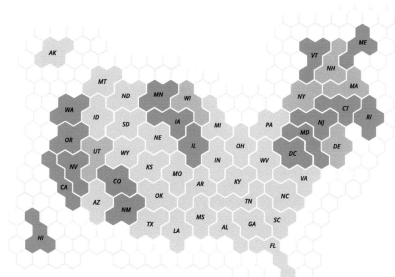

J. Emory Parker :: @jaspar
The Post and Courier

网格地图与比较统计地图相比，更接近常规的地图，但它们同样打破了人们根深蒂固的认知习惯——世界的形状——导致我们要花更多的力气才能找到目标区域的位置。这可能给读者带来挫败感，从而影响图表的说服力。

把握尺度

我认为，说服和欺骗之间的边界是模糊的。原因很明显，本章中分析的大多数例子并没有绝对的正确或错误，反而争议会始终存在。

同时，我认为这个边界是变化的，这也一定程度上导致了说服技巧的使用尺度很难把握。塔玛截取 y 轴的图表在某种情境下也许是可以接受的，但换到另一种情境下可能就是不合规的。即使是同一个会议中的两位同事，也可能对这幅图表是说服还是造假的问题抱持截然相反的意见。

要判断你的图表是否跨越了这条模糊的边界，与其他关乎伦理道德的问题一样，回归到你与自己内心的艰难的、坦诚的对话。问问自己：

- 我的图表是让理解观点变得更容易了，还是刻意令观点发生了改变？
- 如果它令观点发生了改变，那么新观点是否与原本说服力较弱的观点相矛盾？
- 删除部分信息后，是否隐藏了一些能够对我的观点构成合理挑战的元素？
- 如果这幅图表是别人向我演示时用的，我是否会感到被欺骗了？

如果你发现自己对这些问题回答是肯定的，你可能已经跨入了欺骗的领域。另一种自检的方法是想象有人在你演示的过程中对图表提出质疑，你甚至可以请同事来陪你练习。那么你有对质疑进行反驳的证据支持吗？你能否为自己和图表的可信度辩护呢？

当塔玛向科莱特给出原因（为什么她截取 y 轴的图是合理的）时，她就是在做这件事情。科莱特的反驳将迫使塔玛给出支持她观点的信息——甚至可能是新的图表——以证明满意度水平变化的重大意义，例如，即便是半个百分点的工作满意度提升，也会对公司的利润产生积极的影响。

至少，塔玛应该在演示图表时指出 y 轴是截取出来的，并准备接受他人的质疑。她需要能够解释，为什么在全轴图上看起来平坦而毫无变化的曲线别有深意。

和我们一样，塔玛应该少关注她使用的说服技巧是对是错，而应该确保这些技巧帮助她传达的观点是站得住脚的。

扼要重述 说服还是操纵

如果在使用中过于激进或鲁莽，说服技巧——强调、剔出、添加或删除参照点——可能会变成欺骗技巧：夸大、隐去、模棱两可。说服和欺骗之间的界限并不总是很清晰，最好的避免欺骗的方法是了解这些把你的图表带入灰色地带的技巧，理解为什么你会想要使用它们，以及为什么这样做可能不妥。我们讲了三种技巧：

1. 截取 y 轴

定义：

除去 y 轴的部分有效取值范围，从而抹掉图表中的部分数据。大多数情况下，此类图表的 y 轴不从 0 开始。

为什么可能有效：

它强调变化，使曲线变化幅度增大，曲线上一点到另一点的距离变大。它起到放大镜的作用，放大数据点所在的空间，删除了空白空间。

为什么可能有欺骗性：

它可能夸大或扭曲曲线的变化，使微小的增减都看起来十分"陡峭"。它打破了我们对 y 轴从 0 开始的预期，使图表有被误读的可能。

2. 双 y 轴

定义：

在一个图表的图形部分，设置度量两个不同数据集的两个纵轴，比如，一条曲线描述收入，另一条曲线描述股价。

为什么可能有效：

它可能迫使观众下意识地对放在一起的两个无关数据集进行比较。将不同数据集绘制在同一图形区域中，会让读者下意识地在两者之间建立关联。

为什么可能有欺骗性：

不同数值之间的联系是人为制造出来的。将两个数据集绘制在同一空间中会制造出曲线穿插、曲线形状相似或曲线间的距离等效果，而这些效果实际上毫无意义。

3. 地图

定义：

地图利用地理边界为相应的地理位置赋值，例如按区域划分的投票结果。

为什么可能有效：

定位是人类的一个认知习惯，它让我们能够快速将数据及其位置对应起来，而无须通过查询列表来匹配数据。它还使我们能够同时看到本地、地区及全球层面的趋势。

为什么可能有欺骗性：

一个区域的大小不一定匹配该区域的赋值。例如，一张开票地图可能 80% 的面积是红色，但这些面积只占选票总数的40%，因为面积较大的那个地理空间居住的人较少。

第四部分

演示与实践

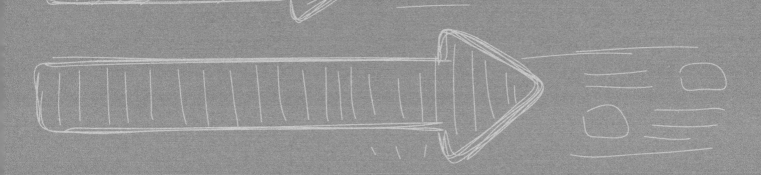

第 8 章

让图表演示有说服力

让好图表进入观众的眼睛和头脑

至此你已经构思并创建出了整洁且具有说服力的图表：好图表。但到目前为止，你的精力都用在了图表本身——寻找实现可视化以及优化可视化效果的方法。本章开始，我们将聚焦于帮助这个构思完美的图表得到观众的共鸣。

大多数人不太擅长这一点。我们创建了一个不错的图表，然后希望这个清晰的、不言自明的、有说服力的视觉传达小工具独立完成吸引观众的任务。但在精彩的演讲中，并不是文本本身导致观众有所反响，而是演讲者的表现使然。交响乐的乐谱不会打动人，是演奏者的演绎打动了人。

让一个好图表进入观众的眼睛并引发观众的思考，这才是最重要的。是好的演示效果让一个仅仅是观点论述充分的图表，变成了一个能够打动人的图表。

让图表"进入观众的眼睛和头脑"听起来像是比喻，但我要表达的就是它字面的意思。这个双重挑战包括：帮助观众真正看到图表——图表演示方式的选择；以及帮助观众理解图表——引发他们对图表的思考。我将对这两个挑战分别进行说明。

进入眼睛：演示

大多数管理者都学习过如何做演讲：阅读相关书籍，参加学习班，或聘请演讲教练。[1] 这些手段提供的演讲技巧对演示图表当然是有帮助的，但这些学习方法可能无法覆盖到更为具体的演示技巧，让图表更容易理解且更具说服力。

展示图表并停止讲话。研究人员预计，我们大脑活动的 55% 都用于处理视觉信息。我们可以粗略地将视觉系统解释为包含了一条处理空间信息和空间定位的大路，以及一条识别和理解视觉对象及其形状的小路。一旦有视觉信号输入，两条路都会繁忙起来。在屏幕上展示一个图表，大脑的整个腹侧会立即火力全开，寻找图表的含义。正如哈佛大学的视觉感知研究员乔治·阿尔瓦雷斯（George Alvarez）所说，"大多数时间，大脑都在处理视觉信息"。

因此，如果你刚放出图表便立即展开讨论，会提高观众理解图表含义的难度。他们的大脑真的很想把图表"看"清楚，而同时你却在要求他们聆听，这会分散他们的注意力。对大脑而言，视觉信息的处理非常"烧脑"，以至于我们一旦看到一些突出的视觉信息（如颜色或形状），就会立即屏蔽其他视觉信息（更别提声音信息了），以专注寻找眼前信息的意义。

相反，展示图表后，先沉默几秒钟。在心里默数五下，或许有帮助。先让观众的大脑与这个新看到的内容进行联结。你已经完成了艰苦的工作，让可视化图表清晰且有说服力；你已经将图表中突出的信息处理得极易理解；你已经用标题和副标题作为图表观点的确认性信息。因此，不要削弱自己努力工作的成果。让图表完成它的使命。

图表一出来，就想立即对它展开讨论——这样的冲动其实非常合理：毕竟你想确保观众能够理解图表，而沉默又确实会让你感到不安。但无可反驳的是，这暂停的几秒钟带来的效果，比你先发制人地说任何话都更有用。在教学中，长时间的沉默是一种被广泛使用的策略，名为"等待时间"或"思考时间"。[2]教师提出问题后，留有 3 秒以上的停顿，可以让学生更加积极、充分地思考，并得出更有深度的答案。

如果你在展示图表后稍作停顿，也能取得这样的效果。最终，观众中一定会有人用一个问题、一段分析或一个观点来打破沉默。你会发现，你还未讲一个字，你的图表已经引发了讨论。相比于直接告诉大家图表的观点，如果你能让观众自己从图表中得出这个观点，那么它将得到更充分、更深刻的讨论。听起来很矛盾，但是，就是沉默创造了这样的深度互动。

进入讨论时间，就不要再解读画面。在任何演讲中，失去观众的最简单的做法就是逐条朗读幻灯片上的每个要点。对图表结构进行解释的做法同样会严重分散观众的注意力。

下面是一段典型的配合图表演示的讲解词：

在这幅图中，我们展示了旅行舒适度与机票价格的对比。舒适度从 0 到 10 显示于 x 轴，机票价格显示在 y 轴。你可以看到，经济舱的机票（如蓝点所示）在价格上变化不大，但舒适度却变化很大。商务舱的舒适度和机票价格之间似乎显示出了相关性，但只有在高价格区域如此，而且相关程度并不高。

这位演讲者所说的一切我们都已经从图中看到了，他甚至说了"你可以看到"，而这显然是一个提示，就是他在浪费时间讲解显而易见的事情。如果观众看得到，为什么还要讲呢？

你不需要说每个轴代表什么——它们被标记得很清楚。你不需要指出每个颜色代表什么，这些也标记清楚了。一旦到了讨论时间，请讨论观点本身，而不是展示这个观点的图表。这里有一份新的讲解词提供给这位演讲者：

（5秒后）除非为经济舱和商务舱都支付最高等级的价格，否则金钱似乎无法为飞行带来更高的舒适感。大多数旅行的舒适度都是平均值——中等水平——无论我们是购买5500美元的商务舱机票，还是2200美元的经济舱机票。这表明，只有最昂贵的商务舱机票才值得我们为提升员工出行舒适度而支付的额外费用。既然我们知道决定舒适度的不是价格，就应该寻找真正的决定性因素，这样我们才能用最好的成本来保证员工商务出行的质量。

这里没有谈到数轴或颜色，也没有讨论散点的集聚情况。演讲者说的话都是关于观点本身（钱买不到舒适度），以及对这个观点的分析（大多数商务舱机票都是不值得购买的），并引出了议题（如果价格不能决定舒适度，什么能？），最后提醒大家对这个观点进行讨论的意义（以合理的成本保证员工的舒适度）。[3]

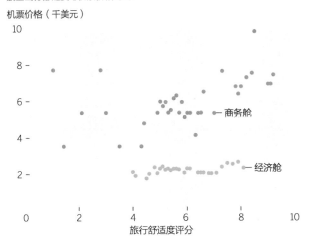

航空出行舒适度与机票价格对比

机票价格（千美元）

资料来源：CARLSON WAGONLIT TRAVEL (CWT) SOLUTIONS GROUP, TRAVEL STRESS INDEX RESEARCH (2013)

请注意，讨论图表观点（而不是解释数据和图表结构）的做法自然地让演讲者使用了更人性化的语言。他在讨论员工的舒适度和商务旅行的质量，而没有讨论价格与舒适度的比率，这样很好。演讲大师南希·杜瓦特（Nancy Duarte）对我说过："不要表现得像是在展示一幅图表，要表现出你在展示某项人类活动——人们做了哪些事情，因此曲线上升或下降了。不要说'这是我们第三季度的财务数据'，要说'在这部分，我们的目标没有完成'。"

在演示过程中为观众解读图表的结构，这通常是你对图表缺乏信心的表现。如果你不确定观众能否理解图表观点，那么你可能没有足够好地将主旨突显出来；如果你发现自己在对图表中最突出的信息进行解释，那么你也许还没有把它强调和剔出到位。请抑制自己讲解图表的冲动，让这 5 秒钟在沉默中度过，观众们反馈的问题和评论将会是对图表有效性的公投。如果人们问的是图表的数轴和标签，以及他们应该关注图表的哪部分，那么这个图表还需要改进。

使用形式非常规或者有额外情境的图表时，对观众加以引导。 大多数情况下，你应该避免谈论图表本身，但也有例外。非常规的或复杂的图表形式，可能需要在讨论观点之前加以简短的解释说明。对图表的熟悉程度确实会影响观众理解可视化图表的能力，例如，你不能将下面的冲积图抛给观众，而不对其工作原理进行一些基本的解释。

这样的图表可能会引起人们的兴趣和赞叹，但如果观众无法从中找到意义，他们很快就会认为这个图表不重要，只把它当成一幅漂亮的图片；或者更糟糕，把它当成是取悦视觉的炫技，而非服务于洞见的工具。

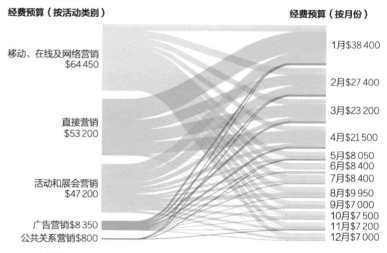

营销传播计划预算

经费预算（按活动类别） | **经费预算（按月份）**

移动、在线及网络营销 $64 450

直接营销 $53 200

活动和展会营销 $47 200

广告营销$8 350
公共关系营销$800

1月$38 400
2月$27 400
3月$23 200
4月$21 500
5月$8 050
6月$8 400
7月$8 400
8月$9 950
9月$7 000
10月$7 500
11月$7 200
12月$7 000

资料来源：COMPANY RESEARCH

这并不意味着你应该避免非常规的或复杂的图表形式：如果能很好地帮助你构建观点，它们可以成为吸引观众的有力工具。但是从"哇！"到"我明白了！"的时间必须足够短。要实现这个转化，需要在讨论图表观点之前，对图表的功能进行适当描述：

这幅冲积图显示了我们营销传播预算的支出在一年当中的分布情况。它让我们看清楚了三件事：一、左侧条形的宽度，代表了预算在各项目间分配情况。二、右侧条形的宽度，代表了预算按月份分配的情况。三、条形从左到右的流动，代表了每个项目的预算在一年中的使用情况。请大家看一下。（暂停5秒）从图中看，全年的营销传播活动大致可以分为两季：1月至4月，这一季时间较短，支出却非常、非常大。而5月至12月的一季时间较长，多个项目上各有少量支出。大笔的直接营销投资都用在了财年之初，而这也恰好是活动营销需要大量资金的时候。这样的预算分配合理吗？我们是否需要重新考虑预算的分配？

请注意，在本例中，虽然演讲者对冲积图的功能和机制进行了合理的解释，但她并没有对图表进行具体描述。她没有说：

绿色条形表示的活动营销占总预算的25%多一点，而这项支出整体略集中于年初，这一点你可以从流入1月和2月的条形宽度看出来。

对图表形式的解释要简洁、清晰和概括，而无须对编入图表的具体数据进行说明。

使用参照图表。 用几个原型设计的范例可以引导观众

对图表的含义有更清晰的认知。即使是基本类型图表，提供平均值、理想值等参照点都会让图表效果更好；对于非常规图表而言，效果就会尤其好。要评价汤姆的七项销售技能的水平如何，我们可以如下图中用数轴上的点来表示，也可以尝试下一页的蜘蛛图（也称为雷达图），它可以将多个数据点连成一个形状。在技能评分的点轴图中评估汤姆的整体表现会更困难，因为我们要先分别对七个离散数据点进行评估，然后凭直觉判断这个数据组合的含义。但有了蜘蛛图，我们看到了整体：一个形状。[4]

汤姆的销售技能评分

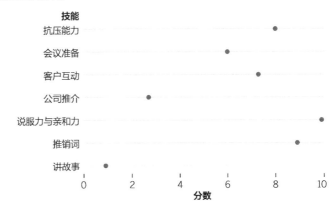

资料来源：COMPANY RESEARCH

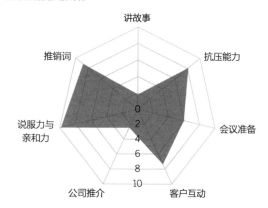

汤姆的销售技能评分

资料来源：COMPANY RESEARCH

但是，这个形状本身是没有任何含义的。单独呈现这幅图表将带来一些无法回答的问题：这个形状是否具有代表性？这个形状好不好？汤姆的总体分数很清楚，但图表的主旨，即汤姆的整体表现如何，却不容易理解。让我们添加两组原型图作为参照——平均分数即目标分数，并配以对蜘蛛图的讲解：

我们对偏向图表右侧的形状有所期待。这些技能与销售成功的联系更紧密。但我们销售团队的技能总体偏向左侧——那么，左侧技能获得优势是否是以牺牲右侧技能为代价的？汤姆的技能图形相较平均水平更偏向右侧，但请注意，他的能力形状是蝴蝶结形的，"蝴蝶结"中心的上下两项能力评分甚至低于平均水平，因此他必须提高讲故事的能力和公司推介能力，尤其是后者。我们需要在这些技能的提高上增加投入。

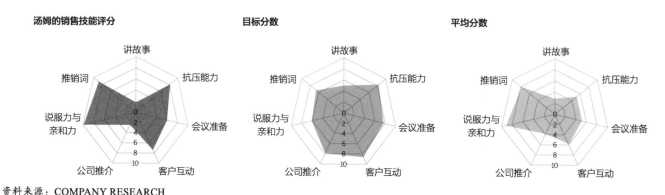

资料来源：COMPANY RESEARCH

请注意参照图是如何为汤姆的技能图表赋予了含义的。这些图帮助我们设定了期望值，并理解了图的含义——没有参照图，解读是任意的。此外，由于我们现在评价的是一个相对简单的形状，图不需要太多的细节，所以可以缩小。整个销售团队员工的评分可以分别以多个小图表示，几乎不需要额外的讲解。团队若习惯了使用这些蜘蛛图，甚至连标签都可以省掉。（记住，我们对某类图表的使用经验越多，提取其含义就越容易。）想象一下在销售仪表盘中，销售经理可以对团队成员的"能力形状"一目了然，如右上方图所示。

现在，没有标签，且只看过前面汤姆的一个例子，我们已经能够把能力形状最佳和最差的销售人员找出来了。

有重要的话要说时，先关掉图表。 这个演示技巧来自乔治·阿尔瓦雷斯，他在哈佛教课时注意到，在课堂上，只要他在屏幕上保留一个图表，学生们的眼睛就会盯住它不放。甚至当阿尔瓦雷斯已经进入了下一个主题，他也能感觉到，即便在讲解重要内容，学生的注意力也并没有完全在自己身上。

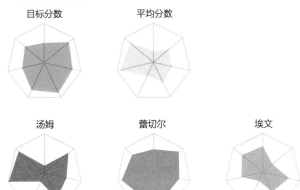

多名销售人员的比较

目标分数　　平均分数

汤姆　　蕾切尔　　埃文　　凯特琳

资料来源：COMPANY RESEARCH

有一天在课堂上，他首先向同学们展示了图表，然后，当他准备说一些学生们需要仔细听的内容时，他将屏幕彻底关掉。效果十分惊人：原本停在图表上的视线全部投到并锁定在了他身上。由于没有别的东西可看，学生们都聚精会神地听他讲话。

这个技巧不常见，且需要练习。（阿尔瓦雷斯提出这个做法后，我就尝试了。效果非常直接，甚至可能会让有些人感到不自在，因此需要时间适应，但这个技巧于我很合适。）每一次演讲都有一个时刻，你希望观众专注于你要说的话：这可能是你发出绩效警报，解释转变战略的原因，或者争取预算资金的时候。在这些关键时刻，使用图表的最好方法就是把它们收起来，不让观众自由选择注意的对象。

演示时使用简洁的图表，提供细节性图表供观众私下研读。图表的好坏取决于是否符合它的使用情境，我们都知道这一点。演示的情境下，图表需要做到简洁——你只有几秒钟的时间让观众理解图表。但没有人会阻止你制作一些更详尽的图表版本留给观众，供他们私下里以自己喜

欢的节奏更仔细地探索。

将销售团队技能水平的蜘蛛图（做演示或用于仪表盘的最佳选择），与汇集所有数据于一体的私下阅读版图表进行比较：

这幅图在屏幕上的播放效果不会很好——它包含了太多的数据点和需要关注的信息，也无法引导我们得到某一个具体的观点。但它可以用于垂直比较（例如，比较所有七项技能的平均分数和目标分数），也可以用于水平比较

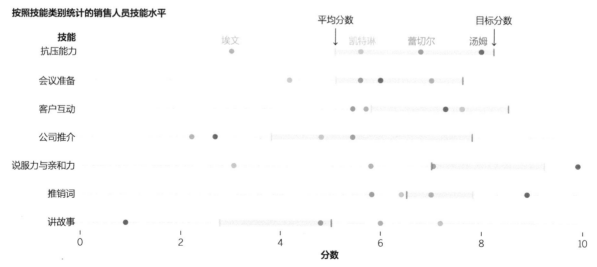

按照技能类别统计的销售人员技能水平

（比较某一项技能上每个人的分数情况）。

蜘蛛图让我们对每个销售人员的能力有了一目了然的感觉；而这种供演示后使用的图表让销售经理能够利用私下的时间，更深入地吸收图表中的信息。我们可以把它看作一项可视化发掘任务（数据可视化四个类型中的一种），在这个类别中，为了发现新的信息，我们可以容忍更高的复杂性。销售经理可能想证实或证伪某个"团队需要就该技能进行提高"的假设。他可能会根据自己发现的情况，记录下要采取的行动方针。例如，他可能会注意到，"公司推介"这项技能的目标分数附近没有圆点，整个销售团队在这项技能上甚至还未接近其应有的水平。

最后，将原始数据表格作为补充材料也是很好的做法。让观众花几秒钟便能理解的演示版本，需要花时间详细阅读和思考的个人阅读版本，以及原始数据表格，这种迷你的图表系统可以满足观众进行自己的可视化任务的需要，从而将你的演示的作用延伸到了正式的集体场景之外。

因地亚·斯韦林根

找到"顿悟时刻"

"这本非我的本职工作。"

就职于旧金山湾区联合之路（United Ways）的因地亚·斯韦林根（India Swearingen），谈到自己在数据可视化方面最初显现的专长时，语气近乎挑衅。她说："他们雇用我，是来评估这个项目的竞争力的。因为我有统计学背景，会做数据分析。"

斯韦林根似乎担心，她对数据可视化的熟练使用会导致人们忘记她是一名资深的数据科学家的事实。她说："我在大学里花了多年的时间努力学习高难度的高阶统计学。我认为这些技能对组织来说是最有意义的。"但当她向组织成员展示包含了若干图表的统计分析报告时，回应她的是大家困惑和空洞的目光。同事们并没有真正理解报告内容，因此她花费了比过去预想更多的时间，让自己的图表更加有效。"我发现，人们真的只是想知道究竟发生了什么。他们渴望了解最基本的事实。"

她自学了如何使用可视化软件，并不断改进视觉资料。斯韦林根意识到，她的图表越简洁，观众的响应越积极。她说："人们非常渴望了解全局，而我向他们展示了全局。我帮助他们做出了决定。我创造了这些'顿悟时刻'。"

没多久，她就被可视化迷住了。

斯韦林根完成可视化的过程与第4章中列出的交谈与倾听—草绘—原型设计框架不谋而合。她从了解观众开始，然后问自己，我的故事是什么？"故事将决定图表的形式。当我构思故事时，我会不停地思索，我想要他们看到的观点是什么。我不断地写，又抹去；不断用新的版本替代旧的版本，最终得到一个完整的故事线。"

然后她开始草绘——"大量地草绘"，在白板上，墙上，纸上。任何她可以想到的图表形式都可能最终帮助她创造顿悟。她把这部分工作叫作"视觉化"，因为这是观点和故事开始获得视觉形式的时刻。相对而言，实际制作图表的过程，只是将她在草绘阶段完成的视觉化观点制作成最终图表。

她会拿着草绘图，征求同事们的意见。"因为我没有数据团队，也没经过专业的可视化训练，我实在没有机会进行深入的评论会话，所以只能把图表拿给不同的人看。"她会询问来自各个团队的"最强大脑"们的意见——营销、领导层、项目开发，并收集他们对图表最真实的反应。"我听取他们的问题，了解他们思考的方向。我想他们并不真正了解我在做什么，也不了解他们是如何帮到了我，但这种方法很管用。它真正帮助我创建出了这些能激起人们共鸣的图表，因为我们在创建图表时所看到的和想到的，可能与别

人从图表中看到的不同。我们需要对他们的反应进行测试。"

几轮询问过后，当她发现大家看到图表后问的问题变少了，她知道是时候开始制作可视化图表了。至于"顿悟时刻"："我已经经历过很多次了。但我最喜欢的一次发生在最近。""联合之路"项目的顺利进行依赖于捐助者和志愿者的参与，斯韦林根认为，有必要从统计数据的角度更深入地了解影响参与积极性的因素。"组织外的人对我们组织的定位与我们自己对组织的认知是否一致？我们的强项和弱项是什么？如果我们组织得到的捐赠变少了，我们如何知道原因是什么？"她提议组织启动一次大规模的调查，来获取关于参与积极性的深层数据。这不是一笔小投资，而且她需要"基本上每个人"的同意，因此她知道这笔投资带来的结果必须是好的。她的个人名誉以及对组织的价值，某种程度上就取决于这个调查的结果。

当她在全员会议上演示此次调查的结果时，没有任何人会怀疑她对组织的价值。"这是真正愉快而完美的时刻，"斯韦林根回忆说，"是我加入组织后第一次真正意义上的互动式交流会议。我看得到同事们对这些图表表现出的认同：他们会提出高质量的问题，会根据所看到的图表得出一些结论并加以探讨。那些直觉性的判断得到了证实或否定。观众们不停地提出问题。"

参与激励战略及项目本身都得到了相应调整。斯韦林根也因此受益了：人们最初对于投资数据调查所持的怀疑消失不见了。"现在他们看到了收集、提交和跟踪数据的好处，"她说，"这是

一次很成功的演示，但如果数据量更大，它的效果会更好。"这句话又体现了斯韦林根数据科学家的身份。

斯韦林根在事业上的发展越来越好。"现在，我对团队有了特殊的价值，因为很多人会对数据可视化望而却步。但这种情况正在改变。各种工具的出现让可视化变得更容易，更多的人开始了尝试。我目前做得很好并正在努力达到更高的水平。"

"更高水平"的可视化活动将包含更多探索性可视化任务和交互功能。斯韦林根已经见证过可视化工具如何帮助她这样的非专业用户实现了交互式的可视化效果，她甚至看到这些技术渗透到了正式的演示情境当中——这样的进步让她感到兴奋，并察觉到变革的可能。"屏幕上投放了一个制作完好的图表，当演示过程中有人说，'我们想单独看看年轻群体和女性群体的数据'，观众立刻就能看到由过滤后的数据生成的另一个好图表——我想这会颠覆现有的演讲的形式。这些技术将赋予观众更多的主动权——演讲变成了台上台下共同完成的一项活动。"

尽管数据可视化不是她的本职工作，但斯韦林根对自己职业定位的转换感到开心："在这里我似乎向着数据可视化专家的方向发展了，而这项技能绝对促进了我的职业发展。如果没有这项技能，我的角色将是隐于幕后，回答各种关于数据的问题；而有了它，我在组织中及组织以外的形象都得到了真正意义上的提升。"

进入头脑：讲故事

以上讨论的演示技巧是具体的、战术性的，或者坦率地说，都是防守型的技巧。它们可以防止你做出削弱图表说服力的行为，并帮助防止观众走神。使用这些技巧，你能够顺利地让观众看到你的图表。现在，让我们聚焦于让图表的观点引发观众思考的过程——讲故事。

如今，在可视化领域，没有什么比讲故事更"流行"的了。围绕着如何用数据讲故事，甚至形成了一个完整的新闻学流派。我的推特中充斥着这样的链接：用 1 个、7 个、50 个图表给你讲清楚失业、气候变化、罗马帝国的故事。[5]

数据科学家们也利用叙述的方式，来讲解他们从庞大的数据集中发现的复杂模式；各种软件也致力于降低将多个图表串成完整故事的难度。

从某种程度上说，用图表讲故事不过是从善如流，而这场影响大、速度快的潮流正是由把故事当作销售、说服、领导的催化剂来使用的商业活动引领的。这场潮流的兴起主要得益于设计思维⊖的兴起和神经科学的发展。正如视觉

⊖　与分析式思维相对，设计思维是以人为本的设计精神与方法，考虑人的需求、行为，也考虑科技或商业的可行性。——译者注

感知科学家会说"大脑是为视觉而生的"，许多神经科学家会说"大脑是为故事而生的"。他们已经证明了，相对于一条条逻辑要点或一组组数据点，大脑对故事的反应方式是不同且更积极的。[6]在听故事时，大脑处于活跃状态的部分更多。故事能激发更多的同理心、理解和回忆，这就使得讲故事非常具有说服力。心理学家罗宾·道斯（Robyn Dawes）甚至认为，没有故事，我们无法很好地赋予统计数据以意义——"我们的认知能力在没有故事作为背景的情况下是关闭的。"[7]

以下是两个不同主题的故事。第一个是文本形式的。第二个是图表形式的。

整个20世纪90年代，直到21世纪初，铜价始终稳定在历史低价，约65美分每磅。但2003年一座矿山发生了滑坡，使得每磅铜价涨到1美元以上。2004年智利的一个矿产地发生罢工后，铜价超过了2美元每磅。在这些事件和持续高需求的共同作用下，产量降到了消费量以下，最终导致铜价在2006年达到近4美元每磅。

之所以选择不同的故事，是因为如果用同一个故事，读过文本再判断图表的优劣会变得困难。虽然故事不同，但你仍然可以比较对这两种表现形式的体验，因为它们的故事情节很相似——原本稳定的价格，因接踵而来的变故打破了供需

花生酱价格的上涨

每磅价格（美元）

资料来源：CPI

平衡而飞涨。

比较一下理解这两个故事的过程，留意看图比看文字快了多少。理解文本就像接收传输过来的信息，你需要费力阅读和思考；但在图表中，你一眼就可以看到价格峰值以及与之相关的事件，你不需要记住具体的数值（价格或日期），或计算变化的时间框架。你看到一段长时间的稳定

期，紧接着是快速的攀升——理解几乎瞬间达成。

因此，我们的大脑依赖叙事对统计数据进行理解。而如果叙事是用图像呈现的，那理解起来就更快了。因此，用图表讲故事是一个非常强大的展示观点的方法。如果我们更广泛地把讲故事定义为：将相关事件依照顺序进行呈现，那么即使一个非常简单的图表也可以被编辑成一个视觉故事。直觉上，我们知道这一点。因此，我们有时会在演示图表时说："这张图表讲述了……的故事。"

但在实操上，你需要知道，如何呈现图表，才能既迎合人类大脑对叙事的需求，又有效地利用可视化即时传递叙事的强大能力。这里有一些技巧：

制造紧张气氛。你的老板喜欢开玩笑，他走进会议室，然后唱了一段熟悉的曲调："A，B，C，D，E，F，G，H，I，J，K……"他停了下来。然后开始等待。这时，房间里的很多人会产生一种真切的紧张感——他们感到自己有义务完成这段旋律。实际上，这种做法非常容易抓住观众，直到这段旋律被唱完，大家才可能开始做其他的事情。他们一定做不到不把它唱完，不可避免地，最终一定会有人唱出"L，M，N，O，P"，甚至直至唱完整首字母歌。

如果你将一幅图表想象成一段旋律——线条到底是什么形状的，散点究竟是如何分布的——你也可以使用同样的方式抓住观众。在你将全部可视化信息展示出来之前，这个图表就是那段未唱完的旋律。

最简单的方法就是像这位老板唱字母歌那样，在自然停顿点之前停下来。"这是我们上个季度的客户评分，而本季度的客户评分（暂停）……"短暂的、意料之外的沉默会引起期待，让观众从各自的涂涂画画中抬起头，从自己的电脑屏幕上转开视线，专注于你的可视化图表，等待那个结局。

这个技巧鼓励了观众的参与。观众被迫去思考旋律将如何结束，他们会试着自己填补这个空白。鼓励他们这么做。展示给他们收益图的三个版本，请他们猜猜实际情况是哪一个，然后再揭晓答案；从条形图中撤下显示总收益的各部分分别来自特定产品的标签，请观众猜测各条形分别代表哪个产品；参考下页左侧的倾斜图和本页下方的解说词，保留关键信息。

（暂停 5 秒）本图所列的高校专业颁发的学位中，没有一个学位的女性占比是低于 40% 的。这显示了巨大的社会进步。但图中没有计入计算机科学和工程学这两个专业。（暂停）

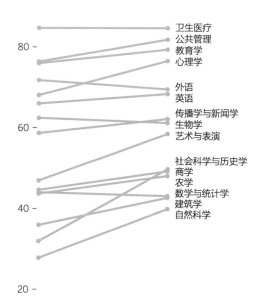

越来越多的女性获得了学位
美国受颁学位的女性百分比

卫生医疗
公共管理
教育学
心理学

外语
英语

传播学与新闻学
生物学
艺术与表演

社会科学与历史学
商学
农学
数学与统计学
建筑学
自然科学

1983 2011

资料来源：NCES

演讲人表达了自己向观众展示更多信息的意愿，观众也想知道那些未显示的专业会落在图中的哪个位置——许多人（包括你）已经在猜了。这对演讲人鼓励观众进行思索十分有利。"你们认为它们会落在哪里？"而且他让观众等候的时间越长，人们就越想得到一个答案——在进入下一阶段之前把这段旋律唱完。

还有其他制造紧张气氛的方法。用时间和距离可以营造出一种"浩瀚"的感觉或表现很大的数值。一个简单而有说服力的例子就是 distancetomars.com，一个带有动画效果的可视化作品：假设地球是 100 像素宽，然后在太空进行从地球到火星的"旅行"，同时能看到其他星球。离开地球几秒钟后，你就到了月球——距离地球 3000 像素开外。然后你再次出发（以等同三倍光速的速度移动）。10 秒钟之后，紧张感开始增强，因为你不知道什么时候才能"到达"火星。10 秒变成了 20 秒。然后是 30 秒。时间越长，你观看时的不确定感会越强烈。即使你之前已经知道了这样一个事实——火星是真的，真的，真的很远——你还是想要到达那里。

最终，过了大约 1 分钟，你终于到达了火星。感觉过了很长时间，但也不至于久到让你开始恼火或放弃，"好

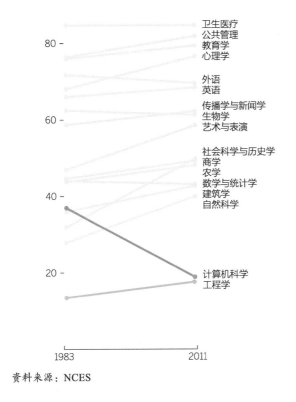

计算机科学专业人才流失

美国受颁学位的女性百分比

100 -

80 -

卫生医疗
公共管理
教育学
心理学

外语
英语

60 -

传播学与新闻学
生物学
艺术与表演

社会科学与历史学
商学
农学
数学与统计学
建筑学
自然科学

40 -

20 -

计算机科学
工程学

1983　　　　　　　　2011

资料来源：NCES

吧，我知道火星有多远了"。这就引出了使用制造紧张气氛这个技巧的第一条警示：确保自己在制造了紧张气氛之后，能及时地把它化解。

例如，你是否会因为仍未得知计算机科学专业的学位颁发给女性的百分比而感到困扰？你忘了那张图了吗？我可能因为让你等了太久才公布答案，同时又用其他事情来分散了你的注意力，而最终毁掉了这次制造紧张气氛的效果。现在紧张气氛已经不存在了，但你想看的图就在左边。

如果我的时机运用得当的话，这幅图将是一个强有力的"答案揭晓"。第二条警示：明智地使用这个"答案揭晓"技巧。紧张气氛产生了效果，是因为从某种程度上说，图表要表达的是一个很了不起的观点。一个没有任何惊喜的普通季度收入图表，不适合使用"制造紧张气氛"这个技巧。每个图表放出来都要暂停一会儿，所有视觉资料都要让观众猜测，这种做法会迅速惹人厌倦。

揭晓的答案越惊人，"制造紧张气氛"技巧的效果越好。受颁学位的女性占比图揭示的结果是意料之外的——即便你知道计算机科学学位颁发给女性的比例一定会更低，但你能想到它会比其他专业低那么多吗？你能想到这个比例会较 1983 年下降一半吗？

同样，当信息规模极具冲击力时，这个技巧也很管用。《华盛顿邮报》（*The Washington Post*）记者克里斯托弗·英格拉汉姆（Christopher Ingraham），为了帮助观众理解近期的一系列暴风雨过后有多少水涌入了休斯敦的水库，将这种制造紧张再揭晓答案的技巧运用得很好。水量多少是很难理解的，所以英格拉汉姆先从比较两个相对容易理解的事物开始——1 英亩英尺（1233 立方米）水量和一个人的身高——然后再引导我们进行对更大事物的比较。

"相当多，不是吗？"英格拉汉姆在进行第一轮比较之后问道。但你知道后面的对比效果必将是更具冲击力的。

第二轮比较结束后他说："但我们的比例尺还是不合适。"每比较一轮，观众的紧张程度都增加一点，但同时对我们讨论的水量之大的理解也在增加。[8] 这些到达结论的过程中用到的参照点无不让我们更想知道，这个究竟水量是有多"疯狂"（英格拉汉姆的话）。

"现在我们已经有眉目了。"他在第三轮对比结束之后写道。到了这一刻，我们会觉得他是在耍我们。但我们需要把这段旋律唱完——到底有多少水流进了休斯敦的水库？

最后，要揭晓答案了。他解释说，这些水足以满足6400 万人一年的用水量。得益于他讲故事的方式，这次灾难的规模更好地得到了理解。

1 英亩英尺水
1233 立方米

人类
1.83 米

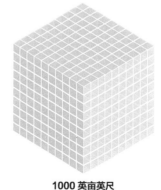

1000 英亩英尺
1 233 482 立方米

自由女神像
93 米

人

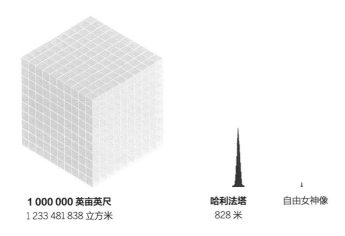

1 000 000 英亩英尺
1 233 481 838 立方米

哈利法塔
828 米

自由女神像

前后对比图对于制造紧张再揭晓答案这一技巧也非常有效。想想那些房屋改造节目，我们之所以不换台，就为了看他们如何将一个浴室从破旧不堪改装得令人惊艳。诱饵替换法（Bait-and-Switch），或有时被科学家愉快地称为"诱饵程序"，也适合用来做最终的答案揭晓。[9]

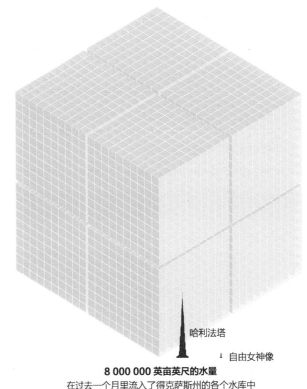

哈利法塔

自由女神像

8 000 000 英亩英尺的水量
在过去一个月里流入了得克萨斯州的各个水库中

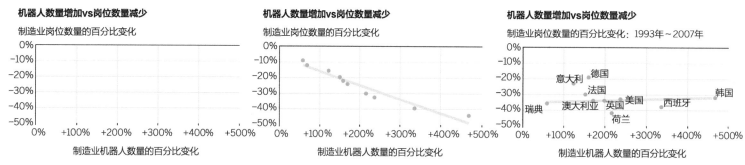

机器人数量增加vs岗位数量减少
制造业岗位数量的百分比变化

机器人数量增加vs岗位数量减少
制造业岗位数量的百分比变化

机器人数量增加vs岗位数量减少
制造业岗位数量的百分比变化：1993年~2007年

资料来源：GRAETZ AND MICHAELS，"ROBOTS AT WORK"，AND BROOKINGS INSTITUTE, MARK MURO ANALYSIS OF BUREAU OF LABOR STATISTICS DATA

（暂停5秒）机器人正在取代我们的工作，对不对？自动化系统消灭了制造业对工人的需求。我们想看看这个趋势是怎样的，所以我们决定看看过去15年中10个国家制造业的岗位减少量与机器人增加量的对比。我们预计会在这幅图上看到什么？（停顿，等待答案）对，随着机器人数量增加，工作岗位的数量减少。就是类似下面这样一幅图对吗？

（暂停5秒，等待观众的同意，然后点头）这图看起来没问题。但我们把真实数据绘制出来后，得到的却是这样一幅图：（暂停3秒）

我们都错了。两者之间根本不存在相关性。事实上，

在英国和瑞典（制造业岗位减少最多的4个国家中的2个），机器人的普及速度比其他国家要慢得多。

在这组图中，中间图表的作用是引诱人们去肯定之前的猜想，而揭晓的答案却与猜想的完全不同。这使得观众对之前的演示内容整个过程进行思考——为什么不是我想的那样呢？不一致会引发内在的焦虑，让我们迫切想要修正它。[10] 而不一致的程度越高，我们越想将之调和。面对这样的可视化证据，人们很难不改变之前的假设，或之前深信不疑的观点。这是一个极具说服力的演讲技巧。

解构和重建。我喜欢这幅图，它比较了美式橄榄球比赛和英式橄榄球比赛的电视播放时长。

美式橄榄球vs英式橄榄球

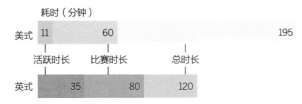

资料来源：WALL STREET JOURNAL, THE ROAR

　　我想说的是，英式橄榄球比美式橄榄球更令人兴奋：它的实际比赛时间更长，在更少的比赛总时长中运动员的活跃时间却更多——观众也可以从图中得出这样的结论。但事实上，对做演示而言，这不是一个完美的图表：在这幅图里我给出了至少 15 个信息点，而其主旨（一个相当简单的观点）却没有做到足够鲜明突出。如果我想让它更好地反映主旨，我可以另做一个简单的二元比较，先展示英式橄榄球比赛，再展示美式橄榄球比赛，就类似之前我在女性受颁学位图中显示的那样：

（暂停 5 秒）一场英式橄榄球比赛中会有很多的动作，而且除了中场休息，几乎没有暂停时间，所以比赛中的大部分时间，你都是在看比赛本身。与美式橄榄球比赛比较一下。（暂停 3 秒，把美式橄榄球图放到屏幕上。）

　　这个版本更好。我的观众可以一次只关注一项运动的图表，但我还是会要求他们思考这三个时间的相互关系，然后思考一下另一种比赛的三个时间的关系，最后对两组数据进行比较。相比之下，女性获颁学位图的初始版本只显示了一件事——所有其他专业的学位颁发情况，而在揭晓答案的版本中也仅添加了两条新的信息。

　　有选择的弊端在于，它让我们把速度放慢了。这里我们借鉴一下布雷斯悖论，这是由数学家迪特里希·布雷斯（Dietrich Braess）研究出来的一套交通管理法则，它是指在拥堵的道路上增加一条新的路线选择（新道路、新车道）会降低交通服务的总体水平。[11]这是因为当很多人都可以通过调换路线（或再次切换）来确定更优的个人选择时，他们总体上会使系统的效率降低。布雷斯悖论已经在现实世界中得到许多案例的证实，当道路被拆除后，交通情况反

而得到了改善。它还被应用于解释交通问题之外的其他现象，包括电力传输（去中心化后系统的性能下降）、濒危物种保护（一个物种灭绝后许多其他物种的前景改善），以及人流控制（从体育场大堂到达座位存在多条路径的情况下，观众入场的时间就会更长）。

理论上，我们对复杂图表的解读不叫作布雷斯悖论，但却类似。把美式与英式橄榄球图上所有可关注的点都看作可选择的路线，你应该从橙色还是绿色条形开始读图？应该比较整个条形还是条形的各部分？具体数值是否重要到需要分别关注？哪条"路线"能让你最快理解图传递的观点？选项提供了选择，而选择需要时间。在演示过程中，不同的人选择的关注点不同。

通过解构图，你可以删除所有其他路径，只留下让观众能够最快理解图的那条。右侧是将英式与美式橄榄球对比图解构后进行演示的版本。三幅图自上而下，逐个播放展示。

图的第一部分意思明确。我们排除所有其他，只留一条理解路径：比赛时长。读者能够立即理解，因为这是一个简单的比较，而且是图中唯一可获得的信息。副标题提出的问题正是图所回答的问题，这进一步推动读者肯定自

己的判断，排除了疑问。

在图的第二部分，我们又添加了一些新信息，但关键的是，我们还删除了第一部分中的部分标签及副标题。我们对去掉这些元素有信心，是因为图非常清晰，一看就懂。浅色条形仍然保留，为新的信息提供了背景。因为观众没有其他信息可看，因此他们可以很快得出结论：英式橄榄球比赛中活跃时间的比例更高。

美式橄榄球vs英式橄榄球

一场正式比赛的时长是多少？

美式 60 分钟
英式 80

一场比赛的活跃时间是多少？

美式 11
英式 35

一场比赛的总时长是多少？

美式 195
英式 120

又一次——添加新信息，同时去掉旧信息，仍然只有一条理解路径。这一次揭晓的答案更加有力。观众完全不需要思考该关注哪里或者决定哪些信息更重要。观众可以自然地对观点进行思考和讨论，而不需要把精力花在理解图上。同时，他们对故事含义产生分歧的可能性也更小，因为图展示信息的方式使得他们无法从不同的路径进行理解或聚焦于不同的信息点上。每个人都能同意图表显示的内容。

一些前沿神经科学理论认为这种一致性可能很重要。神经学家和营销学教授莫兰·瑟夫（Moran Cerf），最近与山姆·巴内特（Sam Barnett）共同发表的一篇论文表明，一个故事是否令人难忘、引人入胜或生动鲜明，取决于多少人的大脑会对它产生相似的反应。[12] 换个说法，就是被作者称为"跨大脑相关性"（cross-brain correlation，CBC），它可以比其他指标更好地预测人们是否能够记住一个故事（其他指标包括对故事的评价，或者花了多少时间理解这个故事）。只要我们可以把可视化故事做得准确无歧义，它们就会更吸引人、更令人难忘。

动画。 解构和重建这个技巧适合使用动画效果。巧妙使用——即有节制地、功能性地使用，而非装饰性地使用——动画，可以加深读者对图表的理解和认同。

例如，要表现出第二次世界大战中的大规模死亡是令人沉痛的生命的消逝，而不仅仅以报告统计数据为形式，这样的效果即便用可视化也是很难做到的。但尼尔·哈洛兰（Neil Halloran）用他的交互式纪录片 Fallen.io 做到了这一点。哈洛兰巧妙地使用运动的画面（配以解说词和零星的背景音乐）遍历一整片数据丛林中的各个数据点，通过放大和缩小帮助观众了解战争屠杀规模之巨大。在记录苏联的死亡人数的片段中，他的表现方式非常有力。动画以单位合计了死亡人数——添加的每个图标代表着 1000 人的死亡——令人痛心地长达 45 秒（利用时间制造紧张气氛），直到数字达到 870 万。紧接着快速缩小显示了这个数字与其他国家死亡人数的比较，然后将所有死亡人数在一张堆叠面积图上重新按照时间顺序进行叠加。有人曾评价，数据可视化赋予了我们这里所讨论的"讲故事"的技巧以更强的表达力，它在形容那些超出常理或过于抽象的统计数字时具有其他形式无法比拟的有效性：

一百万，六百万，七千万，不论口述或笔述，这些数字都会让人无法忽视，也难以理解。以图形方式呈现，它们更容易直中人心。在苏联死亡人数不断攀升的 45 秒钟里，我一度以为我的浏览器卡死了——我当时在想，这一列肯定已经到顶了。[13]

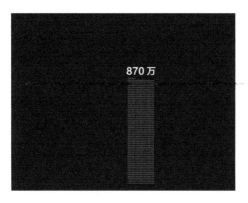 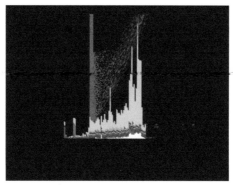 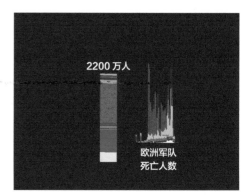

Fallen.io 以大师级的手法，将第二次世界大战中令人痛心的死亡数据，用动画效果和本章中提到的多种演示技巧进行了可视化呈现。死亡人数以单位图的形式不断堆积（每个单位代表1000 名死者），然后被重新分配到一个堆叠面积图中以显示随时间增加的死亡人数。

讲故事。当你想用数据可视化给观众留下深刻的印象时，你的第一反应可能是向他们展示不常见的或异常漂亮的图表形式。"眼睛糖果"是对这类图表的完美称呼，因为它们往往能快速引起你的注意，但这注意却无法持续。

讲故事是保持印象的最好、最强大的工具，而这些持久印象可以创造新的理解，改变既有的观点甚至既有规则。哈洛兰的动画展示了视觉叙事的最令人着迷的形态。它以文本和静态图表无法企及的方式打动着我们。在这个据说

人们无法保持安静地坐上一两分钟的世界里，这段 18 分钟的数据可视化视频却传疯了。

这段视频主要由三种基本图表类型组成——单位图、条形图和堆叠面积图——一次又一次地不断解构和重建。吸引观众的演示不一定非得依赖于精巧的图表形式，也可以依赖于我们把观点制作成小小剧本的能力。

任何一个故事都可以用多种方式进行讲述，但讲好故事的开端，是将故事分解为构成戏剧的三个基本组成部分：背景设置、冲突和冲突解决：

背景设置：当前状态。

冲突：使当前状态更复杂或有所改变的新信息。

冲突解决：新的状态。

一般来说,在我们讲故事的过程中,背景设置和冲突的解决大约占据观众注意力的一半,另一半则全部都放在冲突上。后者就是我们可以发力的部分,是故事的关键所在——没有变化就没有故事。

这个模式根植于人们对故事的理解方式里,而最成功的故事一定是遵循这个模式的。我们可以用它将任何故事的脉络或故事原型粗略地勾勒出来:

故事脉络

	白鲸	哈利·波特	威利狼与哔哔鸟
背景设置	一个男人踏上捕鲸之旅。	一名巫师男孩幸免了邪恶巫师的袭击。	威利狼设置陷阱,想要抓住速度很快的哔哔鸟。
冲突	船长为了向一头鲸复仇而走火入魔。	为了打败邪恶巫师,这名巫师男孩需要放弃自己的生命。	诡计全部失败了。
冲突解决	船沉了,只有这个男人活了下来。	巫师男孩献出了生命,邪恶巫师被打败了。	哔哔鸟跑掉了,威利狼受伤了。

这个表格高度简化,但是有意为之的。显然,创作一部伟大的小说或八部剧情长片需要的构思远不是几个勾勒结构的短句就能概括的。但它是练习故事解构的一个有效方法(尝试用这个方法解构你最喜欢的故事),可以让你的图表演示更具吸引力。

背景设置,冲突,冲突解决——开头,中间,结尾。

尽管我们通常会选择时间顺序,但按照时间顺序展开并不是必须的。你只需要保证你的故事:背景设置合理,冲突对背景设置产生影响,以及冲突的解决能够真正成立。将焦点放在冲突的制造上面:它是不确定性产生、障碍出现或现状改变的原因。冲突不一定是负面的,它可能是整个部门的命运因引进了一名绩效明星而改变了,也可能是一个会对你的工作效率产生积极影响的新的锻炼计划。

要找到你的图表的大致的故事结构,首先需要分解并优化你在"交谈与倾听"和"草绘"两个阶段中得出的观点描述。(行文到现在你应该已经十分明确,因其本身的固有顺序为你的观点找到一个准确的描述对一次成功的可视化呈现有多么重要。)在时间序列数据中发现故事结构将是最容易的。就以下一页的花生酱图的观点描述为例:旱灾导致的持续性歉收将曾经稳定的花生酱价格推到了历史新高。其结构是:

背景设置:多年来价格稳定。

冲突:旱灾造成连续歉收。

冲突解决:价格飙升,然后保持高位。

这组分解图展示了如何把一个图表变成一系列简单图表的组合,正如我们在对美式和英式橄榄球对比图进行改造时做的一样:制造出戏剧效果。每一步都有独立的图表,

是什么引发了花生酱价格的上涨?

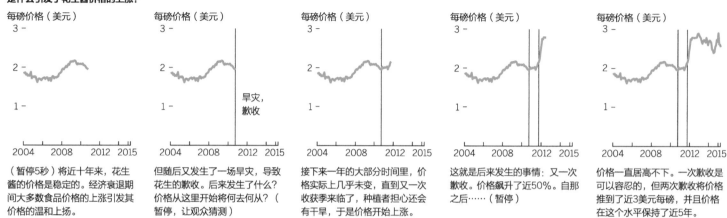

| 每磅价格（美元） | 每磅价格（美元） | 每磅价格（美元） | 每磅价格（美元） | 每磅价格（美元） |

旱灾，
歉收

（暂停5秒）将近十年来，花生酱的价格是稳定的。经济衰退期间大多数食品价格的上涨引发其价格的温和上扬。

但随后又发生了一场旱灾，导致花生的歉收。后来发生了什么？价格从这里开始将何去何从？（暂停，让观众猜测）

接下来一年的大部分时间里，价格实际上几乎未变，直到又一次收获季来临，种植者担心还会有干旱，于是价格开始上涨。

这就是后来发生的事情：又一次歉收。价格飙升了近50%。自那之后⋯⋯（暂停）

价格一直居高不下。一次歉收是可以容忍的，但两次歉收将价格推到了近3美元每磅，并且价格在这个水平保持了近5年。

资料来源：CPI

或向主图表中添加了新的信息。上面就是花生酱价格的故事，以及演讲者的讲解词——用故事来吸引观众。

将戏剧化的演绎用在最复杂的观点上——例如解释多种经济因素对企业经营的影响；或者用在最重要的观点上——那些你需要特别让人信服、特别具有说服力的观点。

融会贯通

将叙事原则应用于一个图表当然很有效，但当你用几个图表将整场演讲（的一部分）串成一个故事时，其效果

会更加强大。

现在假设你是一个正在游说潜在投资者为一款用于单杯咖啡机的新型咖啡胶囊投资的创业者。咖啡胶囊市场是饱和的，但你的咖啡胶囊市场定位与其他不同——它是可回收的。你可以单刀直入："我们有一款可回收的产品解决了咖啡胶囊市场的一个问题。"但投资者能理解这个问题的含义吗？他们是否关心这个问题？你需要让他们对这个问题的严重性产生共鸣，他们才会在你展示解决方案时，毫不怀疑市场对你的产品需求的真实性。可以用一段简短的叙事作为你演讲的开头。

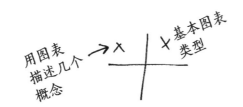

向投资人演示——可回收咖啡胶囊

用图表描述几个概念 → ×

基本图表类型

用地图/空间表示"填满"

背景设置：单杯咖啡的销量巨大！
冲突：产生了不可降解垃圾。数量巨大！
冲突解决：我们可以用可回收材料替代！市场潜力巨大！

图表描述：
咖啡胶囊产生的垃圾数量巨大，用可回收材料制作胶囊杯可以在很大程度上改善情况。

让投资人惊掉下巴，对垃圾的数量之多产生切实体会。

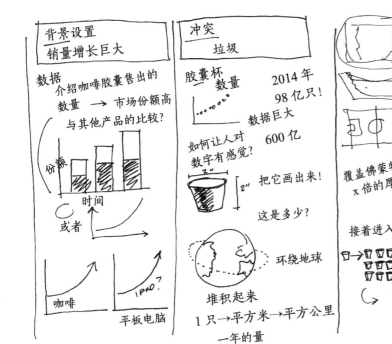

背景设置
销量增长巨大

数据
介绍咖啡胶囊售出的数量 → 市场份额高与其他产品的比较？

份额 / 时间

或者

咖啡 / 平板电脑

冲突
垃圾

胶囊杯数量

2014年98亿只！
数据巨大
600亿

如何让人对数字有感觉？

把它画出来！
2″ 2″
这是多少？

环绕地球

堆积起来
1只→平方米→平方公里
一年的量

填满 x 个体育场

足球场？

覆盖佛蒙特州 x 倍的厚度

接着进入计算过程

让这一过程长一点

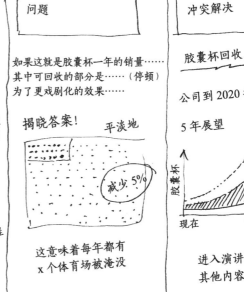

问题

如果这就是胶囊杯一年的销量……
其中可回收的部分是……（停顿）
为了更戏剧化的效果……

揭晓答案！ 平淡地

减少5%

这意味着每年都有 x 个体育场被淹没

冲突解决

胶囊杯回收

公司到2020年可实现

5年展望

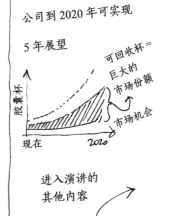

胶囊杯 / 现在 2020

可回收杯 = 巨大的市场份额

市场机会

进入演讲的其他内容

首先勾勒出故事结构的三个部分，用文字描述出来：

背景设置：单杯咖啡机正在全面占据咖啡的消费市场。

冲突：这些机器目前使用的咖啡胶囊是不可回收的，产生了数量惊人且不断增长的废物。

冲突解决：可回收咖啡胶囊可以帮助解决这个问题。

至此你已完成了故事的设计。这样的故事结构是好的信号，因为大部分的时间和空间都分配在了对冲突的展示上，而这也正是整个故事戏剧性最强的部分。另一个好的信号是：你已经在思考如何呈现自己的观点了，你在回忆前面讲到的如何运用制造紧张气氛－暂停－揭晓答案的方法增加所呈现内容的说服力。

现在你要着手创建图表了。每幅图表仍将经过交谈与倾听－草绘－原型设计的过程；有些图组则是多个图表经历同一个交谈与倾听－草绘－原型设计的过程。但每幅图表都需要有很好的构思，并有效地传达观点，只有这样观众才能专注于故事本身，而不是专注于对图表的理解。为了简洁起见，我将直接跳到最终版图表和演示者的演讲词部分。注意他们是如何将本章中讨论的所有技巧结合在一起的：不解读画面、巧妙使用沉默、制造紧张气氛、揭晓答案，以及讲故事。

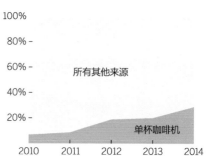

背景设置：

（显示第一幅图，暂停 5 秒）我们都知道单杯咖啡机保有量的增长已呈现象级的趋势，这个趋势之猛烈不容小觑。单杯咖啡机的市场份额在过去 4 年翻了四倍。2007 年，其市场份额几乎为零。而到去年，几乎 1/3 的人会说，他们的上一杯咖啡出自单杯咖啡机之手。

苹果手机市场份额

100%

80% -

60% -　　　所有其他手机

40% -

20% -

　　　　　　　　　　　　　　　苹果手机

2010　2011　2012　2013　2014

为了客观地进行判断，这里给出了苹果手机同期手机市场份额的增长情况。（在第一张图旁边放出第二张图）

咖啡胶囊消费量（以十亿为单位）

10

8 -

6 -

4 -　　　咖啡胶囊

2 -

2010　2011　2012　2013　2014

（暂停 3 秒）单杯咖啡机每做出一杯咖啡都需要消耗一只咖啡胶囊。咖啡胶囊的总消耗量是众所周知的难以统计，但我们知道仅市场份额最大的一家供应商的销量已经是一年接近 100 亿只——是 5 年前的六倍。（暂停 3 秒）就在刚刚我停顿的时间里面，又卖出了将近 1000 只咖啡胶囊。

一只典型的咖啡胶囊

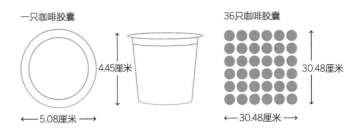

一只咖啡胶囊　　　　　　　36只咖啡胶囊

4.45厘米　　　　　　　　30.48厘米

←5.08厘米→　　←30.48厘米→

冲突：

而且大多数胶囊都是不可回收的，这制造了一个严重的废物问题。过去两年中，咖啡胶囊市场的最大供应商共计售出 180 亿只咖啡胶囊。但我们很难想象这到底制造了多少垃圾，因此让我们尝试将这个问题进行分解。如果我们把这些咖啡胶囊排列起来，36 只可以填满 1 平方英尺（929 平方厘米）。

多少只咖啡胶囊可以填满1英亩？

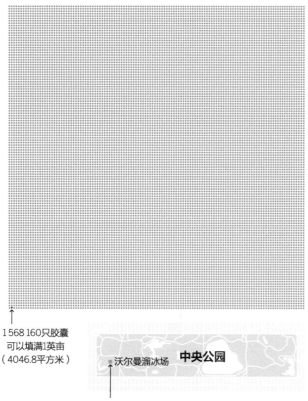

1 568 160只胶囊
可以填满1英亩
（4046.8平方米）

1英亩大约是纽约中央公园溜冰场的面积

被咖啡胶囊占领的
中央公园
13亿只咖啡胶囊将
填满纽约中央公园
（3.41平方公里）

（暂停3秒）想象1英亩（4046.8平方米）土地：就像中央公园的溜冰场那么大。在冰场上摆满咖啡胶囊，仅是用掉了一个咖啡胶囊供应商过去两年总销量中1%的8‰。

我们还要使用更大的面积，才能知道180亿个咖啡胶囊将占据多大的空间。将中央公园填满就可以用掉过去两年中所有被售出的咖啡胶囊吗？或者至少已经用掉了一半吧？（暂停）不。这只需要7%左右。

我们要开始把它们堆叠起来以了解剩余那 93% 的咖啡胶囊的数量之巨。如果我们在中央公园堆叠这些胶囊，那么 61 厘米深的咖啡胶囊就会淹没整个公园，也没过我们的大腿，而这些胶囊正是某领先的供应商过去两年的总销量。但平心而论，我们应该从中减去采用可回收材料制造的那部分胶囊。如果我们这样做，中央公园的胶囊堆高度可以降低多少？（暂停，在同一图像上减去可回收胶囊，把标签从 61 厘米更改至 58 厘米）降低约 3 厘米。甚至不到一个胶囊的高度。

冲突解决：

可回收胶囊数量如此之少的原因在于，这样的设计在技术上较难实现。我们相信我们的设计已经解决了这个问题。如果我们的设计能在两年内获得 15% 的市场份额，我们可以将中央公园的这堆垃圾减少近 15 厘米。（再一次调整图像，去掉这部分胶囊并将标签更改为43 厘米）而这是一个不错的开始。

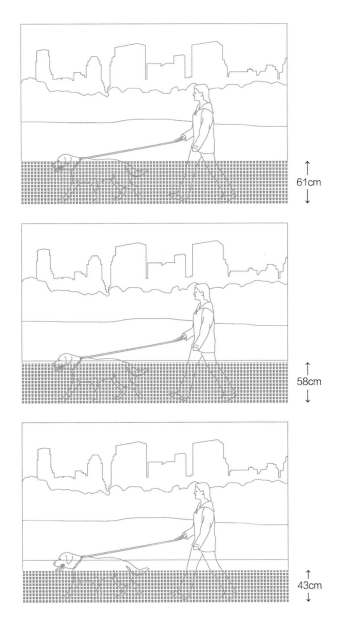

讲这个故事并不能确保你成功拿到投资，但它比起放映标准化的电子表格和图表并宣读其中的数据——或者更糟糕地，逐字念出幻灯片上的要点——更有吸引力，也令人印象深刻得多。请注意，在此期间你对数据本身的谈论是多么的少；相反，你不断地专注于帮助观众理解观点，而这个观点并不是简单的"180 亿只咖啡胶囊被丢弃"。这个观点是：单杯咖啡机的普及造成了一个重大的废物问题，而目前的垃圾回收工作还无法解决——但我们可以。180 亿这个数字足够大，足够抽象，以至于简单地说出这个数字无法传达其具象的含义。是图像、相关的参照点和故事线合力让这个抽象的数字变得有形可感。

你在激发观众的大脑，让他们更好地理解这个观点，更积极地参与观点的讨论，并记住这个观点（而其他形式是无法做到这一点的）。即使图表制作得很完美，要真正吸引观众，剧本才是关键。

扼要重述 让图表演示有说服力

除了优化图表本身，你还可以通过改进演示的技巧让图表更加有效。这里的两个挑战分别是让他们把图表"看进去"（取决于你的呈现方式），以及帮助他们理解（如何让观众参与到对图表内容的思考中）。

1. 演示技巧

● 展示图表并停止说话。

一张好的图表本身就会讲话。让观众的视觉系统在不受干扰的情况下积极地工作。

● 不要解读画面。

谈论图表的观点，而不是它的结构。

● 使用非常规的图表形式时，为观众提供引导。

不要读图中的内容，但一定要对该类型图表的工作原理进行简短的解释。

● 使用参照图表。

用"理想值"或"平均值"水平作为对比，可以增添情境，使你的图表更容易理解。

● 当你有重要的话要说时，把图表关掉。

只要放一个图表在屏幕上，观众就会看得比听得多。如果你想让他们听到你说的话，把屏幕关闭一会儿，让他们调整焦点。

- 用简洁的图表做演示，留一些更详细的信息给观众私下去看。

在演示过程中使用尽可能简洁的图表，但可以制作包含更多信息的图表版本，供观众私下阅读。

2. 鼓励观众参与思考的技巧

- 制造紧张气氛。

在呈现完整的图表之前，先展示其中的部分内容并要求观众对最终结果进行猜测。

- 时间的运用。

为了让观众理解巨额数字的含义，要逐步揭示。

- 放大或缩小。

要让观众理解规模的大小，从一个容易理解的值开始，然后通过逐步增加或逐步减少的方式，最终展示出你希望他们理解的数值。

- 诱饵程序。

用符合观众期望的图表版本吸引观众思考，然后向他们展示实际的情况——实际的与期望的是相反的。

- 解构和重建。

将一个可视化图表分解为多个简单图表的组合，然后再合成一个完整图表展示给观众。

- 讲故事。

使用背景设置、冲突和冲突解决的戏剧结构，把一个或多个图表编辑成一个简短的故事。

第 9 章

可视化批评

如何练习阅读（和制作）好图表

伟大的作家都是优秀的读者。他们可以从别人的作品中汲取创意，并将获得（或者说窃得）的灵感为自己所用。基本上，从事创作的人都是以这样的方式来工作的，可视化创作也不例外。提高图表制作能力最好的方法之一就是多看、多思考，而且多多益善。

好消息是：好的图表随处可见。在互联网上待上一会儿，你很难不遇到一两个时下正在疯传的数据可视化图表。如果你在推特上订阅了关键词"dataviz"的相关内容，或经常访问一些信息可视化程度较高的网站（例如，《纽约时报》网站上的"结语"专栏（The Upshot），或者每天都在推特上发布许多图表的《经济学人》(The Economist)，你一定可以找到大量素材。

但不要只选择你喜欢的或者你觉得很酷的素材，也要收集一些或简单，或无聊，或复杂，或精巧的，以及那些你完全不了解的主题。带着目的观察每一个图表：你是否能找到它的观点？你喜欢它什么，不喜欢它什么？它使用了哪些技巧？如果是你来做，你是否会采用不同的方式？然后用你自己的方式重新创建图表。

不要把这当成是作业，因为这些任务是可以轻松而迅速地完成的。这里介绍一种方法，既可以用来从别人的作品中学到东西，也可以为你重新审视自己的作品提供新的视角。

1. 记下你最先注意到的几个信息点。 我们最先看到的，一定是最显著的信息。因此，记录下你的眼睛最先关注到的那个元素，是"峰值"？是"蓝色条形"？或者可能更加印象派，是"一条长长的光滑的曲线"，抑或是"随处散落，交叉叠放的细线"。反正你一定不会忽略最抓眼球的信息而先去关注"利率在过去几个财务季度中不断上升"之类需要解析的信息。在这一步，你需要去捕捉最初那一瞬间的视觉感知。

2. 记下在你的脑海里形成的第一个想法，然后顺藤摸瓜提出更多问题。 你已经看了一会儿某幅图表，它想告诉你什么呢？这时候你可能会说："它告诉我利率在上升，而且速度很快。"接下来，就形成的这个想法提几个批判性问题："我得到的这个想法是否符合图表的意图？""图表是否存在误导或缺失？"在第一印象的基础上，进一步探究，看看你是否能找到更深层的叙事；还是是否看得越久，你的问题越多。

3. 记录下喜欢的、不喜欢的，以及想看却没看到的。 不要仅仅去判断对错，本书已经花了很多时间驳斥这种二元思维。要关注自己读图后的感受："我不喜欢这些标签。""我喜欢他们用灰色作为背景信息的颜色。""我希望看到这项数据与去年同期数据的比较。"有时，这些直觉往往反映了哪些元素让图表效果很好，哪些元素还有改进的空间。如果你保持这个图表阅读习惯足够长的时间，你会发现自己对某些元素会产生习惯性的反应，你甚至可以总结出一些常见的失误和自己的审美原则。至于"不喜欢"的点，要知道它可能是对数据和观点的误导或至少不够准确的描述："我不喜欢图中截取后的 y 轴，因为它夸大了趋势。""我不喜欢这幅图切掉 1990 年之前数据的做法，因为这样隐藏了重要的历史数据。"

4. 找到三个你认为应该修改的地方，并简单说明原因。"说明原因"才是最重要的。你的理由需要最终能够提高图表的有效性。"因为我不喜欢蓝色"是非常缺乏说服力的理由。"因为蓝色放在黄色旁边很难被看到"就是一个更好的理由。给自己设置只可修改三项的限制，将迫使你优先考虑最重要的问题。因为如果目标是十项修改内容，那么这个过程最终就会变成对网格线的像素粗细或副标题应该占据两行还是三行而计较不休——我们的目标始终是突出图表的主旨。

5. 画出你的草图和原型设计，并给出自我评价。图表改编是学习可视化最有效的方法。前后比较可以帮助你验证自己预料中能让图表变得更好的方法是否真的奏效。如果你能拿到数据集，那么太好了；如果拿不到，那就创建简单的电子表格把关键数据的估计值填进去。（如果是概念型可视化，那你不需要任何东西，直接动手做就可以了。）对于图表改编练习的草绘和原型设计而言，速度比精确性重要。自我评价可以将你对什么管用、什么不管用的总结，付诸实践的检验。要注意，对正面和负面的自我评价都要有所总结。

案例 1

下面用一个案例展示一下上述流程是如何操作的。

这幅图是我从网上找到的：

1. 记下你最先注意到的几个信息点。

- 大块蓝色楔形区域
- 多个小块扇形切片
- 线条和标签数量众多

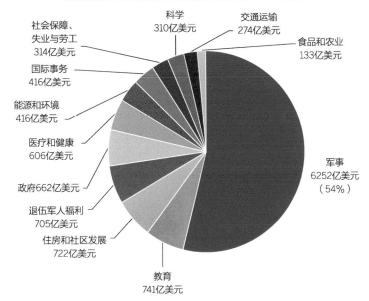

总统拟提的1.15万亿美元可支配支出[⊖]预算 (2016财政年度)

社会保障、失业与劳工
314亿美元

科学
310亿美元

交通运输
274亿美元

食品和农业
133亿美元

国际事务
416亿美元

能源和环境
416亿美元

医疗和健康
606亿美元

政府662亿美元

退伍军人福利
705亿美元

住房和社区发展
722亿美元

教育
741亿美元

军事
6252亿美元
（54%）

2. 记下在你的脑海里形成的第一个想法，然后顺藤摸瓜提出更多问题。

- 军事支出比其他任何一项支出都大——这个想法几乎是在看到图表的瞬间生成的；军事支出比其他所有支出的总和都要大，这是在稍事观察之后想到的。

由于"其他所有支出"并没有被画成一个整体，所以我并没有第一时间往那个方向去想，但当下我已经在考虑如何修改图表才能让这个想法更直接地冒出来。

- 大约20秒后我才发现，这幅图表描述的只是总统提议的可支配支出。而我本以为这是政府的实际支出统计。这只是拟提的支出预算，并且它并不是预算的全部，只是可支配支出部分。尽管饼图的形式给人一种全部支出预算的感觉，但实际上它只是更大整体的一部分。

3. 记录下喜欢的、不喜欢的，以及想看却没看到的。

喜欢的	不喜欢的	想看却没看到的
展示了金额	标签太繁杂。需要列明百分比吗？用缩写会不会更好？	非可支配支出
军事支出占比最大且比例超过50%（因为我认为这就是图表的主要观点？）	所有线条	各项支出分类列示
色彩丰富	颜色；小块扇形是按照数值逐步减小的顺序顺时针排列的，但在支出类型的排列上给人随意的感觉	令观点更加鲜明的标题

⊖ 美国联邦政府财政支出由三部分构成：强制性支出、可支配支出和利息支出。前两项占总预算的90%以上，用于支付联邦政府及其主导的公共服务项目。强制性支出占联邦政府总支出约2/3，属于政府的固定支出；可支配支出则是较有弹性的组成部分。——译者注

列表或长或短，具体取决于图表的复杂性和制作水平。如果"喜欢"这一列很长，而"不喜欢"这列很短，那么你看到的可能是一个好图表。你可以先停下来，将图表保存在"好图表"文件夹中（注明你喜欢它的原因），供以后参考。但如果你发现图表已经被自己指摘得七零八落了，那么是时候重新构思，大胆改编了。

4. 找到三个你认为应该修改的地方，并简单说明原因。

- 按类别把各项支出分组，以便读者快速了解不同类别支出的比例。大多数切片都很小，与军事支出相比便很难显示出差别，因此按类别分组显示可能是观察差异的更有用的方式。当然我也可以把军事以外的所有其他支出统称为"其他支出"，但这样似乎又太简单了。

- 添加强制性支出部分，使人们对政府支出的总体预算有一个概念。这是一个有用的数据点，为预算的讨论添加了很多情境。

- 尝试饼图以外的图表形式。我不喜欢切片太多的饼图。另外，如果我打算把强制性支出也加进来，那

么它会占去整个圆形的大部分面积，让其他的支出切片变得更薄。这时，出现在我脑海中的两个可用图表形式分别是矩形树图和比例条形图。

注意，即使无法确定我的想法是否正确，我还是试着说明了为什么我认为图表应该做出这样的修改。我的目标不是证明我有能力做出一个更好的图表，完全不是。我只是想让这个图表变得更好，当然我也可能会通过这个练习发现其实我的想法是错的。那也没有关系，这个过程仍然是有意义的。有的时候，你的修改意见可能就是"想看却没看到的"那一列的内容；当然也并不总是如此，因为你可能会认为，你希望看到的信息其实也并没有重要到非呈现出来不可。

5. 画出你的草图和原型设计，并给出自我评价。

我决定先试试矩形树图。一个名为 Raw 的网站可以帮助你快速完成矩形树图的原型设计。[1] 完成数据导入之后，原型设计的过程只花掉了几分钟。鉴于功能如此便捷，我便尝试了两个版本，一个版本没有加入强制性支出，一个版本加入了强制性支出：

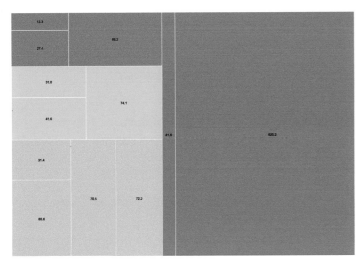

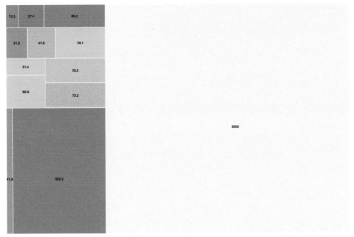

政府支出预算的原型设计，第一幅图只包含可支配支出部分，第二幅图添加了浅粉色的强制性支出部分。

自我评价：我认为两幅图都比饼图效果更好。我会在演示中使用哪一个？这得看情况。给出固定预算的规模，有助于我们正确看待政客存在争议的那部分预算的重要性，而无论哪个版本都能看出军事支出比其他所有（可支配）支出都要大。（把强制性支出设置为浅粉色也是在传递一个信号，表明这里该关注的信息是哪些，而哪些是次要信息。）

但强制性支出的额度是不可更改的，因此在某种意义上，它对于任何关于支出预算的讨论都不重要。这种情况下，展示强制性支出只会分散读者的注意力。

无论是上述两种情况中的哪一种，我都认为分类最能改善我的图表。之前的一个个挤在一起的彩色扇形切片，在这一版中被有效地划分为四个不同的支出类别。同时，为了便利想要花更多时间了解支出分布细节的读者，我保留了原饼图中的各项细分支出，用相同颜色的独立区域表示。但我不为每个独立区域设置单独的颜色，以表明不强调各类别支出的细分。

为了证明支出分类列示的确让图表的清晰程度提高了，我用了另一个图表原型做对比，每一块支出的颜色都不同，就和原来饼图的做法一样：

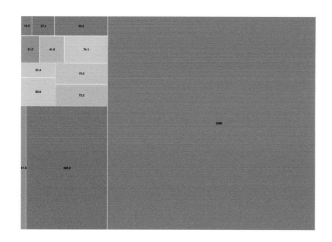

这个版本和原饼图一样显得杂乱无章。军事支出虽然很明显，但这么多不同颜色的色块让它们很难有效起到参照点的作用，也让人看不出这样详细的划分有什么意义。

另一条评价：无关颜色，矩形树图给我带来一个新的挑战：标签的设计。而我还没有完成这项挑战：我是否应该使用图例？是否应该为每一项支出设置标签？但我的矩形树图尝试到此为止了。在练习中，你不需要最终完成图表的制作，只需验证你的想法能否让图表效果更好（或更差）就可以了。

案例 2

这里有一幅图表，其原始版本见下页：

1. 记下你最先注意到的几个信息点。

- 克莱斯勒大厦和帝国大厦
- 许多条形线，尤其是深蓝色的条形线
- 浅蓝色，以及其他一些颜色

2. 记下在你的脑海里形成的第一个想法，然后顺藤摸瓜提出更多问题。

- 曾经，所有的摩天大楼都在北美，但现在已经不是了。我可以从颜色的分布很快判断出这一点。但如果我想知道如今哪些地区在建造摩天大楼，却很难一目了然，因为颜色太多了，不仔细数的话，图表给人的整体感觉就是摩天大楼分布在北美和"其他地方"。
- 最高建筑的高度呈急剧上升之势。不过，想要从图中看到这个趋势却很难，因为它被厚重的标签、线条，以及代表特定历史时期的条形给淹没了。

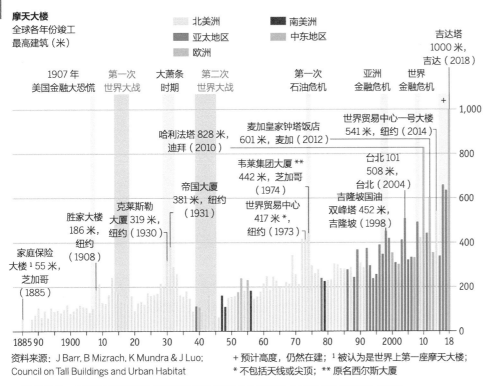

摩天大楼
全球各年份竣工
最高建筑（米）

图例：
- 北美洲
- 亚太地区
- 欧洲
- 南美洲
- 中东地区

吉达塔
1000 米，
吉达（2018）

1907 年
美国金融大恐慌

第一次
世界大战

大萧条
时期

第二次
世界大战

第一次
石油危机

亚洲
金融危机

世界
金融危机

哈利法塔 828 米，
迪拜（2010）

麦加皇家钟塔饭店
601 米，麦加（2012）

世界贸易中心一号大楼
541 米，纽约（2014）

韦莱集团大厦 **
442 米，芝加哥
（1974）

台北 101
508 米，
台北（2004）

帝国大厦
381 米，纽约
（1931）

世界贸易中心
417 米 *，
纽约（1973）

吉隆坡国油
双峰塔 452 米，
吉隆坡（1998）

胜家大楼
186 米，
纽约
（1908）

克莱斯勒
大厦 319 米，
纽约（1930）

家庭保险
大楼 [1] 55 米，
芝加哥
（1885）

1885 90　1900　10　20　30　40　50　60　70　80　90　2000　10　18

资料来源：J Barr, B Mizrach, K Mundra & J Luo;
Council on Tall Buildings and Urban Habitat

+ 预计高度，仍然在建；[1] 被认为是世界上第一座摩天大楼；
* 不包括天线或尖顶；** 原名西尔斯大厦

资料来源：© THE ECONOMIST NEWSPAPER LIMITED, LONDON (APRIL 2015)

- 那些代表重大全球性事件的条形可能是为了向我们展示相应时期摩天大楼的高度，但我越看它们，越觉得它们多余。

3. 记录下喜欢的、不喜欢的，以及想看却没看到的。

喜欢的	不喜欢的	想看却没看到的
细细的条形很像摩天大楼，让人感受到建筑的高度	代表特定历史时期的条形喧宾夺主	更精炼的图表
标记了重要的建筑	指示线、y 轴网格线都过于厚重，标签内容冗余（年份）	更吸引眼球的标题
用颜色代表建筑所在区域	纷杂的颜色让人难以区分近期落成的摩天大楼所在的区域	摩天大楼的高度和体积的参照点
y 轴放在最右边，更加容易比较出最高建筑	脚注和符号让人困惑	

4. 找到三个你认为应该修改的地方，并简单说明原因。

- 删除代表特定历史时期的条形。目前还不清楚它们的作用是什么，但它们确实妨碍我看清楚摩天大楼高度的增长趋势。

- 修改标签。简化标签内容，这样与代表建筑的条形相比，它们就不会显得过于沉重；去掉指示线的弯曲部分；降低标签在图形部分的存在感；淡化网格线。

- 颜色。想办法用颜色让图表观点更一目了然。

5. 画出你的草图和原型设计，并给出自我评价。

自我评价：我喜欢我的原型设计，非常简约。我也不觉得删除代表特定历史时期的条形有什么不好。提升图表效果最关键的突破是将标签区分为两类：沿底部整齐排列的重要事件，以及图形部分的地标建筑；它们解决了同一空间内标签过于密集的问题，同时，图形部分标签的位置与相应的条形做到了一一对应。去掉标签"腰带＋背带"的设计也让图更简洁了。还有一个问题我没有解决，那就是有些建筑是"预计高度"，还没有完工。而且我认为我并没有解决配色的问题。我想向一位专业设计师请教如何在使用多个颜色于诸多条形的情况下仍能将图清晰呈现。最后，我希

望此图能提供参照点，让读者能够对 1000 米的惊人高度有所感知。如何把这些信息添加进来又不显得杂乱无章？我可以继续修改下去，但我打算先到此为止了。

案例 3

再来一个例子：最初的图是一个仪表盘的设计图，用于显示某网站视频热度的排名情况。

1. 记下你最先注意到的几个信息点。

- 渐变色条形，由冷色到暖色
- "棒棒糖"形状的数字标示
- 刻度线／标签

2. 记下在你的脑海里形成的第一个想法，然后顺藤摸瓜提出更多问题。

- 右边表示好，左边表示不好。得分在"暖色"区域是我们希望看到的。这是一个相当清晰的隐喻，颜色说明了一切。

- 用百分位数表示意味着这是该视频与其他视频比较

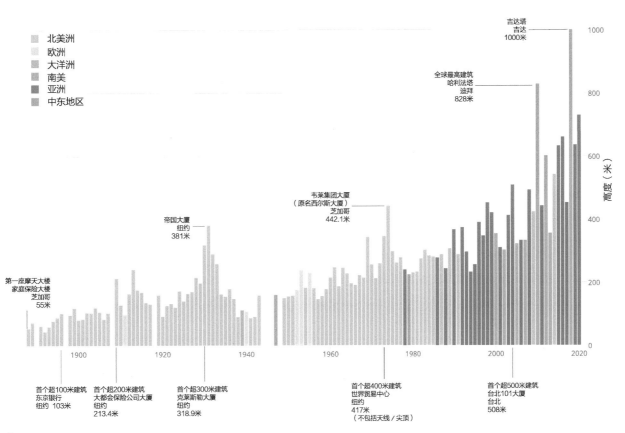

竞向天空：摩天大楼的激增
各年份竣工最高建筑，1888—2020（预计高度）

北美洲
欧洲
大洋洲
南美
亚洲
中东地区

吉达塔
吉达
1000米

全球最高建筑
哈利法塔
迪拜
828米

韦莱集团大厦
（原名西尔斯大厦）
芝加哥
442.1米

帝国大厦
纽约
381米

第一座摩天大楼
家庭保险大楼
芝加哥
55米

高度（米）

1900   1920   1940   1960   1980   2000   2020

首个超100米建筑
东京银行
纽约 103米

首个超200米建筑
大都会保险公司大厦
纽约
213.4米

首个超300米建筑
克莱斯勒大厦
纽约
318.9米

首个超400米建筑
世界贸易中心
纽约
417米
（不包括天线 / 尖顶）

首个超500米建筑
台北101大厦
台北
508米

资料来源：skyscrapercenter.com

后的排名，而不是一个原始分数或热度值。这似乎与冷暖色的象征义不搭？

- 该视频热度较高。很明显，"棒棒糖"状的分数值都在右侧的红色区域，因此我看到的这段视频各项指标都较优异，高于平均水平。当然，我需要认真阅读才能知道每一项排名的比较范围是什么，以及它在每个比较范围内表现得是尤为出色还是仅高于平均水平，但我知道这在总体上是一个很好的分数或等级。

- 这段视频的总体排名是多少？我看了一会儿之后发现，第一个分数基本上就是这段视频的总体分数，而其他分数则是更详细的分析指标。于是我开始思考每项排名之间的关系，它们等距排列，这是否意味着这些排名的重要程度相当，或者说都很重要？

3. 记录下喜欢的、不喜欢的，以及想看却没看到的。

喜欢的	不喜欢的	想看却没看到的
第一眼就能理解图表的表达意图	关键信息太小，不容易被看到	综合的指导性信息，例如为各项排名添加"平均水平线"或"绩差/绩优线"
简单的一维数轴	百分比刻度线太厚重	总体分数用独特的，更加明显的形式显示
用"棒棒糖"形状标出关键数字	重复的工作使人偏离关键指标	
暖色/冷色的隐喻		

某视频的排名情况

百分位数显示了该视频与相应范围内其他视频比较后的排名情况。

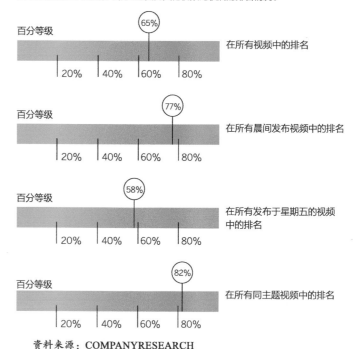

资料来源：COMPANYRESEARCH

4. 找到三个你认为应该修改的地方，并简单说明原因。

- 让每项排名的比较范围更加突出。虽然不费力就能读出排名，但我需要详细阅读说明性文字，才能知道这个排名的范围。

- 让"棒棒糖"标签更加突出，弱化百分位数的渐变色等级。我喜欢这个"暖色/冷色"的隐喻，但我觉得它并不必要，因为它没有添加新的信息，而只是重复了"棒棒糖"的水平位置所表达的信息。

- 减少形式上的重复和标签量。我只要知道这是按照"百分等级"排名的，就足够了。是否有必要把刻度分为五等份？

5. 画出你的草图和原型设计，并给出自我评价。

自我评价：尽管一开始我很喜欢渐变色的等级，但我还是从我的原型设计（右图）中把它删除了，因为水平位置足以传达视频的排名信息，渐变色虽然是一个很好的隐喻，但却是多余的，并且会分散读者对更重要的信息（百分等级）的注意力——刻度尺本身似乎盖过了刻度尺上绘制的数据，所以即便不情愿，我还是舍弃了它。

我很高兴消除了很多冗余元素（五分位标记，每项排名的专属标签）。这个版本中留出了大片空白区域，使得眼睛立即注意到四个着色的点。我甚至可以想象在将来进一步的迭代版本中添加参照点后的效果，例如添加目标百分等级，或添加"优秀"等定性的参照线。

在这个版本中我没有将总体分数作突出显示，我会在下一个版本中改进这一点。同时我也在想，如果把多个不同视频某项排名的刻度尺（几十个）做成小多组图一同呈现，进行比较，那么这些点会连成线吗？如果我把这些刻度尺在垂直方向上堆叠起来，对齐后是否更容易看清楚它们之间的相对排名？我不确定。这是需要进一步思考的。但我很确定，就单个视频排名情况的仪表盘组成部分而言，这一版相对于原始版本有了改进。

某视频的相对排名情况
发布于 7 月 3 日，周五，上午 9 点

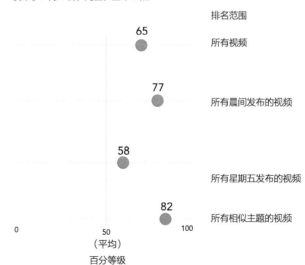

有些读者可能会嘲笑我对这些图做出的修改，我希望他们这么做（礼貌上）。我希望读者身体力行，用自己的版本来对我的版本做出修改；我希望他们尝试不同的图表形式，变化颜色，或找到简明的方式重新引入那些被我删除的元素（如果他们认为这些元素很重要的话）。

这样的练习与学校教育和专业工作中常用的为寻找创意而进行的"批评会话"并无不同。但值得注意的是，设计师们聚集在一起，在被评论作品的设计者在场的情况下，帮助他改进作品；而编辑是一种正式的、制度性的修改意见，写作者需要经历这个过程让自己的作品达到出版要求。

即使对于专业人士来说——他们清楚地知道他人的批评可以为自己的作品带来明显的提升，因此对批评抱持欢迎态度——这个过程仍然可能让人相当不愉快。[2] 尽管我们无数次对自己说批评都是"对事不对人"，但批评常常会让人深刻地感到自己被针对了。

与任何其他创造性的工作一样，信息可视化从一开始就包含着批判思想。威拉德·布林顿在 1914 年的著作《图表表示法》中批判了糟糕的图表制作技巧。爱德华·塔夫特甚至大胆提出，糟糕的图表设计掩盖了重要的信息，而

这些信息本有可能促使美国国家航空航天局取消那个注定失败的"挑战者"号发射计划。即使在今天，许多与可视化有关的科学研究仍然聚焦于定义正确和错误的可视化方法。

批判固然有用且必要，但现在正在发生的一些改变让批判引发了其他的问题：可视化评价是通过网络进行传播的，往往在社交媒体上最为活跃。因此，公开展示可视化作品有时更像是接受羞辱而不是学习的过程。

作为一种练习手段，批评（会话）通常由创作者独自进行，或在一个熟悉的小团体内进行，有时也是一对一的。但如今数据可视化的"批评会话"方式却并非如此。

在一篇关于可视化评价的优秀且重要的文章中，数据可视化先驱马丁·瓦滕贝格（Martin Wattenberg）和费尔南达·维埃加斯（Fernanda Viégas）讲述了互联网和泛在式的信息发布如何让可视化评价变得粗暴而残酷：

所有的改编都有可能透着敌意，仿佛是在指摘设计者的个人缺陷，同时主张自己技能的优越……我们需要更多的批评，改编也的确是可视化评论的必要组成部分。但是，当改编如此大规模地发生在网络上，公开地、即时地暴露

给全世界，没有前因后果，让人毫无准备——这样的批评就变得让人难以接受了。[3]

这也是许多非专业人士认为数据可视化社区给人压迫感且不欢迎新人的原因。人们真的害怕那种"失败给全世界看"的体验。瓦滕贝格和维埃加斯认为这种公开评价的做法不会停止，因此他们提出了公开评价可视化图表应该遵循的一些明智的、常识性的规则：记录图表中你认为效果很好的元素，不要只指出你认为不够好的；给出修改的理由；互相尊重。

我想在他们的规则上加一条：避免使用贬义词。不要说图表"丑"或"一团糟"，可以说"这配色分散了注意力"或"我不知道该把注意力放在哪里"。我发现我在评价其他图表时，会条件反射地加上"对我来说，它似乎……"或者"可能不对我的胃口"等表述用以提醒对方，并不是所有人都与我观点相同，而且我的评论也不是一定正确；我的意见同样也应该接受其他人的评价。

最重要的是，不要用挑剔的心态来对待别人的图表——似乎你在纠正他们所犯的错误。相反，把它看作提高自己技能的机会。如果你的确需要将自己修改的图表发布出来，那么请抱着合作的态度，并准备好接受他人对你的版本的评价。

无论接受批评有时是多么的困难，请记住瓦滕贝格和维埃加斯所说的"这些都不是针对个人的评价，而是整个领域进步的一种方式。"

扼要重述 可视化评价

正如伟大的作家都是优秀的读者一样，优秀的图表创作者也擅长挖掘他人的图表，以获得灵感和指导。提高图表制作能力最好的方法之一就是多看、多思考，而且多多益善。"批评会话"是对设计、写作等许多创造性工作而言通用的改进作品的方法。

首先选择一些待评价的图表。不要只选择你喜欢的或你认为很酷的，广泛选择各种不同类型的图表：简单的，无聊的，复杂的，巧妙的，甚者包括那些你对其主题一无所知的图表。然后按照这个简单的流程对图表进行评价和改进：

1. 记下你最先注意到的几个信息点。

不要过度思考——记录自己的第一反应。最突出的信息是什么？波峰？某种颜色？很多文字？

2. 记下在你的脑海里形成的第一个想法，然后顺藤摸瓜提出更多问题。

判断图表传达的观点。它是否与图表的意图相符？图表是否具有误导性？是否缺失了什么信息？

3. 记录下喜欢的、不喜欢的，以及想看却没看到的。

不要聚焦于判断对错。相反，想想你对图表的直觉反应，你的感觉。你喜欢使用灰色吗？你不喜欢太多的标签吗？你希望看到过去几年的历史数据吗？

4. 找到三个你认为应该修改的地方，并简单说明原因。

将数量限制在三个，这样你就必须优先修改你认为最重要的东西。要讲明"为什么"，因为这是确保你的修改专注于有效性而非个人品味的关键。"因为我不喜欢蓝色"并不是修改图表的好理由，但"因为跟黄色在一起，蓝色很难被注意到"就是一个好理由。

5. 画出你的草图和原型设计，并给出自我评价。

如同为你自己的图表做草绘和原型设计时一样，速度比精确性重要。在自我评价中，既要包含正面评价，也要包含负面评价。

结 论

继续努力

从某种程度而言，数据可视化是一个糟糕的术语——它将图表创作的概念简化成了机械的流程；它强调了创作所需的工具和方法的发展，但并未强调创作本身。这就好比把《白鲸记》（*Moby-Dick*）叫作"文字顺序化"，而将《星夜》（*Starry Night*）称为"颜料分布"。

这也反映了数据可视化领域更执着于过程而非结果的现状。到现在为止，数据可视化教学的大部分精力仍然用在确保可视化方式的"正确"，或判定你用的方式是否"错误"，或对正确图表形式和配色方案的选择。对图表的评价几乎都是技术性的：图表是怎么加工的，它看起来效果如何。

够了，这一切。忘掉所谓的正确或错误。数据只是现象和你对现象所持观点之间的媒介，[1] 而可视化只是一个过程，一种利用数据这个媒介来交流观点的方式，而你的观点不该仅仅是统计数据的图形化。要创作出好图表，我们真正要做的就是了解真相，并让人们对这个真相产生共鸣：看到之前不曾看到的东西——能改变想法，引发行动的东西。与其称之为数据可视化，不如说是视觉修辞：用图形进行演讲的艺术。

当然，对基本语法的共识是必要的。要达到交流，我们使用主、谓语的方式就要大致相同。但是，如果让语法来支配我们的沟通，那么沟通将变得僵化，甚至无法进行。当你沉溺于可视化规则的细枝末节——或者更糟糕的，当你根据图表是否遵守这些规则来判断它的优劣时——你就成了爱默生（Ralph Waldo Emerson）所说的"小政治家"，盲目崇拜着"愚蠢的一致性"。

此外，软件已经可以为你实现一切。可视化工具已经进化到了理解部分语法的程度：[2] 它们内置的文档模板、拼写检查和语法纠错功能，能指导我们完成模式化选择，纠正常见错误。有关颜色、标签、网格线，甚至图表类型的选择（人们用整本书、整套课程来讲解的选择方法）都已被编入了可视化软件，使得默认状态下输出的图表也能看起来很漂亮。

交互功能也是有帮助的。例如，我们习惯在图表创建的过程中，确定好在图表中添加标签的数量和种类，而这个决定有时会很难做——太多的标签会显得杂乱，数量不够又会让观众感到困惑，二者都会让找到图表的重点信息更具挑战。如今，悬停显示的功能就能帮助解决这个问题；添加切换按钮也可以根据需要显示或隐藏变量，从而控制图表的复杂程度；或者，添加一个简单的"下一步"按钮，可以控制图表中添加或删除信息的速度。

如果你想了解一下数据可视化的未来——至少了解其技艺发展的进程——请看看"经济复杂性图集"（*The Atlas of Economic Complexity*）吧，这是一个由哈佛大学和麻省理工学院共同开发并由哈佛大学国际发展中心管理的交互型网站。[3]下图是该网站生成的一幅矩形树图。

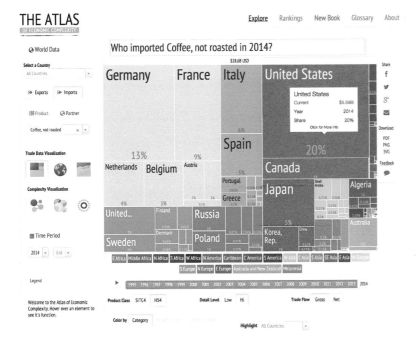

"经济复杂性图集"指向了一个未来，在这个未来中，值得呈现的可视化图表本身应具备合作属性。

请注意，配色方案的逻辑是按照大陆板块进行分组。我什么也不需要做，因为这是程序内置的功能；标签清晰且大小适当，同样是自动生成的；更多细节可通过光标悬停进一步查看；多个选项按钮可供我调整图所呈现的内容。这是一幅按需定制的探索性可视化图，也是一幅自动生成的陈述性可视化图。我需要做的就是从图中找到我想传达的观点，或者我想讲的故事，我可以不停迭代，直到结果让我满意为止。

简而言之，可视化工具的发展，使得一切信息可以利用，但并不总是可见。这让可视化发生了根本的改变：本质从单向的传授变成双向的沟通，从交付（向对方呈现或移交）变成合作（同他人协作完成并改进）。

可视化正在从根本上变得更具交互性。在不久的将来，我们会习以为常地认为，诸如"图表应展示哪些内容，图表的焦点应该在哪里"这些原本需要制图人提前明确并解决的问题，可以由观众在看到图表的那一刻决定。而且这些决定是可以随时改变的，由读者来控制图表"讲故事"的节奏。图表的深度和复杂性也可以根据读者的需求进行调整：我需要更多的信息，我需要更少的信息，我就是要看这个，我只想看那个。在演讲中，一位管理者会展示出一个提前做好的图表，当 CEO 问他"如果我们将年轻人的数据排除在外，这个曲线会是什么样子"时，他能够即时筛选数据和调整图表，让一个全新的好图表出现在屏幕上。"现在让我看看女性群体的反应。"演讲变成了对话，探索性可视化可以在董事会会议现场进行。

查尔斯·霍珀（Charles Hooper）是一位数据可视化顾问，如今他主要使用的工具是 Tableau，但他用过 Excel，也用过 Lotus 1-2-3、Harvard Graphics，以及一个名为 Brio 的软件。而在这之前，他需要手工绘制图表，将它们誊到投影胶片上，再用投影仪展示。"我下周就满 70 岁了。"他说，"我要告诉你，现在是（可视化历史上）最令人振奋的时刻了，因为尝试正变得越来越容易。当尝试不那么容易的时候，人们就会按照规则去做。但你把一切变

得容易后，交到大众手中，交到商人，而不仅仅是像我这样的专业人士手中，他们会找到真正富有创造性的方式去看待事物。我每天都能从他们的各种可视化尝试中学到新的东西。"

软件工具会以我们已经看到的方式，以及我们还无法想象的方式，进化得越来越强大。但理解图表的情境却是工具不会完成，也不能完成的任务。情境依然决定了一切。

无论软件程序添加什么功能，都不会改变视觉思维和视觉传达的重要性。要说有什么改变，那就是软件工具发展得越好，你就越不需要思考你要在 x 轴上安排多少个刻度线，就越能自由地专注于想要传达的观点。理解图表的情境，找到你的主旨，并且用令人信服的形式把它图形化——这就是这本书的核心——将是你能获得的最关键的技能。

到这里本书就结束了，这意味着你已经启程了。请继续努力。

词汇表

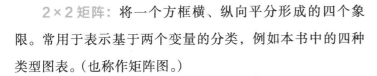

2×2 矩阵：将一个方框横、纵向平分形成的四个象限。常用于表示基于两个变量的分类，例如本书中的四种类型图表。（也称作矩阵图。）

+ 简单易用的元素分类和空间划分方法。

− 在象限结构中以不同空间间隔列示的信息，可能会被读者误以为存在某种统计关系。

冲积图：用节点和流动的条形来表示数值从一点向另一点的流动。常用于表示数值随时间的变化，或数值的详细结构，如各项预算的按月支出情况也称作流量结构分布图。

+ 揭示数值变化或数据构成的细节。

− 很多情况下，数值的变化和流动会产生条形错综复杂的图表，看起来漂亮，理解起来却不容易。

条形图：以条形的高度或长度反映不同组别数据间的关系（分组数据）。常用于同一衡量标准上的离散群比较，例如十位 CEO 的薪资对比。（当条形为纵向时，也称作柱状图。）

+ 人人熟知的图表形式；非常适用于分组数据的简单比较。

− 条形数量过多会形成趋势线的印象，让读者忽略各组数据的具体值；条形的数据组别过多会增加理解图表的难度。

气泡图：在 x、y 轴两个维度的基础上，加入第三个（气泡大小）甚至第四个（气泡颜色）维度，以显示多个变量的分布情况。常用于表示复杂的变量关系，例如不同国家多个年龄段的人口统计数据。（也被误称为散点图，而典型的散点图通常是不包含第三和第四维度的。）

+在图表中加入"z轴"最简单的方法之一；气泡的大小可以为数据分布图表增加关键的背景信息。

－各气泡大小的比例很难确定（气泡的面积不与其半径成正比）；三维、四维数据图表本身理解起来就更费时，因此对于需要观众一眼就能明白的演示而言不是理想的图表形式。

凹凸图：用折线表示变量随时间变化的序数排名。常用于表示受欢迎程度，例如每周票房排名。

+是一种简单地表示受欢迎程度或比赛排名的方法。

－数据变化不显著（序数数据，非基数数据），数据设置的等级或变化过多，容易导致多条折线的纠缠不清，分散读者注意力，令辨明排名变化更加困难。

流程图：多边形和箭头组合排列，表示一个流程或工作流。常用于决策流程规划，说明数据在系统中的流动方向，以及人与系统交互的过程，例如用户通过网站购买某种产品的过程。（决策树也是流程图的一种。）

+是一种常用的形式化系统模型，用于描述有着多个节点的决策流程。

－使用者需要对流程图的语义结构有所了解。（例如：菱形代表决策节点；平行四边形表示输入 / 输出。）

地理图表：也称作地图。用于表示现实世界中对应着某个地理位置的属性值。常用于比较不同国家或地区之间属性值的比较，例如政治立场地图。

+ 利用读者对地理信息的了解使得理解属性值并进行多层面比较更加容易。（例如：同时比较国家和地区间的数据。）

− 区域的相对面积可能会影响读者对该区域属性值的理解。（属性值的相对大小与区域面积的相对大小未必一致。）

层级图： 用点和线表示一组元素间的关系和相对等级。常用于表示组织结构，例如家庭结构或企业架构。（组织架构图、家谱图、树状图是不同类型的层级图。）

+ 简单易懂，用于记录和说明关系或复杂结构。

− 线框结构限制了图表可以表达的关系的复杂程度；更难显示不那么正式的关系，如企业层级关系之外的合作关系。

直方图： 条形表示了一个值域中某个数值出现的频率分布。常用于表示概率，例如风险分析模拟的结果。（常被错误地称为条形图，因为条形图是用于不同组别数据的比较，而直方图显示的是某一个变量取值的分布情况。）

+ 表示统计分布和概率的基本图表类型。

− 观众有时会将直方图误认为条形图。

折线图： 以线条连接数据点，常用于表示数值随时间的变化（连续数据）。通常把多条折线绘于一幅图中，进行趋势的比较，例如多个企业的收入比较。（也称作体温记录图（fever chart）或趋势线。）

+ 广为人知的图表形式；非常适用于呈现需要一目了然的趋势图。

－聚焦于趋势线使得各离散数据点很难被注意和讨论；图中有多条趋势线的情况下，难以识别每条单独的线。

隐喻图： 用箭头、金字塔、圆圈，以及其他含义公认的图形来表达非统计学信息。常用于表示抽象概念及流程，例如商业周期。

＋可以将复杂的概念简化；大众对隐喻的广泛认知使得对图表的理解水到渠成。

－隐喻含义的混淆、误用或过度使用。

网络图： 节点以线条相连以表示集合内元素之间的关系。常用于表示实物之间的相互关联，例如：计算机网络或人际关系网络。

＋有效表明节点之间的关系，这些关联性很难以其他

形式表达；能够突出集群和离群值。

－网络中元素数量稍多便会令图表结构趋于复杂。有些网络图虽然很漂亮，却不容易理解。

饼图： 将整个圆形分为多个区域，每个区域代表变量在整体数值中的比例。常用于表示对总量的简单分解，例如人口统计数据的结构。（甜甜圈图是饼图的变形，用环形替代圆形。）

＋随处可见的图表形式；可以将总体的优势部分和非优势部分呈现得十分清楚。

－人们无法十分精确地判断区域的相对大小；区域数量稍多就很难相互区分和量化数值。

桑基图： 用箭头和条形来表示数值的分布和转移情况。常用于表示某个物理量的流向，例如能量流动或人口流向。

（也称作流量结构分布图。）

　　+ 揭示系统内各元素流动的细节；帮助识别优势元素和系统中的低效现象。

　　- 元素或元素流动的路径过多会使得图表系统过于复杂。

散点图：散点的位置代表两个变量取值的多种组合，用于表示这两个变量在某一组取值下的关系。常用于相关关系的检验和呈现，例如收入与年龄的正相关关系。

　　+ 广为人知的基本图表类型；用空间表示数据关系的方式使得正相关性、负相关性、集群和离群值都显而易见。

　　- 能够很好地显示相关关系，以至于读者容易凭空生出对因果关系的猜想，即使相关关系存在不等于因果关系成立。

倾斜图：直线表示数值的简单变化。常用于呈现巨大的变化或离群值与其他斜率线背道而驰的效果，例如收入在某个地区下降，而在其他地区都呈现上升。也称作线图。

　　+ 创造了简单、显见且容易理解的前后变化描述，既可以表示单一值的变化，也可以表示多个值的共同变化趋势。

　　- 省略了数值从一个状态改变到另一个状态的过程和细节；一幅图中斜率线相交过多，会导致个体值的变化难以辨别。

小多组图：用一组小图表（通常是折线图），分别表示不同组别数据在同一个坐标轴内的分布情况。常用于表示相差几十倍的数据的简单趋势，例如：不同国家的 GDP 变化趋势（也称作方格图（grid chart）或网格图（trellis chart））。

　　+ 多个小图表所绘数据的简单比较，甚至是几十组数据之间的比较，相较于把所有折线图叠加于一幅图中更显清晰。

　　- 若数据不存在较大的变化或区别，则很难发现有意义的比较结论；有些在单个图表中可观察到的"事件"，如变量值之间的交叉点，在面板图中则无法被发现。

堆叠面积图： 折线表示某个变量随时间的变化，而折线之间的区域用颜色填充，强调的是数量或累计总量。常用于表示多个数值的比例随时间变化的情况，例如多款产品在一年中的销量情况。（也称作面积图。）

+能够很好显示随时间变化的比例；强调数量累计的概念。

-堆叠区域分层过多会导致每层区域很薄，很难看到变化或差异，也很难追踪一段时间内的数值。

堆叠条形图： 将条形分为多个部分，每部分代表个体变量值在整体数值中的比例。常用于显示对总量的简单分解，例如总销量按区域划分。（也称作比例条形图。）

+有些人认为堆叠条形图是饼图的升级替代方案；能够很好地将优势部分和非优势部分表现出来；相较于饼图，能够有效地处理更多组别的数据；可横向亦可纵向使用。

-条形内部划分过细，或条形数量过多，会使得差异和变化很难一目了然。

表格： 将信息列示于行和列构成的有序空间中。常用于表示多组数据在一段时间内的单个值，例如每季度的财务状况。

+单个值清晰可循；相对文字版本的信息，更容易进行值的读取和比较。

-很难对总体趋势一目了然，或在各组值之间快速进行比较。

矩形树图： 将一个大矩形分成多个小矩形，每个小矩形代表某个变量值在整体数值中的比例。常用于显示带有层级关系的比例，例如：将总预算按照支出类别和子类别进行分解。

+ 以紧凑的形式将各构成比例详细展示出来；克服了饼图无法分割成过多切片的缺陷。

− 偏重细节，对于需要一目了然的图表而言不是最优选择；过于详细的分类虽然视觉效果惊人，但难以理解；通常需要借助软件对小矩形进行划分和排列。

单位图：用点或图标代表分类变量相关的个体值集合。常用于显示实物的数量，例如：一场大型流行病中消耗的金钱或患病人数。（也称为点图或点阵图（dot plot）。）

+ 以更具象的方式将数值表示出来。

− 单位类别过多会让读者更难聚焦于图表的中心观点；对单位的有效安排需要较强的图表设计能力。

注　释

引言

1. 根据 Josh Bernoff 的研究，数据可视化领域正在发生的变革可以用社会化营销和技术的消费化两个概念进行解释。详见 Charlene Li and Josh Bernoff, *Groundswell* (Harvard Business Review Press, 2008, rev. ed. 2011); and Josh Bernoff and Ted Schadler, *Empowered* (Harvard Busi- ness Review Press, 2010)。

2. 详见 hotshotcharts.com。篮球数据分析是培育高阶数据可视化的温床，因为篮球数据统计已经成为高阶统计学的温床。

3. 爱德华·塔夫特的书被认为是总结了数据可视化最佳实践的经典之作。史蒂芬·费优曾发表过类似的关于制图和信息仪表盘设计的最佳实践指导书。黄慧敏的《最简单的图形与最复杂的信息：如何有效建立你的视觉思维》（W.W. Norton,2010）则是一本紧凑而明晰的规则手册，便于快速查阅。

4. Joseph M. Williams, *Style: Toward Clarity and Grace* (University of Chicago Press, 1990), 1.

5. Wong, *The Wall Street Journal Guide to Information Graphics*, 90.

6. 详见 "Terabyte" at http://www.whatsabyte.com/。

7. Mary Bells, "The First Spreadsheet—VisiCalc—Dan Bricklin and Bob Frankston, "About.com Inventors, http:// inventors.about. com/library/weekly/aa010199.htm.

8. 想获取更多关于图像学习和语言学习两种方式之间差异的研究及结论，可以收听系列播客节目 "Learning about teaching Physics" 中的一期："Visual，verbal，or auditory？The truth behind the myth of learning styles"（http://www.compadre.org/per/items/detail. cfm?ID=11566）。在这期节目中，加州大学的 Hal Pashler, Santa Barbara 和 Richard Mayer 分别介绍了各自的研究成果，而三者无不指向目前仍然一片混沌的认知偏差研究领域。在进行元分析的过程中，Pashler 甚至无法找到足够数量的能够有效检测各种学习方式的研究。Mayer 则发现，人们的确会认为，相对于某一种学习方式而言，自己会更偏好另一种，尽管他们大脑的反应与感受往往不相符。但自认为是图像学习类型或文字学习类型的人，都认为视觉信息对于学习而言是更有价值的。播客主持人 Michael Fuchs 总结说："我们对自己学习方式的直觉有时与我们实际的学习方式并不相符。"Pashler 补充说："在没有证据的前提下，我们不应当信任那些我们加诸自己的对学习方式偏好的随机判断。"最后，Mayer 总结道，结合了图片和文字的多媒体信息能够帮助人们获得"更深刻的理解"。

9. 想获得更多对于可视化领域现状的讨论和相关评论，详见 Fernanda Viégas 和 Martin Wattenberg 的 " Design and Redesign

in Data Visualization," https:// medium.com/@hint_fm/design-and-redesign-4ab77206cf9。

第1章

1. 尽管流行的说法是我们大脑活动的80%被分配给了对视觉信息的处理，但哈佛大学的视觉感知科学家乔治·阿尔瓦雷斯说，这个数字可能更接近于55%——仍然远高于其他任何感知活动。

2. Willard C. Brinton, *Graphic Methods for Presenting Facts,* (1914) 61, 82, https://archive.org/details/graphicmethods fo00brinrich.

3. Naveen Srivatsav, "Insights for Visualizations—Jacques Bertin & Jock Mackinlay," hastac.org blog post, February 16, 2014, https://www.hastac.org/blogs/nsrivatsav/2014/02/16/insights-visualizations-jacques-bertin-jock-mackinlay.

4. Jock Mackinlay, "Automating the Design of Graphical Presentations of Relational Information," *ACM Transactions on Graphics* 5 (1986), http://dl.acm.org/citation.cfm?id=22950.

5. 一位不愿透露姓名的计算机科学家兼可视化专家，将塔夫特描述为"一位对统计数据有着深刻理解的包豪斯设计师"。

6. William S. Cleveland and Robert McGill, "Graphical Perception: Theory, Experimentation, and Application to the Development of Graphical Methods," *Journal of the American Statistical Association* 79 (1984); "Graphical Perception and Graphical Methods for Analyzing Scientific Data," *Science* 229 (1985); and William S. Cleveland, Charles S. Harris, and Robert McGill, "Experiments on Quantitative Judgments of Graphs and Maps," *Bell System Technical Journal* 62 (1983).

7. 为了快速了解这段历史以便进入对可视化实操的介绍，我略读了包括 Stephen Kosslyn 和 Barbara Tversky 在内的许多研究者的重要成果。可以说，我对这段内容的撰写受到了数十位重要人物及其著作的影响。

8. 无论如何，饼图已成为众矢之的，而矩形树图等新的图表形式愈发受到欢迎。

9. 我也在快速了解可视化软件的发展。这些软件的发展起源于20世纪70年代，但在过去的10年中，其数量呈井喷式增长，而简单易用是这些软件的核心卖点。奇怪的是，与其他商业核心数据分析工具相比，尽管 Excel 在可视化能力和内置功能上都显得过时和落后，却始终没有被淘汰。为了应对这种"脱节"，大多数可视化软件都具备将数据从 Excel 表格中轻松导入的功能，因为商业环境显然还离不开 Excel。

10. 详见 davidmccandless.com and Carey Dunne, "How Designers Turn Data into Beautiful Infographics," *Fast Company Design*, January 6, 2015, http://www.fastco design.com/3040415/how-designers-turn-data-into-beautiful-infographics。

11. 详见 Manuel Lima 的网站，visualcomplexity.com 。

12. R2D3 网站的"A Visual Guide to Machine Learning"，就是一个极好的案例，详见 http://www.r2d3.us/visual-intro-to-machine-learning-part-1/。

13. 详见 Alex Lundry, "Chart Wars: The Political Power of Data Visualization," YouTube video, April 28, 2015, https:// www.youtube.com/watch?v=tZl-1OHw9MM。

14. M. A. Borkin, et al., "What Makes a Visualization Memorable?," *IEEE Transactions on Visualization and Computer Graphics* (Proceedings of InfoVis 2013). 这项研究至今饱受争议。拥有记忆点对图表而言是一项有用的特质，但这项研究既未验证记忆点是否在数据传达观点的过程中起到了作用，也未验证垃圾元素的作用是否更支持那些持肯定态度的人。作者仅仅是对人们长久以来笃信的"图表中禁止出现垃圾元素"提出了质疑，而这也亮明了新生代可视化研究的宗旨：不接受任何"看似正确"的准则作为前提假设。

15. 这项研究也表明，饼图在数据比例较为分明的情况下效果良好，例如 25% 和 75%。详见 J. G. Hollands and Ian Spence, "Judging Proportion with Graphs: The Summation Model," *Applied Cognitive Psychology* 12 (1998); and Ian Spence, "No Humble Pie: The Origins and Usage of a Statistical Chart," *Journal of Educational and Behavioral Statistics* 30 (2005)。

16. Alvitta Ottley, Huahai Yang, and Remco Chang, "Personality as a Predictor of User Strategy: How Locus of Control Affects Search Strategies on Tree Visualizations," *Proceedings of the 33rd Annual ACM Conference on Human Factors in Computing Systems,* 2015; Caroline Ziemkiewicz, Alvitta Ottley, R. Jordan Crouser, Ashley Rye Yauilla, Sara L. Su, William Ribarsky, and Remco Chang, "How Visualization Layout Relates to Locus of Control and Other Personality Factors," *IEEE Transactions on Visualization & Computer Graphics* 19 (2013); Evan M. Peck, Beste F. Yuksel, Lane Harrison, Alvitta Ottley, and Remco Chang, "Towards a 3-Dimensional Model of Individual Cognitive Differences," *Proceedings of the 2012 BELIV Workshop: Beyond Time and Errors—Novel Evaluation Methods for Visualiza- tion* (2012).

17. Anshul Vikram Pandey et al., "The Persuasive Power of Data Visualization," *New York University Public Law and Legal Theory Working Papers*, paper 474 (2014), http://lsr.nellco.org/cgi/viewcontent.cgi?article=1476&context=nyu_plltwp.

18. Brendan Nyhan and Jason Reifler, "The Roles of Information Deficits and Identity Threat in the Prevalence of Misperceptions," June 22, 2015, http://www.dartmouth.edu/~nyhan/opening-political-mind.pdf.

19. Jeremy Boy, Ronald A. Rensink, Enrico Bertini, and Jean-

Daniel Fekete, "A Principled Way of Assessing Visualization Literacy," *IEEE Transactions on Visualization and Computer Graphics* 20 (2014).

20. Michael Greicher et al., "Perception of Average Value in Multiclass Scatterplots," http://viscog.psych.northwestern.edu/ publications/GleicherCorellNothelferFranconeri_inpress.pdf; Michael Correll et al., "Comparing Averages in Time Series Data," http:// viscog.psych.northwestern.edu/publications/CorrellAlbersFranconeri Gleicher2012.pdf.

21. *Encyclopedia Britannica Online*, s.v. "Weber's law," http:// www.britannica.com/science/Webers-law.

22. Ronald A. Rensink and Gideon Baldridge, "The Perception of Correlation in Scatterplots," *Computer Graphics Forum* 29 (2010).

23. 在统计学中，相关系数用 r 表示，r=-1 表示两者存在负相关关系，r=0 表示不存在相关关系，r=1 表示存在正相关关系。

24. Lane Harrison, Fumeng Yang, Steven Franconeri, and Remco Chang, "Ranking Visualizations of Correlation Using Weber's Law," *IEEE Transactions on Visualization and Computer Graphics* 20 (2014); Matthew Kay and Jeffrey Heer, "Beyond Weber's Law: A Second Look at Ranking Visualizations of Correlation," *IEEE Transactions on Visual- ization and Computer Graphics* 22 (2016).

第 2 章

1. 格式塔原理常被用来描述读图过程中的心理活动。以相似定律为例，同类对象应保持相同的设定，如同组数据的图例颜色应相同。我从格式塔学派借鉴的理论贯穿了本章及全书的其他部分。

2. 详见 "Writing Direction Index," Omniglot.com, http:// www. omniglot.com/writing/direction.htm#ltr。

3. Dereck Toker, Cristina Conati, Ben Steichen, and Giuseppe Carenini, "Individual User Characteristics and Information Visualization: Connecting the Dots through Eye Tracking," *Proceedings of the SIGCHI Conference on Human Factors in Computing Systems* (2013); Dereck Toker and Cristina Conati, "Eye Tracking to Understand User Differences in Visualization Processing with Highlighting Interventions," *Proceedings of UMAP 2014, the 22nd International Conference on User Modeling, Adaptation, and Personalization* (2014).

4. 可处理的变量数量应该尽可能精简。我的"图表颜色不能超过 8 种"的结论，是与从事可视化领域研究和写作的 Tamara Munzer 探讨的结果，她说："能够将各类别区分开来的颜色其实少之又少，不会超过 8 个。"

5. 这副图表的效果同样受限于展示媒介。我们无法进行缩放，以便将每个数据点分辨出来，但所有的数据点都需要被标记出来了。本图表的创作者，麻省理工学院的计算机科学教授 Alex Pentland 手上有一个可缩放的版本，能够清晰呈现每一个子集的每个数据点。

6. Steven Franconeri 在研究中用这个术语来区分我们处理信息的两种维度。"模糊维度"是快速的，几乎是下意识的维度，可以帮助我们快速发现规律。而具体到对每个词语的深入理解和对数值的细致比较，就是一个较慢的过程了。Franconeri 的观点是，我们讨论如何制作好图表时，往往忽略了模糊维度的理解，而这是不应该的。他说："热图之所以被嗤之以鼻，是因为你无法从中读出任意一个具体数值。但想象一下一整年的销售数据，对其最典型的呈现是一个折线图；相比之下，要在热图中读出具体数值很困难，但如果有人问你哪个月的平均销售额最高，热图效果则远远好于折线图，因为你的注意力不会被诸如峰值或折线形状之类的元素分散掉。"无独有偶，哈佛大学的乔治·阿尔瓦雷斯也将感知活动描述为"低速路"和"高速路"两类。

7. Viola S. Störmer and George A. Alvarez, "Feature-Based Attention Elicits Surround Suppression in Feature Space," *Current Biology* 24 (2014); and Steven B. Most, Brian Scholl, Erin R. Clifford, and Daniel J. Simons, "What You See Is What You Set: Sustained Inattentional Blindness and the Capture of Awareness," *Psychological Review* 112 (2005).

8. Jon Lieff, "How Does Expectation Affect Perception," Searching for the Mind blog, April 12, 2015, http://jonlieffmd.com/blog/how-does-expectation-affect-perception.

9. Scott Berinato, "In Marketing, South Beats North," *Harvard Business Review*, June 22, 2010, https://hbr.org/2010/06/in-marketing-south-beats-north/.

10. 出于对他人隐私的保护，我改变了图表的标题、主题，以及数据点，但原图表的结构和思路不变。

11. Daniel M. Oppenheimer and Michael C. Frank, "A Rose in Any Other Font Wouldn't Smell as Sweet: Effects of Perceptual Fluency on Categorization," *Cognition* 106 (2008).

第 3 章

1. 要获得对"废话圈"更深刻和有趣的探讨，详见 Gardiner Morse, "Crap Circles," *Harvard Business Review*, November 2005, https://hbr.org/2005/11/crap-circles; and Gardiner Morse, "It's Time to Retire 'Crap Circles,'" *Harvard Business Review*, March 19, 2013, https:// hbr.org/2013/03/its-time-to-retire-crap-circle.

2. 由 Eric von Hippel 提出，引用详见 Marion Poetz and Reinhard Prügl, "Find the Right Expert for Any Problem, *Harvard Business Review*, June 2015, https:// hbr.org/2014/12/find-the-right-expert-for-any-problem。

3. 这个过程受到了一家名为 Quid 的数据分析公司的数据处理方法的启发。这幅网络图也受到了 Quid 的一个应用案例的启发。详见 Sean Gourley, "Vision Statement: Locating Your Next Strategic Opportunity," *Harvard Business Review*, March 2011, https://hbr.org/2011/03/vision-statement-locating-your-next-strategic-opportunity。

第 4 章

1. Clayton M. Christensen and Derek van Bever, "The Capitalist's Dilemma," *Harvard Business Review*, June 2014, https://hbr.org/2014/06/the-capitalists-dilemma.

2. Clayton M. Christensen and Derek van Bever, "A New Approach to Research," *Harvard Business Review*, June 2014, https://hbr.org/web/infographic/2014/06/a-new-approach-to-research.

3. 阿伯拉最为知名的著作是 *Advanced Presentations by Design: Creating Communication That Drives Action*, 2nd ed. (Wiley, 2013)。

4. 本书中的草绘图看起来都十分整洁且合理有序。出于可读性的考虑，它们出自一位熟练的设计师之手。你不必要求自己的草绘图也做到如此整洁有序，只要做到让自己读懂即可。效率比美感重要。

5. Andrew Wade and Roger Nicholson, "Improving Airplane Safety: Tableau and Bird Strikes," http://de2010.cpsc.ucalgary.ca/uploads/Entries/Wade_2010_InfoVisDE_final.pdf.

6. See Richard Arias-Hernandez, Linda T. Kaastra, Tera M. Green, and Brian Fisher, "Pair Analytics: Capturing Reasoning Processes in Collaborative Analytics," *Proceedings of Hawai'i International Conference on System Sciences 44*, International Conference on System Sciences 44, January 2011, Kauai, Hawai'i.

7. Michael Lewis, *Flash Boys* (W.W. Norton, 2014), 222.

8. Roger Nicholson and Andrew Wade, "A Cognitive and Visual Analytic Assessment of Pilot Response to a Bird Strike," International Bird Strike Committee Annual Meeting, 2009, http://www.int-birdstrike.org/Cairns%202010%20Presentations/IBSC%202010%20Presentation%20-%20R%20Nicholson.pdf.

9. David McCandless, "If Twitter Was 100 People ..." information is beautiful, July 10, 2009, http://www.informationisbeautiful.net/2009/if-twitter-was-100-people/.

第 5 章

1. Williams, *Style*, 17.

2. 有时候，类似前者的那种标题不仅仅是不错，更是非常可取。如果你追求的是完全客观的视角，事实性文字或对图表结构的直接描述就可能是完美的标题。运用更具描述性的辅助元素则可以做到对观众的思考进行引导。

3. 爱因斯坦和马克·吐温一样，常被作为一些被高频引用的语录的出处。据 Quote Investigator 显示，我们无法确定这个说法是他最早提出的，但他的确说过类似的话。http://quoteinvestigator.com/2011/05/13/einstein-simple/。

4. Edward Tufte, *The Visual Display of Quantitative Information,* 2nd ed. (Graphic Press, 2001).

5. 但请记住，演示的媒介是很重要的。在纸面上，灰色元素不抢眼却清晰可辨，可一旦被呈现在灯光明亮的会议室大屏幕上，就完全看不到了。浅色元素同样会遇到褪色或完全看不到的问题，从而可能导致信息的准确度降低，例如橘色元素可能无法与红色元素区分开来。了解演示过程中使用的设备，从而选择适合这个设备的配色方案。

6. 网上充斥着各种能够帮助我们创建配色方案的网站。我最喜欢的是 paletton.com，它能够让你在补充色和对比色方案之间轻松切换。

第 6 章

1. 最近的一篇文章，Steve J. Martin, Noah J. Goldstein, and Robert B. Cialdini, The Small Big: Small Changes That Spark Big Influence (Grand Central Publishing, 2014) 研究了一次次小的说服是如何导致

了最终结果的巨大改变。Cialdini 在说服科学领域曾发表多篇意义重大的文章。

2. Steve J. Martin, from the April 2015 issue of *High Life*, the British Airways in-flight magazine.

3. Noah J. Goldstein, Steve J. Martin, and Robert B. Cialdini, *Yes!: 50 Scientifically Proven Ways to Be Persuasive* (Free Press, 2008).

4. Koert van Ittersum and Brian Wansink, "Plate Size and Color Suggestibility: The Delboeuf Illusion's Bias on Serving and Eating Behavior," *Journal of Consumer Research* 39 (2012).

5. "U.S. Budget Boosts Funding for Weapons, Research, in New Areas," Reuters, February 2, 2015, http://www.reuters.com/article/2015/02/02/us-usa-budget-arms-idUSKBN0L625Q20150202.

6. Martha McSally, "Saving a Plane That Saves Lives," *New York Times*, April 20, 2015, http://www.nytimes.com/2015/04/20/opinion/saving-a-plane-that-saves-lives.html.

7. 我认为，在如今这个"博客时代"，两者之间的界限已模糊到几乎难以察觉，有的人对这样的趋势感到懊恼。但我们仍然应该坚持：报道不应在缺乏证据支持的情况下加入个人观点，争议双方的论据均应得到呈现；而社论则是偏向某一方观点的经过精密组织的论证。

8. Daniel Kahneman and Richard Thaler, "Anomalies: Utility

Maximization and Experienced Utility," *Journal of Economic Perspectives* 20 (2006); Amos Tversky and Daniel Kahneman, " Availability: A Heuristic for Judging Frequency and Probability," *Cognitive Psychology* 5 (1973).

9. Petia K. Petrova and Robert B. Cialdini, " Evoking the Imagination as a Strategy of Influence," *Handbook of Consumer Psychology* (Routledge, 2008), 505–524.

10. 我们往往对单位图而非数据堆砌型图表更能感同身受。这与一种被称作"分子具象化（imaging the numerator）"的现象有关。一项值得关注的研究中曾对此现象做出了说明：一群有经验的精神科医生被要求判断一位精神病患者是否可以出院，所有医生拿到的都是一份专家给出的分析结果，但有些医生会被专家告知，此类型患者被释放后有20%的概率会发生暴力行为。其他的医生则会被告知，这类病人中，每100人中有20人会发生暴力行为。

在被告知"20%的概率"的一组，大约80%的医生会决定释放病人。而在被告知"100人中有20人"的一组，只有60%的医生会建议释放。两组病人的累犯可能性是相同的，为什么医生的分歧如此之大？后一组就是分子具象化的一组。在这组医生的大脑中，"100人中有20人"变成了正在施行暴力的20个人。而前一组之所以反馈不同，是因为百分数本身不会直接实施暴力。

这个现象的发生是因为我们的经验脑——依赖于象征义和故事来制造感受的部分——会快速而高效地抑制理性脑部分对数据进行分析。单位图就是利用了这一点。详见 Veronica Denes-Raj and Seymour Epstein, " Conflict Between Intuitive and Rational Processing: When People Behave against Their Better Judgment," *Journal of Personality and Social Psychology* 66 (1994); and Paul Slovic, John Monahan, and Donald G. MacGregor, " Violence Risk Assessment and Risk Communication: The Effects of Using Actual Cases, Providing Instruction, and Employing Probability Versus Frequency Formats," *Law and Human Behavior* 24 (2000), 271–296。

11. 我必须要指出，"分子具象化"在评估风险的情况下被认为是具有负面影响的。例如，在 Denes-Raj 和 Epstein 原本的研究中，当给予被试者机会通过捡出罐子内红色的豆子来获取奖金时，他们往往会选择红色豆子数量更多，但所占比例更小的罐子。而这么做，他们从罐中捡出红色豆子的概率其实更低。分子具象化也可能让我们夸大风险。Paul Slovic 在他的一项研究中指出，当试图让人理解十亿分之一是多么微不足道时，研究人员要求被试者想象一下1000吨沙拉中的一粒面包丁，尽管分子（一粒面包丁）很容易理解，但大量的沙拉却很难具象化，因此人们最终将这十亿分之一的风险理解得比实际上要大得多。因此尽管单位图可以很有说服力地将个体性传达出来，可以帮助我们降低统计值的抽象性，但它们也可能产生刻意夸大数据等适得其反的效果。

12. 我保留了原图表的设计和数据，但改变了图表的主题。

13. Suzanne B. Shu and Kurt A. Carlson, " When Three Charms

but Four Alarms: Identifying the Optimal Number of Claims in Persuasion Settings, *Journal of Marketing* 78 (2014).

第 7 章

1. 该术语由 Matthew Zeitlin 提出。我的前同事 Justin Fox 曾非常大胆地在推特上发表了一篇对一个截断了 y 轴的图表的正面评价，而 Matthew 在与他在探讨这个评价的过程中提出了这个术语。你不妨读一读这篇有趣而充满思考的文章：Justin Fox, "The Rise of the Y-Axis-Zero Fundamentalists," byjustinfox.com, December 14, 2014, http://byjustin fox.com/2014/12/14/the-rise-of-the-y-axis-zero-fundamentalists/。

2. 我们可能很难想象一位主管会被一幅销售累计额条形图蒙蔽；我把这个例子放在这里只是想起到提醒的作用。但某些政治拉票活动、电视新闻节目和营销宣传活动，无不在利用我们对该领域知识有限的了解，以高度概括的图表误导我们。在本书几近完成的时候，一幅由于被篡改了 y 轴而出现了一个本不存在的交点的图表被呈到了美国国会。这个图表是用来向国会说明，人工流产手术的数量已经超过了计划生孩子的父母参加癌症筛查的数量，而事实上，癌症筛查数量是人工流产手术数量的三倍之多。这幅图表引发了一场激辩。详见 Timothy B. Lee, "Whatever you think of Planned Parenthood, this is a terrible and dishonest chart," Vox, September 29, 2015, http://www.vox.com/2015/9/29/9417845/planned-parenthood-terrible-chart。

3. 这是塔夫特在讨论截断数轴的图表时使用的例子。你可能会觉得他也是一个坚持 y 轴始于原点的"原教旨主义者"，但事实上他对是否截断 y 轴持开放观点，并且引用了普遍存在于科学和学术界的案例来支持自己的观点。"科学家们想要呈现的是数据，而不是原点。"详见 the bulletin board conversation "Baseline for Amount Scale" at http://www.edwardtufte.com/bboard/q-and-a-fetch-msg?msg_id=00003q。

4. Hannah Groch-Begley and David Shere, "A History of Dishonest Fox Charts," *Media Matters*, October 1, 2012, http://mediamatters.org/research/2012/10/01/a-history-of-dishonest-fox-charts/190225。

5. Berinato, "In Marketing, South Beats North."

6. 这来自 tylervigen.com，网站的所有者 Tyler Vigen 在哈佛大学法学院攻读法律博士学位。他写了一个脚本程序，发现了无关数据集之间存在的统计相关关系，并做成了图表。Vigen 做的图表常常很荒诞；他将这些图表收录在一本有趣的书中，详见 *Spurious Correlations* (Hachette Books, 2015)。

7. 约阿尼迪斯在写一篇关于数据（不是可视化）的文章（这篇文章尤其提到了不可靠性在营养元素对人体的作用这个研究领域的臭名昭著）时，说过："针对你能想到的任意一种营养元素，都有通过了同行评议的若干文献，各自研究结论不同，结论的集合却几乎覆盖了所有可能性。"我们也可以用他对大型数据集的评价来评价这些数据集的可视化图表。详见 John P. A. Ioannidis, "Implausible Results in Human Nutrition Research," *BMJ*, November 14, 2013, http://www.bmj.com/content/347/bmj.f6698。

8. 对这一趋势的精彩讨论，详见 Nathan Yau, "The Great Grid Map Debate of 2015," FlowingData, May 12, 2015, https://flowingdata.com/2015/05/12/the-great-grid-map-debate-of-2015/; and Danny DeBelius, "Let's Tesselate: Hexagons for Tile Grid Maps," NPR Visuals Team, May 11, 2015, http://blog.apps.npr.org/2015/05/11/hex-tile-maps.html。

第 8 章

1. 我推荐 Nancy Duarte 的 *HBR Guide to Persuasive Presentations* (Harvard Business Review Press, 2012), 以及她在 Duarte.com 发布的作品，以及 Andrew Abela, *Advanced Presentations by Design: Creating Communication That Drives Action* (Wiley, 2013)。

2. 这种极具教育意义的方法被广泛认为是 Mary Budd Rowe 提出的，她还贡献了许多能够证实该方法的积极作用的相关研究。详见 Mary Budd Rowe, "Wait Time: Slowing Down May Be a Way of Speeding Up!" *Journal of Teacher Education* 37 (January–February

1986), http://www.sagepub.com/eis2study/articles/Budd%20Rowe.pdf。

3. 你可能会建议这位演讲者将图表的标题改得更加能够反映其观点，例如："金钱无法买到旅行中的舒适感（除非大幅增加预算）。"

4. 有些人也许能够举出一些类似的将离散数据点连起来的案例。例如，如果我将这个放射状的图表拉到水平方向铺开，实际上它就是一个填充了颜色的折线图。而把数据点连起来就会让它们看上去像一个连续的趋势线，这是制作图表中为数不多的禁忌之一，因为销售人员的各类能力评分之间是不存在内在联系的，但趋势线的形式会暗示内在联系的存在。这个理由很充分，而且如果你因为这个理由而选择不用雷达图，我也能理解。但我仍然认为雷达图是很有用的，因为将数据点以放射状连接不会像趋势线那样激发我们的认知中的思维定式，相反，它让我们看到了形状，而这个形状是可以被解释出一定含义的。

5. 推荐两篇我最喜欢的文章：Gregor Aisch et al., "Where We Came From and Where We Went, State by State," *New York Times* Upshot, August 14, 2014, http://www.nytimes.com/interactive/2014/08/13/upshot/where-people-in-each-state-were-born.html; and Timothy B. Lee, "40 Maps That Explain the Roman Empire," Vox, August 19, 2014, http://www.vox.com/2014/8/19/5942585/40-maps-that-explain-the-roman-empire。

6. Ho Ming Chow, Raymond A. Mar, Yisheng Xu, Siyuan Liu, Suraji Wagage, and Allen R. Braun, "Personal Experience with Narrated Events Modulates Functional Connectivity within Visual and Motor Systems During Story Comprehension," *Human Brain Mapping* 36 (2015).

7. Robyn M. Dawes, "A Message from Psychologists to Economists," *Journal of Economic Behavior & Organization* 39 (May 1999), http://www.sciencedirect.com/science/article/pii/S0167268199000244.

8. 英格拉汉姆的图表情境是一篇在线阅读的文章，而非现场演示。他很聪明地将图表分开呈现：图表与图表之间有足够的文字内容填充，观众在每页只能看到一幅图表，效果就如同一张张演讲幻灯片。这样的节奏把最终答案揭晓时的效果拉到了最满。实际上，如果这是一场现场演示，每一块文本内容都可以成为一段巧妙的讲解词，因为这些文字为我们理解水量提供了情境信息，而并非对图表内容的简单重复。详见 Christopher Ingraham, "Visualized: How the Insane Amount of Rain in Texas Could Turn Rhode Island into a Lake," Washington Post Wonkblog, May 27, 2015, http://www.washingtonpost.com/blogs/wonkblog/wp/2015/05/27/the-insane-amount-of-rain-thats-fallen-in-texas-visualized/。

9. 详见 "Bait and Switch," changingminds.org, http://changingminds.org/techniques/general/sequential/bait_switch.html; and Robert V. Joule, Fabienne Gouilloux, and Florent Weber, "The Lure: A New Compliance Proce- dure," *Journal of Social Psychology* 129 (1989). 这个方法更多地是指诱使人承诺完成一件他以为十分有价值的任务，而任务实际上只是价值极低的粗活累活，但其作用机制与我们介绍的技巧是相似的：如果你诱使某人以你希望的方式来理解一个问题，并在揭晓答案时给出另一种全新的理解方式，那么这种不一致性会让观众产生压力，迫使他们去想办法化解。两种理解方式的冲突越大，观众想要理解和解决这种认知失调的愿望就越迫切。

10. 详见 "Consistency," changingminds.org, http:// changingminds.org/principles/consistency.htm。

11. Dietrich Braess, Anna Nagurney, and Tina Wakolbinger, "On a Paradox of Traffic Planning," *Transportation Science* 39 (November 2005), http://homepage.rub.de/Dietrich.Braess/Paradox-BNW.pdf.

12. Moran Cerf and Samuel Barnett, "Engaged Minds Think Alike: Measures of Neural Similarity Predict Content Engagement," *Journal of Consumer Research,* in review.

13. writzter, comment on "The Fallen of World War II," http://www.fallen.io/ww2/#comment-2044710701.

第 9 章

1. Raw's URL is raw.densitydesign.org.

2. 找 12 位同学，给他们看一份你写的 5000 字的专题文章，然后大家坐下来花一个小时的时间对这篇文章畅所欲言，这是我在读研究生期间最强烈、最难忘的记忆。

3. Viégas and Wattenberg, "Design and Redesign in Data Visualization."

结论

1. 这句话转述自柯克·戈德斯伯里。

2. Excel 拥有大量企业用户，微软却在图表和图像领域无所作为，这种坐失良机的做法令部分可视化领域的专业人士感到不可思议。Excel 在制图方面原本表现不赖，作为数据可视化领域资深专业人士且著有 *The Grammar of Graphics* (Springer, 2nd ed., 2005) 的利兰·威尔金森表示，他最近加入了 Tableau 公司。他告诉我，"早期的 Excel 制作的图表都很不错，但之后微软乱了方寸，因为大家开始在垃圾元素上大做文章"，例如 3D 图表和渐变色填充，用圆锥体代替条形图，解体的饼图。从 20 世纪 90 年代到 21 世纪最初的几年，Excel 制作的图表外观几乎是固定的，是公认的商务演示模板：灰色背景，粗重的水平网格线，蓝色的折线上布满方形的数据点。"坏的软件会引导用户做出坏的图表，"威尔金森说，"我很喜欢 PowerPoint，如果用得好，效果会很棒。但是对于 Excel 的图表制作功能，我的感受完全相反。"无论什么情况下，你都需要其他软件或在线工具来填补 Excel 功能上的空白，因为数据的导入和导出功能消解了它对于强大制图功能的需要。

3. 详见 http://atlas.cid.harvard.edu，以及同名书籍：http://atlas.cid.harvard.edu/book/。而且，近期发布的一个与之相似且同样非同凡响的网站是 DataViva，内容为巴西的经济数据分析 (http://en.dataviva.info/)。

图片来源

All sketches by James de Vries

V (top left) Sportvision Inc.

V (top right) Bloomberg Business

XV Catalin Ciobanu, CWT

3~4 (all) Wikimedia Commons

5 (both) Internet Archive

11 (top left) Martin Krzywinski, BC Cancer Research Centre

11 (top right) Poppy Field is the result of a collaboration between D'Efilippo Valentina and Nicolas Pigelet. The project is a reflection on human life lost in war, and it was launched on Commemoration Day of 2014, which marked the Centenary of the Great War. It was a war without parallel—its scale of destruction eclipsed all previous wars. Sadly, the sacrifice of lives did not end with "The war to end all

wars. " D'Efilippo Valentina, www.valentinadefilippo.co.uk. Nicolas Pigelet, http://cargocollective.com/nicopigelet.

11 (bottom left) David McCandless

14 Lane Harrison

19 (left) Lane Harrison

26 Alex "Sandy" Pentland, MIT

27 (bottom left) James de Vries

29 (top) Wikimedia Commons

39 (top left) HBR.org Visual Library

40 (top right) Created in Plot.ly

40 (bottom right) Direct Capital, a Division of CIT Bank, N.A.

40 (bottom left) Jeremykemp at English Wikipedia

43 (left) HBR.org

47 (top right) Carlson Wagonlit Travel (CWT) Solutions Group, Travel Stress Index research (2013)

50 David Sparks

51 (left) Sean Gourley, Quid Inc.

67 (top) Tom Hulme/IDEO

67 (bottom) HBR.org

80 (all charts) Created in Datawrapper.de

84 (both charts) Produced using the IN-SPIRE ™ software developed at the Pacific Northwest National Laboratory, operated by Battelle for the U.S. Department of Energy, and Tableau Software

85 (all charts) Produced using the IN-SPIRE ™ software developed at the Pacific Northwest National Laboratory, operated by Battelle for the U.S. Department of Energy, and Tableau Software

99 (center) HBR.org

99 (right) Peter Dunn

104 (left) From *The New England Journal of Medicine*, Willem G. van Panhuis, M.D., Ph.D., John Grefenstette, Ph.D., Su Yon Jung, Ph.D., Nian Shong Chok, M.Sc., Anne Cross, M.L.I.S., Heather Eng, B.A., Bruce Y. Lee, M.D., Vladimir Zadorozhny, Ph.D., Shawn Brown, Ph.D., Derek Cummings, Ph.D., M.P.H., and Donald S. Burke, M.D., Contagious Diseases in the United States from 1888 to the Present, 369, 2152–2158, Copyright © (2013) Massachusetts Medical Society. Reprinted with permission from Massachusetts Medical Society.

104 (right) Republished with permission of Dow Jones Inc., from WSJ.com, " Battling Infectious Diseases in the 20th Century: The Impact of Vaccines" by Tynan DeBold and Dov Friedman; permission conveyed through Copyright Clearance Center, Inc.

105 Max Woolf

106 Getty Images/Mark Wilson

107 (top right) Matt Parrilla

112 Jessica Hagy

113 Jessica Hagy

132 (bottom) USDA/Economic Research Service, www.ers.usda. gov, Feb. 1, 2011

146 Mark Jackson

152 (top left) Scott Berinato

155 (bottom right) Tyler Vigen, tylervigen.com.

161 (right) Wikimedia Commons

161 (top) NPR

162 (bottom) J. Emory Parker

169 Carlson Wagonlit Travel (CWT) Solutions Group, Travel Stress Index research (2013)

172 (all) Methodology courtesy of Lynette Ryals, Iain Davies

173 (all) Methodology courtesy of Lynette Ryals, Iain Davies

182 (both) Christopher Ingraham, *Washington Post*

183 (both) Christopher Ingraham, *Washington Post*

188 (all) Neil Halloran, *fallen.io*

203 (both) Created with Raw

204 Created with Raw

205 © The Economist Newspaper Limited, London (4.24.15)

215 "The Atlas of Economic Complexity," Center for International Development at Harvard University, http://www.atlas.cid.harvard.edu

致　谢

出书不是一件小事，而出版一本全彩色且包含几百幅图表的书更是让人"疯狂"。幸运的是，充满智慧且精力充沛的人围绕着我，愿意陪我拥抱这份"疯狂"。

我要着重感谢的，是我的编辑杰夫·基欧（Jeff Kehoe），感谢他对这个项目坚定不移的热忱和对我始终如一的耐心。能够有机会同杰夫这样在图书出版领域经验丰富且能力超群的编辑共事，于我这种第一次出书的作者而言无异于中了彩票。

同时，若你对本书中的图表印象深刻——你定会如此——那要归功于邦妮·斯克兰顿（Bonnie Scranton）卓越的信息设计技术。我为邦妮提供的只有手绘的草图、杂乱的数据集、粗糙的原型设计，甚至仅仅是电话里面的只言片语。仅凭这些原始资料，她就创作出了准确而精美的图表，为这本书注入了灵魂。

本书严谨的结构和充满高级感的设计是詹姆斯·德·弗里斯（James de Vries）专业能力的证明，他能让一切看起来既有深度又不乏轻松感。他用自己高超的手绘技巧完成了本书所有的草绘图，其中大多数都是一气呵成。我对设计之于可视化的意义的理解，几乎全数来自我的好朋友詹姆斯。

感谢哈佛商业评论出版社的领导们，尤其是 Tim Sullivan 和 Adi Ignatius，是他们让这个项目如此成功；还有我在哈佛商业评论出版社的同事们：Martha Spaulding 让原本平庸的文字变得与众不同；Erica Truxler 帮我解决了数不清的烦琐的细节问题；Allison Peter，Dave Lievens 和 Ralph Fowler 极其专业地完成了本书的印刷和制作。我还要特别感谢数据可视化领域的专家，塔夫茨大学的莱恩·哈里森，他无私地为这本书付出了宝贵时间和专业知识。

我还要感谢许多在本书完成的过程中陪我交谈、给我意见的同事和朋友们对我的"疯狂"的容忍，尤其是 Amy Bernstein，Susan Francis，Walter Frick 和 Marta Kusztra。

感谢以下人士（若此处有所遗漏，也请务必接受我的感谢），谢谢您曾为此书付出的时间、知识和支持：

Andrew Abela, Kate Adams, George Alvarez, Alison Beard, Katherine Bell, Jeremy Boy, Remco Chang, Catalin Ciobanu, #dataviz on Slack, Julie Devoll, Lindsey Dietrich, Nancy Duarte, Kevin Evers, Steven Franconeri, Kaiser Fung, Jeffrey Heer, Eric Hellweg, David Kasik, Robert Kosara, Josh Macht, Jock Mackinlay, Steve J. Martin, the Magazine Team, Sarah McConville, Dan McGinn, Maggy McGloin, Greg Mroczek, Tamara Munzer, Nina Nocciolino, Matt Perry, Keith Pfeffer,Karen Palmer, Ronald Rensink, Raquel Rosenbloom, Michael Segalla, Romain Vuillemot, Adam Waytz, the Web Team, Jim Wilson.

最后，我要感谢我的家人——萨拉，艾米莉，莫莉；维恩，宝拉，我的兄弟姐妹，以及我的其他家人——他们中的许多人忍受了一个围绕着截断 y 轴争辩不休、在吼叫和谩骂中胶着的夜晚。